书山有路勤为径，优质资源伴你行

注册世纪波学院会员，享精品图书增值服务

数字化
增长引擎

安秋明————————著

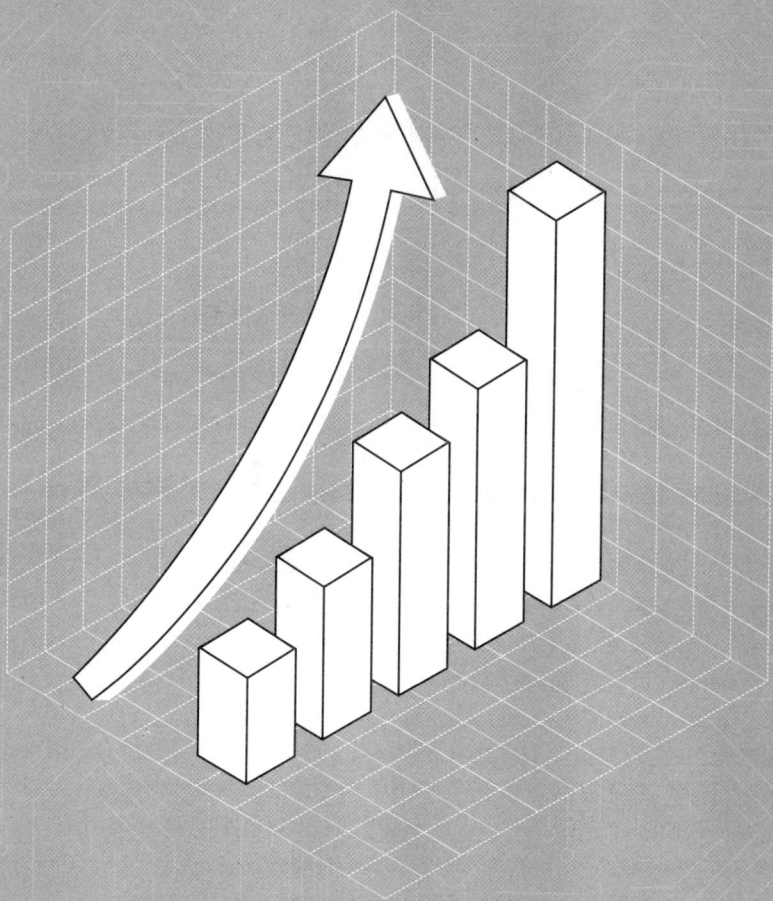

电子工业出版社.
Publishing House of Electronics Industry
北京 · BEIJING

图书在版编目（CIP）数据

数字化增长引擎 / 安秋明著 . —北京：电子工业出版社，2022.12
ISBN 978-7-121-44641-2

Ⅰ . ①数… Ⅱ . ①安… Ⅲ . ①企业管理—数字化—研究 Ⅳ . ① F272.7

中国版本图书馆 CIP 数据核字（2022）第 231633 号

责任编辑：杨洪军
印　　刷：三河市双峰印刷装订有限公司
装　　订：三河市双峰印刷装订有限公司
出版发行：电子工业出版社
　　　　　北京市海淀区万寿路173信箱　　邮编100036
开　　本：720×1000　1/16　　印张：19　字数：274千字
版　　次：2022年12月第1版
印　　次：2022年12月第1次印刷
定　　价：78.00元

凡所购买电子工业出版社图书有缺损问题，请向购买书店调换。若书店售缺，请
与本社发行部联系，联系及邮购电话：（010）88254888，88258888。

质量投诉请发邮件至zlts@phei.com.cn，盗版侵权举报请发邮件至dbqq@phei.com.cn。

本书咨询联系方式：（010）88254199，sjb@phei.com.cn。

前言

穿越数字化的迷雾

这几年，数字化是个太火的词。几乎所有的企业都在谈论数字化，也几乎所有的企业都患上了"数字化焦虑症"。大家都隐约感觉数字化是未来的趋势，但是自己该如何行动，却往往处于混沌的状态。

在过去几年的数字化赋能实践中，我有幸接触了很多行业，也深入帮助了很多企业在不同维度推动企业的数字化转型。我发现，数字化转型就像商业历史上的任何一次重大变革一样，大家都在不断行动中逐步形成了对新趋势的看法，并在行动中找到了从不确定性到确定性的策略路径。"太阳底下没有新鲜事"，这句话同样适用于今天的数字化转型。

做所有的事情，都要想清楚要什么。这个朴实无华的道理，适用于个人，更适用于企业。我见过太多的企业，为了数字化而数字化，以为只要实现了数字化，企业就能一飞冲天。所以，企业盲目地上系统，盲目地收罗数字化技术人才，最后，企业还是发展得不好，这样的现象比比皆是。"数字化不是目的，而是服务于目的的"，这句话非常重要。

如果我们深究，为什么企业没思考清楚就开始了数字化转型，其实这是一种真实的状态，企业在被环境裹挟着向前走。因为别人都这样做，所以如果我不这样做，我可能就错失了这波机会。这种想法既对，也不对。感知环境的能力很重要，适应环境、驾驭环境的能力更重要。本质上，企业要想清楚自己的战略，想清楚自己凭什么"赢"。在不断想清楚的过程中，对事情的投入才会更加坚定，更有力量。

任何一个小的局部改变，都是在大趋势背景下的产物。同样，通过任何一个小的局部改变，我们都有机会深入洞察其背后的大趋势。观察一个企业的外部，脱离不开它所在的行业、产业，更脱离不开它所在的区域、国家甚至全球的发展趋势，这就是为什么分析企业不能缺少生态视角和演进视角。回到一个企业的内部，更要用一套严谨的思维逻辑去解构。从企业的愿景、使命、价值观，到企业的战略，再到企业的业务设计、技术能力、组织体系、团队人才等，要从上到下逐层分解，更要从下往上逐层支撑。用这样的一套思维逻辑理解企业在数字化时代如何增长、如何变革、如何转型，就不会茫然失措。虽然情形千变万化，但是基本的逻辑依然有效。我把这套思维逻辑总结为"数字化增长引擎"模型，希望它能成为企业在数字化征途上的向导，陪伴企业从胜利走向胜利。

我的第一本书《赋能三板斧：让天下没有难做的培训》出版后，很多HR和培训的同行开始关注"业务赋能"的话题，也开始尝试用赋能手段改进业务问题。很多业务管理者（包括CEO）阅读了这本书，因为他们过去对如何赋能企业、赋能组织投入的关注太少，所以当他们阅读《赋能三板斧：让天下没有难做的培训》时，像发现新大陆一样感到欣喜。这就是赋能的美感，让不同背景、不同岗位的人走到一个交集点，大家彼此看见、彼此欣赏，更因为彼此的连接得到了共同的成长。

写书，既是一个自我修炼、自我沉淀的过程，也是一个交付信任、交付承诺的过程。感谢过往服务过的公司，感谢过往合作过的客户，让我有机会浸润在中国的多个行业中，看看真实的商业生态。也感谢各位读者的厚爱与包容，更感谢大家的鼓励和鞭策，让我怀着极大的热情，把我的想法、思考、实践，见诸笔端，以供更多人拍砖或者借鉴。总要有人站出来，去做一个靶子，不管这个靶子是高是低，是美是丑，有了靶子，总能期待更好的结果出现。

在我的第二本书中，还是以铅字，郑重地向我的父母安龙哲、申贤福表示崇高的敬意。感谢父母给予我生命，更给予我一往无前的勇气，这是人生最宝贵的财富。也向我的妻子张秀，我的两个可爱的女儿Annie、Aura说声谢谢，有你们的陪伴，真好。

只要不停歇，就能遇见新的美好。永远期待新的篇章，一起努力。

安秋明

2022年4月于北京

目 录

第七章　数字化软实力　/ 235

附录　支付宝数字化赋能的40条TIPS　/ 288

第一章

数字化的系统观

在我做企业数字化赋能的过程中，有幸近距离接触了很多企业，它们面临的挑战、困境、问题，其实都是一面镜子，折射出数字化时代企业的各种姿态。它们是它们，但是它们亦可能是我们。走进这些差异性的个案，其实有很多共性的规律正在浮现。

几大运营商之一的省公司，正在面临手机用户持续流失的问题。如何在5G时代扳回一局，特别是重新夺回年轻消费者群体呢？

国内知名的房地产企业，销售承压，正在探索用新媒体方式做市场营销，收集消费者线索，给线下导流，批量组织售楼代表试水短视频和直播。

国内头部的二手回收平台，由于面临日益激烈的行业竞争，导致渠道流失现象越发严重，生态体系维护日益具有挑战性。公司拟加强生态运营团队建设，强化生态管理。

国内一线互联网企业，从自营商品到开放第三方商家入驻，面临商家引入、商家管理、商家运营、商家赋能等一系列问题和挑战，企业拟对组织结构进行重组，成立商家运营团队。

国内头部快消品企业，过往模式为直销模式，在国内建立了庞大的事业伙伴体系。近几年竞争对手纷纷转型线上，公司市场份额持续下滑，正面临业务模式转型和体系重构的关键节点。

国内头部的制造企业，正在探索从传统经销模式到直营零售模式的转型。一方面要处理原有的庞大经销商体系；另一方面要快速孵化符合直营零售要求的新型零售人才队伍。转型路口，机遇和挑战并存。

某知名产业带企业，过去一直是外销OEM（Original Equipment Manufacturer，原始设备制造商），具备成熟的生产制造体系。近几年开始考虑打造自主品牌，拟通过线上销售实现破局。尝试过代运营，但是效果不理想，目前在尝试自己搭建线上团队。

某资源型国有企业，受制于政府限价，核心产品以及服务利润率无法得到提升。近几年积极开拓周边增值业务，目前关注的重点在于如何运营海量的存量用户并实现新的商业转化。

某国际知名制药企业，在国内面临激烈的市场竞争，集采政策的出台对业务产生重大冲击，同时销售人员的流失率近年也有抬头趋势。目前企业在积极探索销售模式转型，以及将AI技术应用于销售赋能。

某国内知名的制造企业，目前在积极推动智能制造的转型升级，企业亟须引入大量的技能型产业工人。但是，如何招聘、如何培养、如何为技能型产业工人建立有吸引力的职业发展通道，成为困扰企业的一个重要难题。

国内最早一批引入数据中台的航空企业在实际工作场景中，面临数据、业务的两层困境，数据远未达到业务提效的作用。目前企业在探讨组织结构和协作机制问题，以及如何让数据发挥切实的作用。

某国际大牌咨询企业，面对国内咨询企业的蚕食，亟须调整业务模式以应对国内的市场发展，特别是下沉市场的中型企业客户及快速发展期的企业客户。虽然企业改组了市场部，但是还远未达到令人满意的程度。

某国内知名餐饮企业，疫情期间业务下滑，与竞争对手差距越拉越大。虽然在堂食、外卖、线上预包装食品方面开始布局发力，却在业务协同、人才队伍建设等方面受到掣肘。

某国内知名酒店企业，一直试图采用数字化重塑业务模式。近几年在探索私域的玩法，以及跨界联合营销，目前已经成为当地的网红打卡点。但是对于后续如何经营，如何保持增长，还有很多困惑。

某国际知名品牌企业，受到巨大的国内新能源汽车的冲击，目前在积极布局新能源汽车，并思考重塑网络发展体系。

某国内知名券商，近几年受到新兴互联网券商的冲击，客户数量有持续下滑的趋势。该券商拟调整、优化客户发展策略。

某国内新兴的互联网企业，因最早涉足直播带货、双微和小红书种草等，其品牌迅速成为行业细分品类的Top品牌。随着新玩家的大量涌入，流量成本越来越高，高增长模式持续受到挑战，亟须破题营收增长但利润下滑的困境。

......

这些企业，来自各行各业。但是，如果我们沉下去尝试总结一下它们面临的共性问题，可能会有几个关键词浮现出来：环境剧变、零售转型、制造转型、组织转型、人才转型。环境和转型从来都是相生相伴的两个词，今天的VUCA环境决定了企业必须走上一条快速适应环境、快速蜕变之路。

但是快速变化，并不意味着我们要盲目应战。如果我们能从现象背后看到一些基本规律，找到一些基本方法，也许就是另一番模样。

接下来，和大家分享一个我在2021年下半年跟踪的一个案例。穿透它，你能够看到、体会到这个时代给企业带来的方方面面的改变。

以小见大透视数字化

2021年我跟踪了一个零售转型的项目，业务场景是国内某知名的高端家电品牌。零售转型是个很大的话题，包括线上、线下和线上线下联动的问题。线上可以细分为自营电商、传统电商、新电商、公域、私域、货品规划、用户增长等话题，线下可以细分为渠道、自营、大型ToB渠道、小型ToB渠道、门店、柜台、下沉店等话题。这样，线上线下联动的涉及面就会更多。

我们做了很多的研究、走访、调研，我特别好奇，全行业都在做零售转型、渠道变革、用户运营的今天，有没有所谓的最佳实践？最佳实践和一般实践之间差距到底有多大？我们重点跟踪了华南地区的一些线下门店，采访了很多优秀的一线导购。

其中一位导购给我留下了深刻的印象。她在一个大型全国连锁门店卖高端家电，到2022年，她已经有了七年的销售经验，采访当月她的个人销售业绩是五十套家电产品。大家知道现在高端的冰箱、洗衣机、空调，光是单价就常常过万，如果是套购，五十套就意味着将近百万的销售额，这个销售额对于一线的导购来说是非常可观的数字。

同样的品牌家电，普通导购常常一天零成交，一个月才成交三五套。为什么同样是导购，会出现如此大的差距？我们有没有可能分析优秀导购的实践经验，将其应用到其他普通导购身上，实现业绩的整体提升？如果可以，这将是多么大的业绩改进！

于是，我跟她进行了一次深入访谈，收获了非常多有意思的小细节。这让我们明白了优秀导购为何优秀，也让我们对推动业务变革，持续改进业务有了更强的信心。以下用"A"代指这位优秀导购，"我"代指我自己。

A："安老师，你猜，现在像国美、苏宁这样的家电卖场，每天有多少自然进店的客流？"

我："额，这个问题，还真把我问住了。我感觉应该不太多，现在大家已经熟悉在网上买家电了，好像很久不注意国美、苏宁这样的家电卖场了。一百个？几十个？"

A："现在呀，哪怕是大城市地段不错的店，有时候自然进店的客流连十个都没有。光靠坐等客人进店是做不了生意的。"

我："对呀，干等着肯定不是办法。你有什么好方法呢？"

A："一定要主动出击啊。我经常琢磨，能买高端家电的客人在什么地方。我发现，买了新房、刚装修了房子的客人是最容易考虑置换家电的。"

我："对呀，一般都是硬装、软装，家具、家电，一起置换的。"

A："嗯嗯，沿着这个思路走下去，其实就比较明确了。要主动出击新小区的客人或者找装修公司的工作人员聊天。我没事儿就跑跑装修公司，和设计师聊天，让他们帮我往店里带客人，我们一起合作。我粗算了一下，在四个设计师中就有一个设计师能帮我带来客人，效果还不算差。"

（听到这，我对这个导购的分析能力是蛮佩服的，她的思路很清楚，而且愿意尝试，真棒。而下面这段对话，让我的佩服又上了一个台阶。）

A："导购销售高端家电给新客人其实是挺麻烦的一件事，因为成交周期长。我发现，老客人给导购介绍新客人的效果是最好的。"

我："不过，现在很少有老客人愿意给导购介绍新客人吧？你看我自己就是典型的'默认好评却不写文字评价'的消费者。"

A："对啊，所以要做让老客人很满意、很惊喜的事，他才可能愿意给我推荐新客人。

我："那你是怎么做的呢？"

A："我不知道我做得对不对，但是我觉得，发自内心地对客人好总没错。以前客人买完东西交了钱之后，还要自己预约上门送货和安装的时间，很麻烦。从我这里买家电的客人，我会帮他们预约好送货和安装的时间。而且送货上门和安装的那天，我会全程在客人家里直到家电被摆放好、调试好，这样客户会很省心。我还会准备一束鲜花送给客人，让他体会到4S店喜提新车的感觉。虽然我们卖的家电价格没有车贵，但是我认为客人的心情是类似的。而且，后续客人如有维修和保养问题，我也会一站式替客人搞定。其实这不是啥大事儿，但是客人会觉得很安心，因此慢慢对我就有了信任。我和附近网点的送货和安装师傅、维修师傅都很熟悉，我经常和他们开玩笑说，我们就是家电业的'服务铁三角'。"

（听到这里，我真的忍不住竖起大拇指。如果我是他的客人，我一定被这满满的细节征服。将心比心、细致入微，这样的导购，我会很乐意做那个推荐人的角色。当我听得意犹未尽时，我瞥见了一个装着零食的盒子。）

我："哇，你们的员工下午茶不错。"

A："安老师，这是我自己准备的，不是员工的下午茶。你不知道，每个月我都会招呼周边小区的孩子们来店里玩，我会自己花点钱，准备些饮料、水果、零食之类的给孩子们。"

我："啊，现在卖场已经'卷'到这种程度了？你们还有这业务？"

A："安老师，这是我不轻易和别人说的小秘密。我发现，其实小朋友对很多与科技相关的东西很感兴趣。家电嘛，比如空调、冰箱、洗衣机等都采用不少有意思的黑科技。有一次，当我为带着小朋友的客人介绍产品时，我发现小朋友听得津津有味。我就想，为什么不能把周边小区的孩子们都影响影响呢。孩子们来到店里，既能玩，又能学点东西，有吃、有喝，他们会很开心。最关键的是，孩子们来，家长一定也会陪着来，那我们不就是有很多时间和他们介绍产品啦。"

（哈哈，原来落脚点在这儿。孙子兵法怎么讲来着，"明修栈道，暗度陈仓"，哈哈，高！）

我："我记得你刚才说，新客人一般不太好成交，你说说你是怎么成功的。"

A："这个要有耐心，一定不能急。我们卖的是高端家电，客单价高，新客人通常会比较慎重。所以，新客人第一次来门店，常常是各个品牌、各个型号都看看，没有明确的目的。那么，我们要做的就是给他们留下好印象，争取留下新客人的联系方式，创造第二次沟通的机会。通常新客人第二次来，目的就很明确了，他们常常在有限的几个品牌或型号中选择，只要他的疑问被解答，产品价格合适，这笔订单就比较容易成交。当然，以上情况也存在于第三次、第四次来的客人。"

我："买高端家电的客人，有什么特殊的地方吗？"

A："安老师，普通家电和高端家电我都卖过。通过两者的消费者对比，我发现很多时候为高端家电的消费者介绍产品的功能、参数，他们都不感兴趣。但是为他们介绍公司的历史、品牌的故事，包括产品采用的黑科技研发，哪些比较有名的人买过我们的家电以及会在什么场景下用我们的家电等，他们会更感兴趣。所以，其他销售可能还在和客人讲功能、参数，而我会把产品介绍向品牌调性的方向引导，这样的效果反而更好。高端家电在功能和参数方面已经很难做出差异化，现在很多的差异化是一种看不见的感觉。"

我："那在争取客人第二次到店这件事情上，你做了些什么呢？"

A："这个是我花了好长时间才摸索出的门道。一开始，当我想添加新客人微信时很多新客人并不愿意添加，然后我会说：'因为现在家电促销政策每天都在变，我们要不加个微信，有好的促销活动，我第一时间通知您。'这样一来，很多客人还是愿意添加一下的，毕竟有优惠嘛。新客人添加了我的微信后，我会仔细标注，如新客人的名字、买家电的需求、买单的人是谁、住在哪个小区等，我会将这些标注清楚，以便再次跟进。"

我："哇，你做的已经是精细的CRM（Customer Relationship Management，客户关系管理）了。然后呢？"

A："添加微信之后，才是考验的开始。我身边的很多导购在添加新客人微信的当天就开始狂轰滥炸，很多新客人嫌烦直接把他们拉黑了。我想想也是，当天就在微信里说啊说，给人很强的压迫感。所以，我一般在新客人离店后三天左右与他们微信互动一下，这样既不会显得太疏远，也不会显得太有目的性。"

我："三天这个时间点，是你试验出来的吗？"

A："对的，绝对是我自己的血泪史总结。"

我："接下来，你是如何与新客人在微信上互动的呢？有什么窍门吗？"

A："当然。比如，最好不要主动与新客人私信聊天，要先从在新客人的朋友圈互动开始。如给新客人的朋友圈点赞、评论，评论一定是走心的，不能是敷衍的。另外，不要给新客人只介绍产品和促销活动，把自己变成推销机器。我一般在第一次与新客人见面时寻问他们住在哪个小区，然后我会留意并收集一些同小区的装修照片，包括家电的实拍图，把这些照片发给新客人做参考，新客人还是挺感兴趣的。同时，我们要打造自己的朋友圈人设，不能天天发广告，而是把自己打造成爱生活、正能量的人，这样新客人才可能愿意和我们交朋友啊……"

还有非常多精彩有趣的细节，听着听着我真的入迷了。各行各业，优秀的人背后都有不同寻常之处。虽然每一件事情看起来都微不足道，但正是这些微不足道，变成了优秀的人卓尔不凡的原动力。

可是，在感受到惊喜后，我又猛然陷入一场失落。我们经常讲经验萃取，让其他人复制优秀的人的成功。但是，我们真的认为，找出标杆，让他分享成功的经验后，别人就能复制他的成功吗？显然，以我多年的赋能生涯来说，答案是否定的。一个导购分享了10条成功的经验，我们可能只记住了2~3条，等到落地的时候，我们能用上1条就已经很不错了。太多人天天听别人成功的故事，但是依然过不好自己的一生。问题出在哪里呢？我认为，虽然这个问题挑战性很大，但是依然有解题的方法，那就是结构化解构优秀经验，数字化固化优秀经验。

从用户没有接触过我们的产品，到他了解产品、支付产品订单、使用产品、复购产品、推荐产品，专业的术语将这个过程称为"用户旅程"。这是一个对分析业务价值链条很有帮助的工具（见图1.1）。显然，这个旅程越往右走，为公司创造的价值越大。

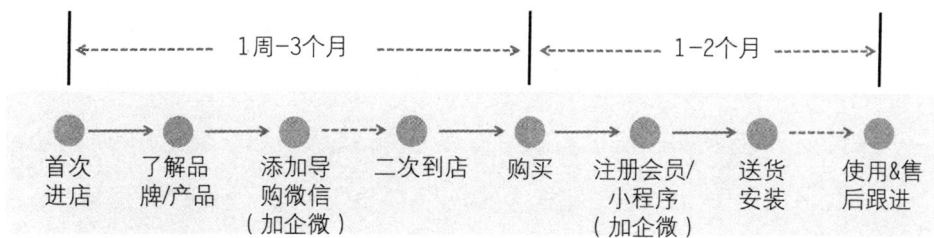

图1.1 ××品牌用户旅程图

接下来，我们要做的事情就非常明确了：分析每个环节的关键行动要点，让这个旅程能从左边不断地往右边走。

如果我们采访了多个优秀的导购，就能通过经验萃取、经验解构的方式用一条主线把成功经验转化为帮助用户旅程逐步推进的一个个关键动作、关键环节。这些关键动作、关键环节，丝丝入扣。从商业概率的角度来说，做好这些过程中的节点，就能大概率拿到比较不错的结果。

我们不妨沿着之前优秀导购分享的成功经验，把这个用户旅程画完整（见图1.2）。

在客户首次进店之前，我们要主动出击，扩大潜客池。

当客户首次进店时，我们要把握进店客流。一方面，我们需要依靠自己的经验对客户的情况做个大致预判；另一方面，我们需要借助数字零售平台提供的商圈分析、人群分析等数据，对客户人群有更精准的了解，未雨绸缪。

接下来，就要和客户建立良好的对话氛围。其中涉及销售礼仪、销售话术、与客户交流的谈资、导购的亲和力等。

在介绍产品时，要实现从产品销售到场景销售、生活方式销售的引导。这对于高端产品来说是更加重要的，也更加考验导购的情绪引导能力。

除此之外，我们要通过讲公司品牌故事、研发故事等，不断传递品牌、研发背后的人设，建立客户与人设之间的相互认同感。

留资是订单在没办法一次性成交的情况下，必须采取的一个关键行为。那么，针对如何让客户留资这个问题，我们要有一系列的沟通技巧。

如果订单未成交，客人离店，意味着用户旅程进入到犹豫期的客户运营。那么我们就可以通过微信沟通或者其他的方式，与客户保持线上的互动，保持记忆热度，同时找机会推进转化。

创造二次到店机会也是关键的一步。我们需要制造场景，触发二次到店的动机，并实现第二次与客户的面对面。

客户二次到店，导购要比之前更加果断的踢单。解决疑虑、给予优惠、提供服务、制造惊喜等，所有的"组合拳"就是要实现从需求到下单的目的。

客户下单后，我们需要引导他加入品牌的会员，创造复购及后续其他产品转化的机会。

客户离店后，我们的服务分为一条明线和一条暗线。明线是送货、安装、使用、售后等。暗线是客户服务和客户口碑运营。我们要让客户从没有不满意到客户满意、客户惊喜、客户忠诚，进而创造复购和转介绍的机会，从而形成一个新的用户旅程。

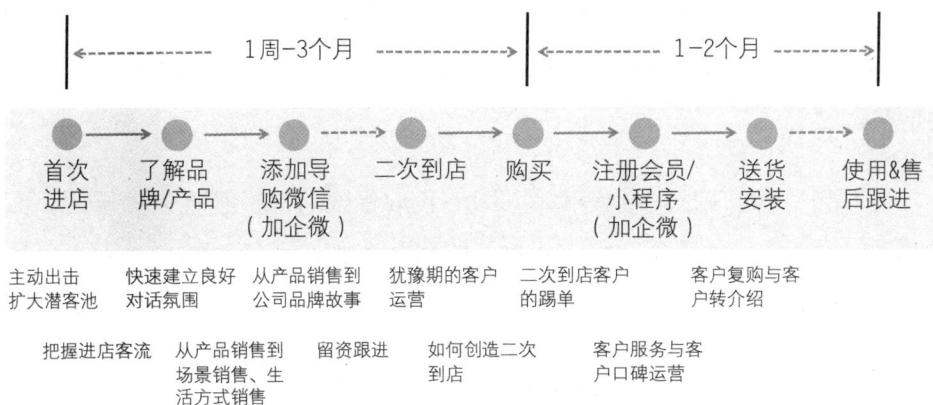

图1.2 ××品牌用户旅程完整图

上述我采访的这位优秀导购的成功经验，我们可以映射并还原到图1.2的用户旅程中。我们会发现，她之所以成功，是因为她把握住了这个链条上的关键环节，做对了关键动作，从而实现了好的业绩结果。个人如此，企业的业务团队，甚至是事业部，在经验逻辑上也如此。

但是，我们不能止步于此。我们要追问一个问题：这个用户旅程适合于所有导购吗？导购之间是否存在明显的差异性呢？我们经常谈客户画像，那么我们对导购画像是否充分了解呢？

当我们抽样分析了全品类家电的导购画像以及高端类家电的导购画像时，我们发现了两处明显的差异。简单来说，就是高端类家电的导购，年龄更小、学历更高，这两个发现非常关键。今天的导购，不单单靠自己的销售经验、销售技巧取胜，在数字化营销的背景下，如何用好数字化的工具，用好在线沟通的方式，显得越来越重要。在很多行业中，通过线上引流产生的线下订单比重已经超过了传统的线下订单，这种情况就特别考验导购的年轻心态、学习精神和拥抱变化的态度。显然，因为高端类家电导购的年龄和学历优势，他们更有可能转型成功。

到这里，我们分析了导购画像，也分析了如何把导购的成功经验通过结构化的方式编码，再与业务场景做映射，实现精准的赋能以推动业绩目标的达成。

但是，挖掘于此，依然不够。因为我们看到的都是经验化的层面，而忽视了数字化的层面。下面，我们一起看下经验化干预手法与数字化干预手法的区别（见表1.1）。

表 1.1　经验化干预手法与数字化干预手法对比

	经验化干预手法	数字化干预手法
目标客户画像 & 使用场景	区域化客户画像经验 & 使用场景案例	数字化用户画像 & 消费偏好洞察 &App 反馈居住场景
主动出击扩大潜客池	社区、前装、设计师等渠道开拓经验	线上跨品类营销洞察、拓展渠道合作思路
把握进店客流	门头、摆台、海报等	基于 LBS 从线上导流线下
快速建立良好对话氛围	交流话术，对不同客户的常见话题	内容素材资源
从产品销售到场景销售生活方式销售	产品介绍、产品套系、竞品比较、场景描绘	线上成交数据分析、客户消费场景分析
从产品销售到公司品牌故事	公司历史、品牌故事，KOL、KOC	数字化销售素材
留资跟进	个人微信	企业微信、小程序
犹豫期的客户运营	朋友圈、微信、电话、线下	数字化客户运营工具、数字经营看板
如何创造二次到店	活动、促销、客户案例、节日节点	数字化客户运营工具、数字经营看板
二次到店客户的踢单	处理异议、表达关注、服务承诺	下单、收银、安装预约等数字化支持工具
客户服务与客户口碑运营	安装跟踪、使用答疑、维修上门、惊喜	IOT（Internet Of Things，物联网）数字化跟踪、机器自检
客户复购与客户转介绍	朋友关系维护、创造更多链接场景	复购奖励、转介绍奖励、KOC 社群、产销者计划

当我在辅导很多企业管理者的时候，我都会带着他们一起做一个关于经验化干预手法与数字化干预手法的对比。因为我们要清楚业务价值流、经验化干预手法、数字化干预手法分别是什么。

举个例子，回到上述我采访的优秀导购的案例。围绕"目标客户画像&使用场景"这个话题，我们可以用传统的调研方式采访很多导购，然后总结出一些常见的客户类型和一些客户的场景案例。但是，靠人力、小样本，我们能挖掘的深度有多深呢？其实，数字化给我们提供了另外一种可能性。通过客户数据中台的建设，结合企业自己的数据，再利用平台的数据，我们可以为每一个客户打造一个专属的标签（Uni-ID），这个标签不但能识别我们的目标客群在家电类的客户画像、购买喜好和购买行为，还能识别他们在其他品类、品牌中的出现频次。如果我们的目标客群在有些品类、品牌中出现的频次较高，就给我们提供了一个重要的线索，也就是我们可以主动出击，去拓展潜客池的方向。不仅于此，线上比较容易实现跨品类、跨品牌的联合促销，我们通过这种方式的尝试，比较容易量化地验证异业合作，扩大潜客人群的有效性。如果我们跑通了线上的营销方式，就为我们线下的行动提供了更有力的支持。

今天的零售导购，一定是线上、线下结合销售的。导购一定要会经营自己的朋友圈，经营自己的线上人设，做好线上客群的服务和转化。那么，导购每天发的朋友圈，都是他自己冥思苦想的吗？当然不是。多数企业为导购提供了强大的销售管理中台，其中一项就是源源不断地提供各类销售素材，让导购可以从中找到适合自己的图片、文案，如家电在不同装修风格房间内的照片、不同装修风格的文案，并持续做好线上运营。从一个人冥思苦想销售素材到靠销售管理中台提供销售素材，借助数字化的力量，新的"降维打击"就这样产生。

现在的家电讲究定期的保养、检修。但是，很多客户并没有这样的习惯，那么后续的保养、检修就没办法实现闭环。当然，我们可以通过人工统计和跟进。但是今天，我们借助数字化的手段对于客户何时购买产品、客户的维修记录已经有了很清晰的跟踪体系。同时，我们借助IOT的模块可以智能识别家电的状态，甚至用户的使用习惯，并在App端或小程序端设置保养、检修的智能提醒。

今天，请大家务必记住一个重要的事实：能够推动业务发展进步的，一方面靠不断积累的优秀经验；另一方面则靠数字化的能力。两者相辅相成。

下面，我们把上述优秀导购的案例，从微观到宏观做个复盘（见图1.3）。

图1.3 案例复盘示意图（从微观到宏观）

如果我们只看导购个体，我们看到的是员工的个体实践。比如，他主动拓展装修公司的潜客，主动给客户送花，他的话术、做法等都是很好的个体实践。但是，我们不妨追问一个问题：导购需要在十年之前做跟今天一样的这些事情和努力吗？十年前，家电卖场还很红火，导购坐在店里卖的都是大品牌家电，根本不发愁当月的业绩。

个体实践的变化背后，其实是一家企业业务策略的变化。今天我们讲的数字商业，其实就是线上、线下融合的商业模式，这和过去线下坐店的商业模式截然不同。今天的导购线上、线下都要卖货，线上要为线下引流，线下要帮线上拓客，而且客户的会员体系、权益体系也要打通。这个时候，业务价值链条必然要重新设计。

业务价值链条的重新设计，对应的是支撑业务策略的数字化工具和系统设计。今天和以前的很大区别是，以前只要想好了业务策略，就可以很快落实一个会议，因为制定的策略是以人工完成为核心。但是今天不行了，你要做精准的市场研究、用户研究、广告投放，要做精细的会员运营，如果没有数字化工具的支持，你就没有办法把想法变成现实。很多时候，使用数字化工具的能力决定了业务策略的设计能不能成型，能不能拿到想要的结果。

业务策略调整后，我们千万不要忽视了组织能力的支撑。很多企业兴于业务，败于组织，这种情况屡见不鲜。如果组织能力和业务能力不配套，这个企业就不能走得长远。比如，今天的数字零售对营销组织的组织结构设计就提出了新要求。割裂式的线上电商团队、线下渠道团队、线下自营团队、营销团队、数据团队，显然举步维艰。也就是说，线上线下不但要实现业务上的融合，还要实现组织结构和汇报关系上的融合。再比如，线上营销导流线下成交的场景，销售佣金到底应该发给谁呢？如果只发给线下的销售，线上的销售白忙活，他肯定不愿意。如果既发给线上的销售又发给线下的销售，公司成本又承受不了。这里面涉及的是组织薪酬机制设计的新挑战。

看完个体实践背后的业务、技术、组织问题，我们再升维一下，重新反思今天企业的商业战略设计。企业的商业战略是以货（商品）为中心、以场（渠道）为中心还是以人（消费者）为中心？这些看起来都不"错"，但是随着数字平权和消费者主权意识的崛起，以人（消费者）为中心明显是一个更符合时代潮流的战略选择。战略不外乎定位、取舍、配称。这就意味着一家企业的战略设计和落地，必须建设对应的能力，也就是我们提到的业务能力、技术能力、组织能力。

我们再追问一句，战略设计为何而变？为什么不能坚持一个战略走三十年、五十年，甚至一百年？显然，今天时代的发展速度，远超过去的任何一个阶段。稳态被颠覆，非稳态成为一个新常态，这也是企业战略要不断迭代优化的关键。时代是外因的外环，时代变革之下的产业生态变革，是外因的内环。今天的产业生态也不是静态的，上下游的角色在不断被重新定义，竞争和合作的界限越发模糊。因此，企业必须学会与"新物种"共处，甚至把自身进化为"新物种"。

这种从微观的个体，到业务、技术、组织、战略，再到宏观的时代/生态的复盘，对于企业的管理者而言非常关键，因为你看到的不同层面直接决定了你对事物的认知水平，也直接决定了你的行动举措。

比如，我们沿着这个从微观到宏观的复盘路径，看看不同层面的思考，会有怎样不同的行动。

如果我们只看到一线个体的差异，我们想到的只会是让优秀的人分享经验，让其他人向优秀的人学习，然后给予其他人激励和惩罚，让他们改进自己们的日常动作。

如果可以深入看一层，看到业务设计的改进层面，我们可能就要不断思考业务流程、业务关系、业务模式本身是否合理，是否是结构性的调优空间。特别是我们设计的业务模式是否与一线个体在执行期间环环相扣。有哪些是在执行中不顺畅的，有哪些是一线个体在执行中已经将局部模式跑出更优实践但我们还没有将其设计到整体中的。

如果再深入想一想，在这个业务的迭代改进中，如何用数字化工具代替人工，如何用数字化工具固化最佳实践呢？比如，关于客户信息的人工记录，关于门店周边小区楼盘、户型、装修图片的推送，关于过往成交客户的更全面的画像分析，关于设置与客户互动的时间节点的自动提醒。数字化工具一定是让好的想法更容易实现的，而不是耗费更多的人力和物力的。

再穿透到组织能力的层面，我们会发现，组织必须跟上业务的迭代改进。比如，团队设置、组织结构、汇报关系、组织流程、激励机制可能都要调整。生产关系不顺利，业务就可能受到很大的掣肘。

而在战略层面，我们会发现，组织是一个有机系统，要想让一线个体动起来，本质上是组织的大脑要转变，组织的机理要调理到位。我们要帮助管理层建立转型共识，明确战略和策略，让全员理解目标和人物角色。

但我们也不一定停留于此，如果我们有更大的雄心和抱负，我们要透出企业的边界，思考产业生态的发展趋势，乃至时代的潮流。企业的边界正在模糊化，未来的企业，一定是时代性的生物型组织。如果理解了这一点，你就不难理解为什么很多企业要设立研究部门、生态发展部门。

以上从微观到宏观的复盘路径，建议大家一定要多看几遍，多思考几遍，会非常有收获。

接下来，我们再调转思路，从宏观到微观做个复盘（见图1.4），你会发现不同的东西。同样，还是以之前导购的成功经验为例，我们看看又会有什么发现。

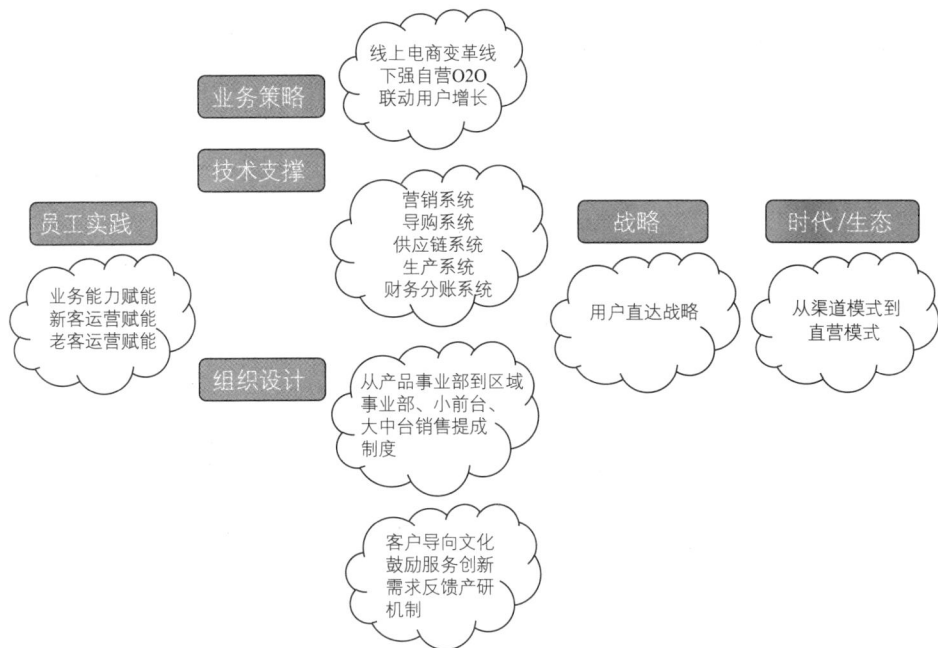

图1.4 案例复盘示意图（从宏观到微观）

从时代背景看，数字化是这个不确定性的时代最大的确定性，这个趋势已经越发清晰。数字化赋予消费者更多的权利，未来商业的权利中心会越来越集中于消费者，也就是货、场的重要性要让位于人。而在时代背景下，商业生态必然随之演进。特别是在数字产业化、产业数字化的双轮驱动之下，数字化ToB服务、数字化ToC服务，也一定会以越来越快的速度出现。传统的企业通过渠道构建了服务消费者的通道体系，未来这个通道体系可能会被快速重构。

接下来，就是企业如何形成数字化时代的新战略体系。以客户为中心、数字化驱动一定是战略定位的核心关键词。但是，企业在数字化时代凭什么"赢"？它的核心竞争力在哪里？也许其中一个答案是用户资产，也就是以数字化的方式做用户资产运营，用产品和服务创造客户价值，实现客户的全生命周期管理，让企业的价值真正等于活跃用户数量乘以每用户平均收入。

如果明确了做用户资产运营这个战略，那么，过去业务的核心逻辑，如以货为中心，就必须重塑。以货为中心的逻辑是研发、生产、供应链、营销、渠道、销售和售后服务。但是转变为以人为中心的逻辑，可能就变成了用户研究、用户产品、用户触达、用户转化、用户成交、用户运营和用户忠诚的新逻辑。

那么，如何支撑这套业务逻辑的改变？我们需要具备什么样的数字化系统能力？这时，我们不但需要好的CRM、ERP（Enterprise Resource Planning，企业资源计划），更重要的是需要好的用户运营系统，能够全生命周期地、全域地跟踪、管理客户数据，基于数据形成持续的深度洞察。

在这个过程中，组织设计也要重构。过去以货为单位，按照A事业部、B事业部、C事业部这样的业务部门或者华北、华东、华南这样的地理位置做区域划分。未来以人为中心，可能按不同维度的客户分层做组织设计的核心依据，同时叠加传统的区域化属地管理机制。组织激励，过去是事后总结型的激励，有很大的滞后性。现在，基于实时数据，我们甚至可以做到实时可视化激励，让每一分努力都得到量化的回报。

在这样的改变下，个体的行为模式也一定会大有不同。过去，很大程度需要一线员工是全能型选手，因为工作靠的是人拉肩扛式的人肉努力。但是今天，数字化工具可以分担越来越多的低价值重复劳动，一线员工就可以聚焦创造个性化价值的部分。比如，省去烦琐的每日报表，集中精力在与高潜力客户的沟通连接上。再比如，不要死记硬背很多产品参数、材质、功能，因为这些已经随时可在线调取，一线员工只需要多关注、挖掘客户场景，提升客户体验。

从微观到宏观，再从宏观到微观，大家是否发现，我们看到的内容、维度是不一样的。每深挖一层，就会看到一个新的世界。上述优秀导购的案例，其实就是这个数字化时代企业转型的缩影。没有一件事是孤立的，时代的涟漪已经泛起，每个企业、组织都已在波浪中前行。

2014年，《麦肯锡季刊》发表了一篇关于未来购物的畅想的文章，当时《麦肯锡季刊》邀请了一些专家畅想未来的购物场景，这个场景虚拟了两个人物：麦克（Mike）和琳达（Linda）。

这两个人是一对新婚夫妇，他们刚刚买了房子，考虑添置一个洗衣机和烘干机，接下来他们怎么购物呢？他们会先搜索几个电商网站，就像现在的淘宝、京东、拼多多一样，他们找到了三个感兴趣的型号，把它们加入了收藏夹。购买大型家电毕竟是个大开销，于是这对夫妇决定亲自去线下门店看一看。基于地理位置的路线导航很方便，他们很容易地通过谷歌地图找到了具体的路线，并开车到了这个门店。还没到门店的大门，商家的IOT设备已经识别到这两个人的身份，提前给他们发出了欢迎的短信，并且根据这两个人网上的浏览记录以及收藏加购记录，给他们提供了很多个性化的推荐。收藏夹的其中一款产品目前在促销打折，这个促销信息第一时间推送给了这对夫妇。门店很大，这对夫妇要找到某个具体的品牌和产品的位置并不容易，但是只要点击呼叫按钮，马上就有专业的导购来到他们的身边为他们服务。

当这对夫妇还在纠结要不要买、花多少钱、钱花得值不值的时候，他们还可以征求别人的意见，比如父母、朋友。怎么征求意见？这对夫妇扫个码就可以把产品的链接通过社交软件转发给他们，听取他们的想法。接下来，这对夫妇犹豫的是，这个家电在门店看起来不错，但是放在他们的家里不好看怎么办？风格不符怎么办？不用担心，借助专业设计软件360度虚拟渲染能力，输入你的小区、户型，系统就会实时渲染这个家电放在家里是什么效果。

最后这对夫妇决定下单了，可以用现金或者信用卡支付，也可以拿出他们的智能手表直接一刷完成支付。接下来就可以线上预约送装的时间。所有的进展，他们都可以尽在掌握。

大家了解了《麦肯锡季刊》这篇文章的大致内容之后有什么样的感受？是不是当年的这些畅想，今天都已经实现了？当我读完这篇文章的时候，我特别的感慨。数字化的发展速度太快了，它在加速实现我们原来的很多构想。如果过去有人跟我讲"只有想不到，没有做不到"，我可能觉得这是大话。但是在数字化的今天，我觉得恰如其分。当我们充满丰富想象力的时候，你会发现数字化会助推我们实现很多过去我们不敢想的东西。

数字化增长引擎模型

接下来我们谈谈数字化增长的整体逻辑是什么。我用七个关键词来分别命名，大家可以参考下面的数字化增长引擎模型（见图1.5）。

第一个关键词：时代趋势

企业任何的商业活动，一定是基于一个大时代背景的。如果我们只看横截面，也就是只看当下，不看历史，不看未来，就很容易出现误判。海尔集团创始人张瑞敏说："所有的企业，都是时代的企业，没有一个企业能脱离开所在的时代而获得独立的成功。"

以美国为例，我们看看时代的变迁如何影响零售业的发展。

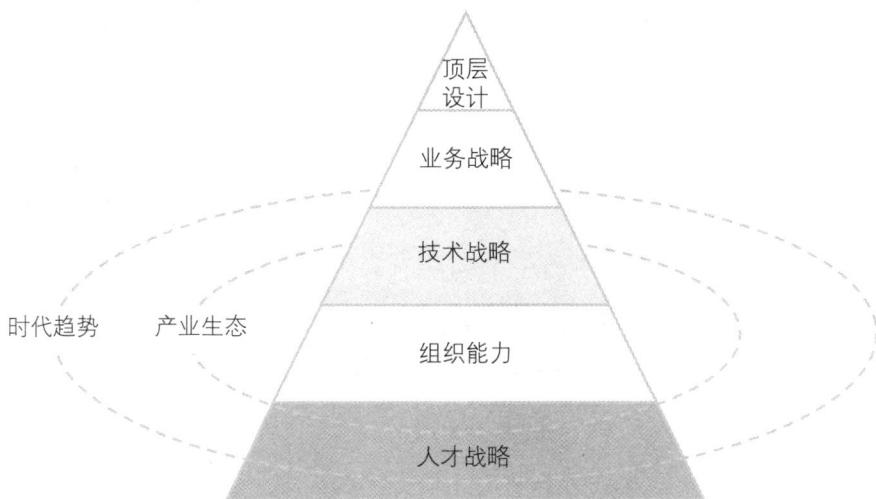

图1.5　数字化增长引擎模型

　　两百年前美国的零售模式就是区域化属地管理机制，也就是杂货店的模式。但是为什么后来美国能够兴起邮购的模式？它背后得益于整个铁路网的铺设以及火车运输的普及，这使美国的货物物流变得更加经济，邮购才得以应运而生。而像沃尔玛这样的大型超市，则得益于公路网的密集建设以及汽车运输的大量普及。随着各个国家普遍出现的城市化率的持续提升，你会发现城市的居住密度变得越来越大，这个时候便利店的形态得到了快速的发展，更进一步说，其得益于图像识别技术、移动支付、电子价签等技术发展，又促进了今天很多无人商店的普及。

　　零售业经常讲人、货、场，我们要不断思考今天的消费者和过去的消费者有什么区别。

　　比如，可支配收入更高、闲暇时间更多、非生活必需支出占比提升等。那么消费者对于货的关注点，就会从功能、参数转向品牌、人设、情感、内容等。过去有货就不愁卖或者敢打广告就不愁卖，那今天是否还是这样的逻辑？过去我们严重依赖线下销售、批发零售的模式，那今天电商平台的冲击是什么？新媒体电商的冲击是什么？社交媒体电商的冲击是什么？如果我们对于整个大时代背景缺乏深刻的认知，商业就没法迭代发展，更别提数字经济了。

第二个关键词：产业生态

产业生态，简单来说，就是企业的上下游、企业各个维度的合作伙伴。产业生态一直是动态变化的。比如，过去整个零售业的生态链只有制造商、批发商、零售商。后来，从过去的制造商、批发商、零售商，分裂出一个新的角色，叫全国性的渠道商，如家电行业的国美、苏宁、五星电器。再进一步看，你会发现制造商的角色也分裂了，细分为生产制造商和品牌授权商。如果大家对于产业有所了解，会发现很多公司只是品牌公司，它的生产完全可以外包，甚至产品本身的研发和设计也可以外包。产业生态链继续发展和裂变，你会发现在渠道侧又多出了电商平台、下沉市场等。随着时代的发展，电商平台又进一步分裂为所谓的以淘宝、京东为代表的传统电商和以抖音、快手为代表的新电商。

了解产业生态，不能停留在单纯地分析产业生态链上有什么，还要分析产业生态链各个环节的利润率，产业生态链核心竞争的壁垒在哪里，哪些环节可能是"卡脖子"环节。比如，这一两年被上升为国家战略的芯片问题，就是产业生态链的"牛鼻子"环节。再比如，2021年的跨境贸易，最大的制约环节居然出在集装箱船的运价上。中国完备的工业制造体系，让多数产业的制造、流通环节不再有不可逾越的壁垒，但是在品牌设计等高附加值环节上，我们依然有很多成长进步的空间。

过去，中国企业特别喜欢大而全，喜欢讲全产业生态链的布局。其实，这常常是不尊重生态分析的表现。什么事情都自己做，就错失了全球化时代产业大分工的历史机遇。产业体系涉足哪些环节，向产业生态链上游走还是下游走，取决于企业如何规划自己与生态物种间的协作关系以及自身的价值定位。

今天，在时代变化之下，产业生态也在不断裂变。今天还有一个特别值得注意的问题，就是数据的连通——数据在整个产业生态中的合作伙伴之间的相互流动。一方面，产业生态变得越来越复杂；另一方面，复杂使它的连通性变得更好，加快了产业生态的进化速度。

第三个关键词：顶层设计

什么是战略？这是一个至今没有普遍共识的问题。但是，关于战略，我们要回答清楚几个问题。

1. 我们要什么，我们有什么，我们能放弃什么（阿里巴巴的战略观）。

2. 我们成立一家企业的初心是什么，服务哪些人，为他们创造什么价值，也就是我们的使命是什么。未来，至少5-10年之后我们想成为一家什么样的企业，也就是我们的愿景是什么。

3. 我们凭什么赢，赢得战略成功的关键要素是什么。这就是回答"我们有什么，我们能放弃什么"的问题。接下来，我们要分解的战略目标是什么，分阶段的战略目标是什么。目标下的策略、策略下的任务是什么。

你看，其实战略并不复杂。战略不是一个绝对确定性的事物，而是一种从顶层到局部、从远到近的思考逻辑。一家企业，当然要有一个宏观的战略体系，每个业务、每个职能也要有自己的局部战略体系，也就是层层分解，一张大图下面有中图，也有小图。阿里巴巴经常讲"一张图、一颗心、一场仗"。它把"一张图"，也就是企业战略和企业战略分解，放到了第一位。

企业战略，必须合乎大势。这个大势，就是我们前面讲到的时代趋势和产业生态。要和时代、生态共舞，而不是逆流而上。

今天，很多企业讲"数字化战略"，我们要认真理解一下它们讲的是哪一种。第一种是将数字化作为战略成功的关键要素，重新定义这家企业凭什么赢；第二种是在数字化这个新职能模块下，把这个模块的功能发挥出来并实现战略落地。如果是第一种，我们就要更深入地理解产业数字化和数字产业化与我们这家企业的契合度；如果是第二种，我们则要界定好数字化职能或者数字化部门的职责、功能边界，并做好战略、策略、目标、任务的拆解。

第四个关键词：业务战略

对于不同的企业来说，业务的定义可能是不同的，也许还可以用经营、运营等词汇代替业务。但是业务的核心，是围绕客户需求，通过一系列的活动，满足甚至超越客户的需求。如果用两个词来概括，那么一个词是"价值创造"，另一个词是"价值传递"。

如果企业做的是有形的产品，那么它的核心业务价值链，可能包括用户研究——产品研发——生产制造——供应链——市场营销——渠道管理——门店销售——售后服务等环节。如果企业做的是无形的服务，那么服务本身的生产过程和交付过程可能就合二为一了。

对一家企业的业务价值链理解得越充分，越有助于我们理解这家企业的运转逻辑。阿里巴巴讲"一张图"，这张图落地的第一层表现就是业务图。业务价值链往下拆解直至可分解落地，是业务leader管好业务的核心任务，当然，任务也可以做二级、三级甚至四级的拆解，这个视业务的复杂度而定。每个任务，都有自己成功的关键要素，这决定了这个任务能否达到预期的效果。

一家企业业务长短板的分析，首先在于业务价值链的充分拆解，把指标系平铺出来。然后与同行做比较，与自己的过往做比较，看看长板的相对长度，看看短板的根源和问题。

数字化对于企业的业务来说，一方面，要从微观的角度思考，数字化能否帮助业务人员更好地完成工作任务，创造局部的竞争优势；另一方面，要从宏观的角度思考，数字化能够重构这个业务模式的价值链，是否有颠覆传统的可能性。最经典的案例，莫过于传统的基于大规模生产、大规模分销的模式到数字化驱动的个性化定制、柔性生产的颠覆。数字化赋予了业务全新的逻辑体系。

第五个关键词：技术战略

技术对于一家企业而言，往往是竞争优势的核心组成部分，它决定了一家企业的竞争壁垒厚度。技术分为很多种，但大致可以分为以下三种。

1. 产品、解决方案相关的技术。它决定了一家企业产品的功能、质量、稳定性、体验、性价比等，是企业产品、解决方案与同行能否形成差异化，能否构成客户购买决策依据的核心基础。

2. 业务运营相关的技术。好的产品解决方案要通过一系列的业务运营环节得以实现。比如，用户研究、市场营销、渠道、供应链、门店、终端等这些业务运营环节，过去依赖于经验、制度、模式，现在往往与数字化的运营能力有密切关系。

3. 管理支撑相关的技术。比如，公司的管理驾驶舱、公司经营的数据看板等，企业要有能力为自己的管理铺设技术底层，满足内部管理、流程监控、人员绩效、团队文化等诉求。

今天，企业的技术战略，特别是企业的数字化技术战略已经提升到前所未有的高度。数字化让各种技术更快地交叉融合，也催生了无数具备想象力的新技术。

技术战略，既要托起业务战略，也要托起组织战略，它起到了承上启下的作用。

第六个关键词：组织能力

组织能力，是个很抽象的讲法。杨国安教授说："企业的成功等于战略乘以组织能力。"阿里巴巴认为，企业的成功意味着企业活得好而且活得久，这等于战略的组织能力次方。但是，组织能力是什么，具体有什么维度，却见仁见智。我们只能笼统地说，组织能力是和业务能力相对应的一种能力，两者合二为一，则是一家企业的战略能力。

阿里巴巴常用"六个盒子"作为诊断组织能力的工具，它包括了以下六个维度。我用比较简单通俗的方式和大家做个说明，大家可以大致体会下它的含义。具体的组织能力建设方式和方法，可以看后面的章节。

第一个维度叫作战略共识。也就是企业从最高层到最基层的大图，这张图是什么？大家对这个战略是否清晰，认知是否一致，是否知道自己每一层的目标、任务？我走访了很多企业，走进企业内部，我发现很多人其实不知道甚至不认同企业的战略，这里其实就存在很多问题了。每个人都不知道要打什么仗，怎么打仗，你说可以打赢这场仗吗？

第二个维度叫作组织设计，也就是排兵布阵。大家回忆一下我前面讲的优秀导购那个案例，假设一家企业的业务策略叫作线上线下一盘棋、直营零售、弱化渠道，我们就要关注并积累客户数据，我们不能按照过去职能型组织的结构进行划分，比如研发、制造、销售、营销、渠道、电商、IT、客服，因为它支撑不了今天的业务策略。这时我们很可能进行业务的变阵。如分成两大部分：线上和线下。业务的变阵是我们的前台部分，线下按产品还是按区域、ToC还是ToB，其中有好几种分法。中台如果涉及营销和用户数据，那么中台要做拉通整合，这个时候要选择大中台、小前台还是大前台、小中台。当然，这里面还有一种选择，叫作弱管控。我们按照大区组成经营共同体、大区做前台仲裁的设计，在速度和能力中取一个平衡。我们会发现，特别有意思的是在整个业务模式转换的过程中，组织设计一定要跟上，要不然就会产生很多生产关系限制生产力的情况。

第三个维度叫作流程设计。传统的以货为中心的逻辑，核心流程包括研发、生产制造、供应、销售、服务。现在很多企业天天喊以客户为中心的口号。假设我们相信这个口号是真的，很多企业的核心流程就要重新设计，包括发起的源头、关键的决策环节，这样的架构和以货为中心的核心流程架构是完全不一样的。

第四个维度叫作激励机制。如今非常多的企业推广数字营销、数字零售，但是很多企业推广不下去的原因是什么？给大家举个例子，线上营销给线下销售导流，线下销售给线上营销沉淀数据，这个时候一些员工一定会问："凭什么我做这个工作最后收益没有算到我头上？"这时你会发现，怎么激励员工变得非常重要，否则你的最后一步就不能落地。当然，激励不纯粹是物质激励，文化氛围、荣誉感等也是激励的重要组成部分。

第五个维度叫作组织支撑。如整个组织能力中的数字化支持工具。我们前面讲把所谓的最佳实践，包括人的经验进行固化，固化需要借助数字平台、IT系统、收银系统、刷脸系统等，这些最佳实践一定要通过系统来承载，但是系统本身并不是绝对的业务的胜负手。业务的胜负手取决于整个业务的设计者、业务的架构师，他要把经验和数字化支持工具有序地融合在一起。

第六个维度叫作领导力。是六个盒子的最后一个，也是居于中心的一个。领导力就是我们讲的数字化领导力，它决定了我们能否驾驭这六个盒子，使它们保持平衡。

这六个维度，其实是层层分解的关系，同时相互关联、相互影响。组织能力，其实就是这六个维度的化学反应的综合结果。

第七个关键词：人才战略

数字化时代，我们要全面建立自己的数字化人才体系。很多企业其实很纠结一件事：怎么定义数字化人才？我会用四句话尝试做个定义，给大家做个参考。

1. 面向未来的企业一定是以客户为中心的，理解客户需求、构建创造客户价值是所有数字化人才的内核。

2. 企业是价值创造的整体，数字化人才必须具备全价值链的视角，必须清楚企业的价值创造和价值传递过程，理解大图和小图的关系。

3. 企业和数字化人才都要以开放的心态拥抱数字化，不仅是心态上的拥抱，而且在行动上要不断地尝试。

4. 以客户为中心，具备全价值链视角，拥抱数字化，最后的落脚点在于具体的业务场景和管理场景，所有的数字化人才培养要提升整个企业解决问题的能力，创造改变、促进发展。

以上这四句话是我对于数字化人才的一个界定。

在整个旧商业时代，我们经营企业更多靠的是商业常识和管理常识。但是今天，我们可能需要具备三个不同的能力。ATD（Association for Talent Development，人才发展协会）总裁兼首席执行官托尼·宾汉姆说："今天为了适应很多复杂的变化，我们首先要Up-Skill（提升能力），在我们现有的能力基础上打磨、升级。然后我们要Re-Skill（重塑能力），就是把不同的能力排列组合。因为今天我们看到了非常多的交叉岗位，但是依然存在一个情况，就是我们要不断地学习New-Skill（新的能力），不断地面向未来，保持开放心态学习新的东西。"

未来，一个很有意思的话题是我们在谈数字化赋能的时候，我们必须拥抱一个现实：未来的企业一定具有超级岗位和超级团队。这个概念是德勤在人力资本趋势报告里面讲到的概念，其实大家想一想，这个概念离我们并不远。比如，现在很多智能的客户系统、智能的问答系统在本质上就是一个机器人，这时你会发现这个系统可能就出现了一个超级岗位，这个超级岗位是由智能的客服机器人实现的，我们客服人员和这些客服机器人联合组成了超级团队。今天以人为主导，超级岗位作为辅助，未来这个比重会不会反转，谁也不知道，但是我们要做好心理准备。

2

第二章

数字化顶层设计

在阿里巴巴，我经常和大家分享关于数字化商业历史的话题。因为我内心一直笃信，那就是不知历史，何以见未来。所以我和我的团队，一方面研究当下的商业课程，力求把横截面的问题研究清楚；另一方面，则不断研究已经发生的事情，力求从过往的事实、实践中找到规律。通过对比过去和现在，我们往往能对现在与未来产生很多深入的洞察。

在正式聊数字化的问题之前，我们先一起回顾中国商业史上的几个典型故事。也许你过去听过，但不妨静下心来，和我一起穿梭到不久的几年前、十几年前、二十几年前。

时代趋势

72小时网络生存测试

1999年，《人民日报》及梦想家中文网在内的多家媒体主办的"72小时网络生存测试"在北京、上海、广州三地招募志愿者。在这次测试中，主办方提供了一个有一张床板的房间、拨号网络、一卷手纸以及1500元现金和1500元电子货币，要求测试者72小时内不许离开房间。

在某种意义上，这种测试既考验中国网民的网络运用能力，也考验中国网络的先进程度。

消息传出后，当时的舆论普遍不看好这个测试。当时国内工薪阶层每月平均工资在1000元左右，3天3000元的活动资金对于测试者来说可谓巨款。还有一部分人认为"到处是水，却没有一滴可以喝"。

这样的想法在当时的确合情合理。那时，家用计算机对于广大的中国百姓而言，无异于奢侈品，即便有人花上千万买回一台计算机，更多的也是用于浏览网页、看看新闻。网购对于当时的400万中国网民来说是个超前的概念。

约有5000人报名参加测试，其中来自上海的测试者占了七成，来自北京的测试者占了两成，来自广州的测试者占了一成。经过随机抽签、网络投票等层层选举，最终官方确定了12位测试者以及一些候选人。他们被随机分为三组安排到上海、北京、广州的某个宾馆的不同房间里。

为了避免这些人在测试中出现心理和生理方面的问题，他们接受了官方的心理和健康测试，甚至签了一些保险和法律条款。

9月3日的下午1点，12位测试者走进各自配备了摄像头的房间里，测试开始。测试全过程由北京卫视、上海东方卫视等电视台全程直播，网民通过网络的相关资讯关注着他们的一举一动。

这些测试者首先面对的难题就是温饱。测试者中不乏"网虫"，不过他们的网络购物经验基本为零。想要依赖网络购物活下去，他们需要依靠自己的学习能力。

在测试开始后的15分钟，来自上海的测试者就在网上购买了共计400元的生活用品。不过，当时从银行卡支付到网站使用账户这个过程需要银行认证才能完成划账，这一系列动作相当耗时。这位早早下单成功的测试者经过5个小时才拿到自己购买的东西，而此时他已经饥肠辘辘了。

当然，还真有人如人们所预料的那样，吃不上东西。来自北京在广州接受测试的测试者"雨声"找到了一些购物网站，填好了订单，但由于不会收发邮件，一直未能购买成功。

"雨声"18岁，只有3个月的网龄。因为不会接通网上对话工具，他无法获得外界一切援助。网民看得十分着急，网络论坛中给他支招儿的帖子盖了300层，然而他完全看不到。

在忍受了25个小时的饥饿后，"雨声"通过门缝向外面的工作人员递出"投降"纸条，选择退出测试。

当时"伊妹儿"（E-mail）对于中国百姓而言是个时髦前卫的词汇，绝大部分地区的人和"雨声"一样，接触计算机的机会较少。上海、北京、广州地区情况稍好一些，但完全懂得如何用电子邮件的人也不多。

由于接触网络的时间不同，测试者的表现也不同。同样在广州进行测试的另一位测试者，第一天就通过网络买到了日常用品，还成功吃到了餐厅送来的白灼虾。

当时国内所谓的网上商城其实不少，如西单这样的大商场便设有网上商城。但是，网上商城多并不代表容易买到东西。原因是，要么这些所谓的购物平台和摆设并无差别；要么银行认证时间长，有时7天才能认证完，根本来不及买东西。当时国内主营网络购物且被人们所知的只有易趣网和8848。除了这两个网站，还可以从一个叫作Chinawill的测试网页上买到东西。大部分能够在第一天下单的测试者都是四处碰壁，花了很长时间才购买成功的。

实际上，同样在9月，招商银行才开始在网上开通一卡通服务，用户可以不必去线下办理业务。而测试结束两个月后，建设银行才宣布在北京开设网银服务，成为首个拥有网银服务的国有银行。

测试者购买的物品有很多，如牙刷、电饭锅等，不过大部分物品都不能当天送达。比较方便的方法是求助外援，测试者在工作人员的帮助下进入聊天室，以此获得外界的帮助。当时，一位在上海的测试者突发眼疾，经过网上求救、网友紧急送来眼药水之后才渡过难关。

第二天，测试者在第一天购买的物品纷纷到货。除了日常用品，在测试者购买的物品中还有很多VCD、图书甚至鲜花等一些提高生活质量的非必需品。当时，网上商城极少提供日用品售卖，大部分提供的是图书影音类的非必需品。

根据测试者的情况，在上海接受测试的测试者购买日用品会相对容易一些，无论寻找网站或者配送。而在北京接受测试的测试者似乎购买图书较为方便，因为一些测试者反映从寻找网站到付款成功，购买图书甚至比购买日用品更容易。

由于资金充足，部分测试者在第二天下午开始疯狂购物。来自上海的测试者为自己购置了新衣服、床单被褥等物品，还有的测试者购买了打印机、扫描仪、无绳电话等大件物品，力求在测试结束前把钱花完。不过大部分测试者购物依然不顺利，在付款耗时的问题面前，测试者不得不抱怨他们有钱难花。

第三天，基本需求解决后，测试者开始消磨时间。有人通过聊天室和网友聊天；有人点开新浪、搜狐以及首都在线等门户网站浏览资讯、收发邮件、看电影、听音乐。当然，也有一心做实事的测试者，如在广州接受测试的一位测试者利用这段时间建立了网络花店，在测试结束前，她还收到了一笔订单。

9月6日下午2点，测试者所在的房间门被打开，11位测试者精神饱满地走出宾馆。除了退赛的人，其他人都顺利完成任务。尽管所有人将60%的上网时间贡献给了网上购物，但整个测试共花费了6919.05元，其中电子货币仅用了1854.34元。此时，很多人购买的物品仍在送货途中。

"72小时网络生存测试"在网民甚至完全不了解互联网的人群中引起

了不小的波动。

一位记者在事后这样评论这场网络生存测试："你只能把它当作未来的大餐，不能现在就享用它。"当时一位测试者在结束这场网络生存测试后说："信息公路并不那么高速，很多网站程序设计也不那么合理，72小时的漂流，给网内网外留下了很多问号。"

故事后序：72小时无网络生存测试

2016年7月5日下午，"72小时无网络生存测试"活动视频在"2016上海国际信息消费节"闭幕式正式发布并播放。

上海市经济和信息化委员会、上海市信息服务业行业协会介绍，"72小时无网络生存测试"的体验者年龄横跨"60后""70后""80后""90后"。他们被分为两组，第一组按照"无网络"原则，只保留语音和短信通信方式；第二组则是对照组，只能使用手机的移动互联网，不能使用其他传统通信方式。两组人员将按照各自的日常生活与工作模式，分别接受持续3天的测试才能完成任务。参加测试的6名志愿者均居住在上海。

有网络组：该干什么就干什么

出于对无网络生活的恐惧和担忧，有人主动要求参加有网络组并表示："如果没有网络，我感觉半个小时就会崩溃。"

无网络组：时间过得特别慢

有人则进了无网络组。为了这次无网络生存测试，测试者的手机SIM卡被拿走，家里的宽带被拔掉。为了打发3天无网络的生活，有人每天约朋友一起去跳舞。

主办方表示，此举既是对十多年前"72小时网络生存测试"的致敬，也展现了自20世纪进入21世纪后，互联网在每一代人身上发生的巨大变革，并对比了不同时代人们对互联网使用情况的特征。

【追问】

互联网从一个新奇、新鲜的事物到大家对其熟视无睹并认为其是一个理所当然的存在，这个过程我们用了多久，为何如此？身边还有哪些趋势也在静悄悄却快速改变着我们的工作和生活？

马化腾、李彦宏、马云谈云计算

2010年3月28日，由深圳市人民政府与数字中国联合会共同主办的"2010中国（深圳）IT领袖峰会"在深圳五洲宾馆隆重举行。峰会的主题是"后危机时代：IT引领中国经济发展新模式"，从中国经济发展的角度，探讨IT产业发展对国民经济全局的促进和引领作用。

腾讯公司董事会主席兼首席执行官马化腾，百度创始人、董事长兼首席执行官李彦宏以及阿里巴巴董事局主席马云围绕竞争格局、技术趋势以及电子商务等领域进行了深入探讨。这是当时国内市值最大的三家互联网公司"掌门人"之间的首次公开对话。以下是对话部分实录：

李彦宏：我注意到我们的观众都在仰着头认真看、认真听，这说明讲一点技术问题大家可能也是感兴趣的，我原以为大家来这里只是听一些有意思的东西、听一些笑话。

但是实际上我感觉现场观众对技术问题非常感兴趣，所以我想稍微讲一讲，**不客气地讲，云计算属于新瓶装旧酒，它不属于新东西。**

年前大家讲客户端与服务器端的关系，之后大家讲基于互联网界面的服务，现在讲云计算，实际上它们的本质是一样的，主要都是在服务器端做，在客户端需要做的事情越来越简单。这样一种理念对不对呢？

对的。这是一种正确的理念，而且它不是最近几年才产生的理念，它已经产生了很多年。刚才怀教授讲的网络计算机在1993年就已经被提出来了，但是传统的软件产业要往这边靠其实并不容易。

相反一些新产生的应用，尤其是互联网应用，它从第一天起就没有一个传统的软件形式存在，搜索引擎就是一个非常典型的例子。你想自己弄一台计算机，弄一个搜索引擎，这件事情不现实，虽然你可以让它运行起来，但是它的存储能力、计算能力根本无法满足人们信息检索的需求。

搜索引擎这个东西很适合通过云计算方式解决，如果不通过这个方式，基本上就解决不了了。第二个比较典型的例子是邮箱。从邮箱服务诞生的第一天起，你的主要邮件都是通过服务器端进行发放的，邮箱服务的存在形式从第一天起就以云端的形式存在。

我相信，未来会有越来越多的基于云计算这种互联网应用产生，但是，如果大家想在目前这个传统软件产品的基础上用云计算的方式多赚点钱，我感觉这个活儿会比较累。

马化腾：我补充几句。这个话题比较具有技术性，刚才怀教授在讲的时候，我听得津津有味，我也担心这么深的问题有没有人愿意听，确实有很多人还是在认真听，这可能跟怀教授讲得比较生动有关系。它确实是一个比较超前的概念。

十年前SUN公司提出网络计算机，但是没有人信。因为太早了，就成为先烈了，不但转型不成功，还弄出很多问题。如果它提到未来各种各样综合性的业务软件，包括企业中各种各样的企业管理系统都可以在云端处理，把计算能力、处理能力甚至逻辑组件形成一种公共网络、公共设施，的确是有想象空间的。

可能过几百年、一千年后，电影《阿凡达》里演绎的那种程度才有可能实现，现在确实过早了。比如，我们现在研究局部的IDC（Internet Data Center，互联网数据中心），一万台或者几万台集装箱组成一个超大型IDC，在集装箱里面插几千个主板、海量CPU、内存，并统一作为计算机处理一个任务，尤其是搜索任务，对于局部IDC已经是非常大的挑战了。

全球没有几家企业可以把它跑起来。这个基础以后会一点一点往前走。

马云：不太好说，让一个最不懂技术的人讲这么有技术含量的事。我觉得刚才怀教授讲得非常好，我听得很入迷，可能是不懂技术的缘故。我认为云计算最后是一种分享，数据的处理、存储并分享的机制。

我觉得刚才李彦宏讲了一点我也在想的问题，他说现在没有什么新的东西，无非"新瓶装旧酒"，**我最怕的就是新瓶装旧酒的东西，你看不清他在玩什么，突然爆发出来才最可怕。**假如是从来没有听说的，这个不可怕。雅虎当年做搜索引擎，然后Google出来了，雅虎的很多人认为跟他们差不多，后来Goolge几乎把他们"搞死"。

所以一个新的东西出来后，我们认真思考并关注，可能会发现一些新的问题。我们公司对云计算充满信心，也充满希望，我们不觉得又找到一个新的矿产，我们拥有大量消费数据、支付宝交易数据。这些数据对我们有用，对社会可能更有用。我们掌握了小企业到整个中国经济、世界经济的信息，将消费者数据提供给制造业，让它们生产出更好的产品卖给消费者。如果能够把这个数据分享给社会，那将是很有用的。如果有一天我们不做这个，百度、腾讯就会把我们赶出电子商务门口。所以，这是客户需要，如果我们不做，将来会"死掉"。

故事后序

2022年3月21日，Canalys 发布的2021年中国云计算市场报告显示，中国的云基础设施市场规模已达274亿美元。由阿里云、华为云、腾讯云和百度智能云组成的"中国四朵云"占据80%的中国云计算市场，稳居主导地位。云计算构建了数字基础设施的重要部分，成为驱动数字经济发展的原动力（见图2.1）。

【追问】

我们常常听到两句意思相反的话。一句话是，对于技术，我们常常高估了它的短期影响，但是低估了它的长期影响。另一句话是，对于技术，我们常常低估了它的短期影响，但是高估了它的长期影响。你赞成哪个观点？为什么？

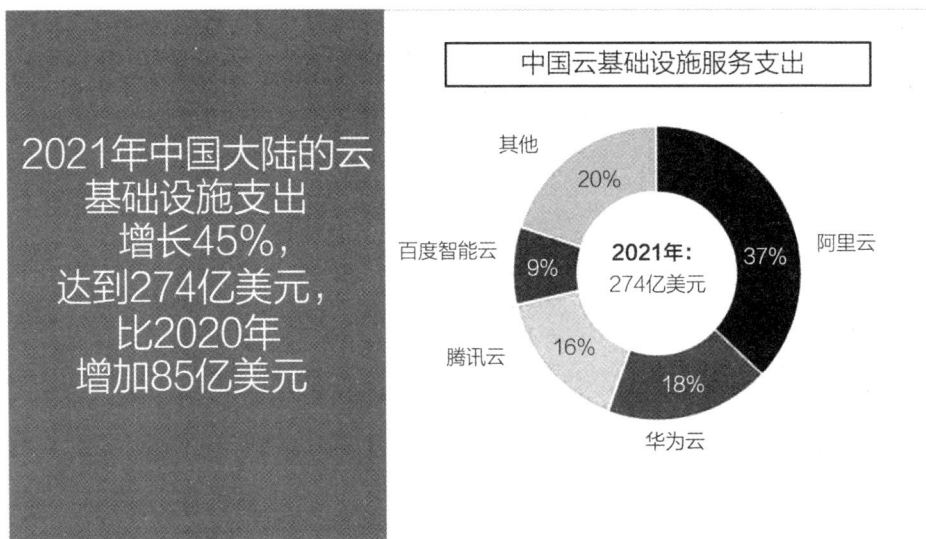

图2.1　2021年中国云基础设施服务支出图

董明珠和雷军的10亿元赌约

2013年12月12日，在第十四届中国经济年度人物评选颁奖盛典现场，小米科技（小米）创始人、董事长雷军与格力集团（格力）董事长董明珠打赌，称5年之后小米的营业额将超过格力，而输的一方将给赢的一方10亿元。

以下为对话实录节选（资料来源：观察网）。

雷军： 小米的盈利模式最最重要的就是轻资产模式。第一，它没有工厂，所以它可以用世界上最好的工厂。第二，它没有渠道，没有零售店，所以它可以采用互联网的电商直销模式。这样的话没有渠道成本，没有店面成本，没有销售成本，效率更高。第三，更重要的是因为没有工厂，没有零售店，它可以把注意力全部放在产品研发和用户交流上。所以，小米4000名员工，2500人在做跟用户交流的事情，1400人在做产品研发的事情。它把自己的精力高度集中在用户交流和产品研发上。

陈伟鸿： 我突然发现你们两个人也许在今天的现场会有一个世纪之争，也就是你们两个人所代表的生产模式，对中国企业的转型升级来说，到底谁的后劲更足。不过你们的竞争跟去年两位（马云和王健林）的竞争不一样，他们是终端的竞争，是互联网时代传统和虚拟之间的竞争，你们的竞争应该是生产环节的竞争。

董明珠： 我想说，时代是在发展的，IT行业的大数据时代应该随着时间在变化。23年前，我觉得手拿一个大哥大，像奖杯一样大的手机，大家都引以为豪，但今天的手机变得很小，证明我们在变。格力在成立的时候，如果没有现在这么现代化，就想到这样，那叫腾云驾雾，叫空想，所以我们要脚踏实地做。随着大数据的到来，像格力这样的制造业企业坚守什么、发展什么是很重要的。雷军刚才在台后就跟我杠起来了，他说他相信5年以后会超过我，我当时没回应他，我现在在台上说"不可能"。

不可能的理由是什么？格力不靠价格，靠技术。格力有优秀的服务，假如，格力有几万家专卖店的同时和马云合作，那天下不都是格力的吗？怎么可能是你的呢？因为你没有支撑的东西，没有很好的工厂打造出更好的产品，做好服务。如果产品不要售后服务，谁会买呢？

我是老大姐。我多数时候是真的赞扬他的，他确实有一种精神。但是任何企业的发展，不仅要考虑简单的个体的发展，或者三五年之内追求的利润或者一个数据的变化，更要考虑企业现在的枝繁叶茂和快速成长，如去年100多亿元，今年300多亿元，这种增长速度确实令人震撼。但是我觉得，枝繁叶茂的根在哪里，绿叶生长三年以后能不能保持永久，才是最需要引起思考的。

雷军：要不我还是说半分钟，刚才我的时间全被董总抢了，所以董总营销做得绝对比我好。我简单总结一下，格力是我非常尊重的企业，董总是我非常尊重的企业家。她在传统制造和传统消费电子领域做得非常好。但是今天，用互联网的基因重新做消费电子的时代已经开始了，小米就是这个方向的典型代表。那么它的优势在什么地方呢？第一，它跟用户群最贴近，极其强调用户体验和口碑。我们为什么不做广告？最重要的就是希望在这样的情况下，测试我们产品的品质和口碑。第二，因为它是轻资产模式，所以它的成长速度快。第三，并不仅仅是轻资产模式，我们有2500人的服务团队，1300人的7×24小时的呼叫服务，这样的服务我们下的功夫是蛮大的。我最后总结一句，小米模式能不能战胜格力模式，我觉得看未来5年。请全国人民作证，5年之内，如果我们的营业额超过格力的营业额，董总输我1元就行了。

董明珠：1元不要在这说，第一，我告诉你不可能；第二，要赌的话，我跟你赌10亿元。

故事后序（根据格力和小米的公开新闻整理）

2019年4月28日，格力发布了2018年年报。2018年实现营业总收入1981.2亿元，同比增长33.61%。格力以营业总收入1981.2亿元击败小米1749亿元，董明珠正式赢得与雷军5年前定下的"10亿元赌约"。

2020年4月14日，格力发布了2019年度业绩快报。2019年实现营业总收入2005亿元，同比增长0.24%；归母净利润246.72亿元，同比下降5.84%。小米2019年实现营业总收入2058亿元，同比增长17.7%；经调整后净利润115亿元，同比增长34.8%。

2021年4月14日，格力发布了2020年度业绩快报。2020年实现营业总收入1704.97亿元，同比下降14.97%；营业利润260.42亿元，较上年同期下降12.04%；归母净利润221.75亿元，同比下降10.21%。2021年3月24日，小米公布了2020年财报信息。2020年实现营业总收入2458.66亿元，同比增长19.45%；经调整后净利润130亿元，同比增长12.8%；税后利润203.13亿元，同比增长101.06%。

故事前序（资料来源：网易财经）

马云和王健林的赌约

2012年，第十三届中国经济年度人物评选颁奖盛典的高潮出现在马云和王健林领奖时。这两位都不是第一次领奖，又都富有幽默细胞，互相调侃，一言一行特别富有喜感。

当马云出场时，他穿着浅蓝色的毛衣，系了条灰黄相间的围巾，让人眼前一亮。而且他的动作和神态都很自在随意：一手持奖杯，一手插在裤袋间，还向现场观众挥舞了一下奖杯。王健林说马云："他太时尚了，我没想到他穿这个出来。"马云接茬道："你觉得我穿这个不对吗？我们努力的一切都是为了做自己。我觉得穿西装特别不像自己，但穿这个像自己。"

由于王健林和马云都不是第一次获得"经济年度人物"的称号，所以现场视频回放了两人10年前的形象，那种历史穿越感让主持人陈伟鸿很感慨。当时马云跟员工畅谈愿景时很像在忽悠员工。王健林也笑称："马云忽悠的功夫比本山厉害多了。"马云则"辩解"道："忽悠是自己不相信让别人相信，我们是自己相信，希望别人也相信。"而当王健林的老照片在大屏幕上展现时，马云则调侃王健林说："你看你那时就买手表了。"王健林笑言："我那时是个干部呢，买个手表还是可以的。"

马云和王健林被要求围绕电商这个话题进行辩论。王健林对于马云的电商冲击表示"震撼"，但未来是否会压倒传统零售，王健林认为未必。他认为，电商不能完全取代传统零售。而且零售商不会等死，如果线上线下结合还是可以活得很好的。而马云辩论道："电商不会取代传统零售，但会基本取代。因为它不是模式创新，而是生活方式的变革。"他认为，电商今天的1万亿元只是刚刚开始。而且电商不是取代谁，而是建立透明开放的商业环境。**王健林还现场立下一个赌注，赌注为1亿元。2022年，如果电商市场份额占到50%，王健林就给马云1亿元。如果占不到，马云就给王健林1亿元。**不过对这1亿元的对赌，马云未置可否。

补充信息：

2012年，我国网络零售额13 205亿元，占社会消费品零售总额的比重为6.3%。

2020年，我国网络零售额117 601亿元，占社会消费品零售总额的比重为30%。

【追问】

实体经济与虚拟经济之争，现在讨论得越来越少了，因为我们发现两者间不是非此即彼的关系。但是，是从线上往线下走，还是从线下往线上走，哪个路径能获得更长久的相对竞争优势，却还在激烈的讨论中。你的观点呢？

《财富》杂志世界500强的变迁

《财富》杂志世界500强排行榜一直是衡量全球大型公司的最著名、最权威的榜单，由《财富》杂志每年发布一次。上榜公司无疑是各个国家的翘楚，并对于产业发展趋势起到了至关重要的作用。无论是商学院的教授，还是行业的学者、分析师，都把《财富》杂志世界500强上榜公司的研究视作观察中国乃至全球经济发展的窗口。表2.1和表2.2是我亲自收集、整理数据后的分析。

表2.1 《财富》杂志世界500强前20位变迁（按营收规模排名）

序号	2001 年	2011 年	2021 年
1	埃克森美孚 （Exxon Mobil）	沃尔玛 （Walmart）	沃尔玛 （Walmart）
2	沃尔玛 （Walmart）	荷兰皇家壳牌石油公司 （Royal Dutch Shell）	国家电网有限公司 （State Grid）
3	通用汽车公司 （General Motors）	埃克森美孚 （Exxon Mobil）	亚马逊 （Amazon.com）
4	福特汽车公司 （Ford Motor）	英国石油公司 （BP）	中国石油天然气集团 有限公司 （China National Petroleum）

序号	2001 年	2011 年	2021 年
5	戴姆勒克莱斯勒 （Daimlerchrysler）	中国石油化工集团有限公司 （Sinopec Group）	中国石油化工集团有限公司 （Sinopec Group）
6	荷兰皇家壳牌石油公司 （Royal Dutch Shell）	中国石油天然气集团公司 （China National Petroleum）	苹果公司 （Apple）
7	英国石油公司 （BP）	国家电网有限公司 （State Grid）	CVS Health 公司 （CVS Health）
8	通用电气公司 （General Electric）	丰田汽车公司 （Toyota Motor）	联合健康集团 （United Health Group）
9	三菱 （Mitsubishi）	日本邮政控股公司 （Japan Post Holdings）	丰田汽车公司 （Toyota Motor）
10	丰田汽车公司 （Toyota Motor）	雪佛龙 （Chevron）	大众公司 （Volkswagen）
11	三井 （Mitsui）	道达尔公司 （Total）	伯克希尔—哈撒韦公司 （Berkshire Hathaway）
12	花旗 （Citigroup）	康菲石油公司 （Conocophillips）	麦克森公司 （Mckesson）
13	伊藤忠商事 （Itochu）	大众公司 （Volkswagen）	中国建筑集团有限公司 （China State Construction Engineering）
14	道达尔 （Total Fina Elf）	安盛 （AXA）	沙特阿美公司 （Saudi Aramco）
15	日本电报电话公司 （Nippon Telegraph & Telephone）	房利美 （Fannie Mae）	三星电子 （Samsung Electronics）
16	安然 （Enron）	通用电气公司 （General Electric）	中国平安保险（集团）股份有限公司 （Ping an Insurance）
17	安盛 （AXA）	荷兰国际集团 （Ing Group）	美源伯根公司 （Amerisource Bergen）

序号	2001 年	2011 年	2021 年
18	住友 （Sumitomo）	嘉能可国际 （Glencore International）	英国石油公司 （BP）
19	国际商业机器公司 （International Business Machines）	伯克希尔—哈撒韦公司 （Berkshire Hathaway）	荷兰皇家壳牌石油公司 （Royal Dutch Shell）
20	丸红 （Marubeni）	通用汽车公司 （General Motors）	中国工商银行 （Industrial And Commercial Bank of China）

表 2.2　《财富》杂志世界 500 强前 20 位变迁（按利润规模排名）

序号	2001 年	2011 年	2021 年
1	埃克森美孚 （Exxon Mobil）	雀巢公司 （Nestlé）	苹果公司 （Apple）
2	花旗 （Citigroup）	俄罗斯天然气工业股份公司（Gazprom）	沙特阿美公司 （Saudi Aramco）
3	通用电气公司 （General Electric）	埃克森美孚 （Exxon Mobil）	软银集团 （Softbank Group）
4	荷兰皇家壳牌石油公司 （Royal Dutch Shell）	中国工商银行 （Industrial And Commercial Bank of China）	中国工商银行 （Industrial And Commercial Bank of China）
5	英国石油公司 （BP）	荷兰皇家壳牌石油公司 （Royal Dutch Shell）	微软 （Microsoft）
6	威瑞森电信 （Verizon Communications）	中国建设银行 （China Construction Bank）	伯克希尔—哈撒韦公司 （Berkshire Hathaway）
7	荷兰国际集团 （Ing Group）	美国电话电报公司 （AT&T）	Alphabet 公司 （Alphabet）
8	英特尔 （Intel）	巴西国家石油公司 （Petrobras）	中国建设银行 （China Construction Bank）
9	微软 （Microsoft）	雪佛龙 （Chevron）	中国农业银行 （Agricultural Bank of China）

序号	2001 年	2011 年	2021 年
10	飞利浦 （Royal Philip Electronics）	微软 （Microsoft）	脸书公司 （Facebook）
11	西门子 （SIEMENS）	马来西亚国家石油公司 （Petronas）	摩根大通公司 （Jpmorgan Chase）
12	菲利普·莫里斯 （Philip Morris）	摩根大通 （J.P. Morgan Chase & Co.）	中国银行 （Bank Of China）
13	国际商业机器公司 （International Business Machines）	巴西淡水河谷公司 （Vale）	腾讯控股有限公司 （Tencent Holdings）
14	SBC 通信 （SBC Communication）	沃尔玛 （Walmart）	阿里巴巴集团控股有限公司 （Alibaba Group Holding）
15	美国银行 （Bank of America）	中国银行 （Bank Of China）	三星电子 （Samsung Electronics）
16	戴姆勒克莱斯勒 （Daimlerchrysler）	国际商业机器公司 （International Business Machines）	亚马逊 （Amazon.com）
17	委内瑞拉国家石油公司 （Pdvsa）	中国石油天然气集团公司 （China National Petroleum）	丰田汽车公司 （Toyota Motor）
18	默克 （Merck）	力拓集团 （Rio Tinto Group）	英特尔公司 （Intel）
19	汇丰 （HSBC Holdings）	中国农业银行 （Agricultural Bank Of China）	中国平安保险（集团）股份有限公司 （Ping an Insurance）
20	葛兰素史克 （Glaxosmithkline）	苹果公司 （Apple）	美国银行 （Bank of America）

从榜单的变化不难看到一个很明确的演进趋势。能源、制造、金融行业等传统强势行业正不断遭遇挑战，而数字化代表性企业扮演着越来越重要的角色，对于全球经济的发展起到举足轻重的作用。

在《财富》杂志世界500强中，来自中国的上榜企业越来越多，而且位次也在不断提升（见表2.3）。在这里，我们当然应该感到自豪。但是，我们更应该思考的是，未来驱动中国经济的"火车头"力量在哪里，中国企业如何从追赶者的角色变成真正领跑者的角色。数字经济、数字化企业，也许是其中一个答案。

表 2.3　中国数字化代表性企业在《财富》杂志世界 500 强中的排名（按营收规模排名）

年份	华为	京东	阿里巴巴	腾讯	联想	小米
2010	397					
2011	352				450	
2012	351				370	
2013	315				329	
2014	285				286	
2015	228				231	
2016	129	366			202	
2017	83	261	462	478	226	
2018	72	181	300	331	240	
2019	61	139	182	237	212	468
2020	49	102	132	197	224	422
2021	44	59	63	132	159	338

案例：重新解读"王永庆卖米"

王永庆在台湾的富豪排行中长期雄居首席，他的台塑集团是台湾企业的王中之王，在台湾，与台塑集团有着存亡与共关系的下游加工厂超过1500家。

在王永庆少年时代，他卖米的经历是一个非常有启发性的励志创业故事。

王永庆早年因家贫读不起书，只好去做买卖。1932年，16岁的王永庆从老家来到嘉义开了一家米店，从此踏上了艰难的创业之旅。那时，小小的嘉义已有米店近30家，竞争非常激烈。当时仅有200元资金的王永庆，只能在一条偏僻的巷子里承租一个很小的铺面。他的米店开张最晚，规模最小，更谈不上知名度了，与其他米店相比没有任何优势。在新开张的那段日子里，生意冷冷清清，门可罗雀。

怎么打开销路呢？

王永庆想起爸爸常说的一句古训："不惜钱者有人爱，不惜力者有人敬。"他没钱，唯一能做的是不吝惜时间和力气。

刚开始，王永庆曾背着米挨家挨户推销，一天下来，人不仅累得够呛，效果也不太好。谁会去买一个小商贩上门推销的米呢？可怎样才能打开销路呢？王永庆决定从每一粒米上打开突破口。

那时候台湾的农民还处在手工作业状态，由于稻谷收割与加工的技术落后，很多小石子之类的杂物很容易掺杂在米里。人们在做饭之前，都要淘好几次米，很不方便。但是大家都已见怪不怪，习以为常。王永庆却从这司空见惯中找到了切入点。他和两个弟弟一起动手，一点一点将夹杂在米里的秕糠、砂石之类的杂物拣出来，然后再卖。一时间，小镇上的主妇们都说王永庆卖的米质量好，省去了淘米的麻烦。这样一传十，十传百，米店的生意日渐红火起来。

王永庆并没有就此满足，他还要在米上下大功夫。那时候，顾客都是去米店买米，自己运送回家。这对年轻人来说不算什么，但对一些上了年纪的人来说，就是一个大大的不便了，而年轻人又无暇顾及家务，所以买米的顾客以老年人居多。王永庆注意到这一细节，于是主动送米上门，这一方便顾客的服务项目同样大受欢迎。当时还没有"送货上门"一说，增加这一服务项目等于是项创举。

一天晚上下着倾盆大雨，王永庆忙完店里的活儿已是深夜。他上床后躺下，迷迷糊糊刚睡着，就被一阵急促的敲门声惊醒了。开门一看，原来是嘉义火车站对面一家客栈的厨师。厨师说客栈来了几位客人，还没吃饭，刚巧厨房没米了，请王永庆帮忙送一斗米过去。当时，卖米的利润极其微薄，一斗米只能赚一分钱。从心情上来说，王永庆并不愿冒着这么大的雨赚这一分钱，但为了保证平日的信用，他二话没说，量了一斗米，披上一条麻袋当雨具，将米送到客栈。当他再回家时，全身都湿透了。

王永庆送米，并非只送到顾客家门口，他还要将米倒进顾客家的米缸里。如果米缸里还有陈米，他就将陈米倒出来，把米缸擦干净，再把新米倒进去，然后将陈米放回上层，这样，陈米就不至于因存放过久而变质。王永庆这一精细的服务令顾客深受感动，因此赢得了很多的顾客。

如果给新顾客送米，王永庆就细心记下这户人家米缸的容量，并且问明家里有多少人吃饭，几个大人、几个小孩，每人饭量如何，据此估计该户人家下次买米的大概时间，再记在本子上。到时候，不等顾客上门，他就主动将相应重量的米送到顾客家里。

不过，由于嘉义大多数家庭都靠做工谋生，收入微薄，少有闲钱，王永庆主动送米上门，如果马上收钱，碰上顾客手头紧，会弄得双方都很尴尬。因此，每次送米，王永庆并不急于收钱，他把全体顾客按发薪日期分门别类登记在册，等顾客领了薪水，再去一拨儿一拨儿地收米钱，这样每次都十分顺利，从无拖欠现象。

王永庆精细、务实的服务使嘉义人都知道在米市马路尽头的巷子里，有一个卖好米并送货上门的王永庆。有了知名度后，王永庆的生意更加红火起来。这样，经过一年多的资金积累和顾客积累，王永庆便自己办了个碾米厂，在最繁华热闹的临街处租了一处比原来大好几倍的房子，临街做铺面，铺面里间做碾米厂。

就这样，王永庆从小小的米店生意开始了他后来问鼎台湾首富的事业。

将王永庆卖米的故事，和开篇讲到的导购的案例放在一起看，我们会发现很多异曲同工的地方。我们经常说，驱动商业发展的无外乎两条，一条是不断提升客户体验，另一条则是不断提升商业效率，而数字化，正在加快这个进程。王永庆卖米的故事，如果借助数字化的手段，我们可以怎么重塑呢？

1. 关于卖米这个生意，我们可以做一轮市场扫描，目标客户、市场容量、竞争对手、行业细分、市场增长率、热门关键词等，对于市场竞争的全局有一个充分的了解。

2. 关于买米的客户，我们可以通过基于地理位置的商圈分析，快速识别出客户特征、客户消费能力、客户消费习惯。然后，基于小样本客户的核心标签，在广泛人群中做人群复制，找到更大的目标市场。

3. 关于客户买米、吃米的场景、问题、挑战，我们可以通过评论数据、客服数据，包括新媒体平台出现的热帖、舆情等做出分析，找出客户痛点，挖掘痛点背后的市场机会。

4. 关于杂物掺杂在米里这个痛点，现在借助各类技术手段，从稻米收割、脱壳、精米筛选等各个环节，都完全有能力做到米和杂物的精准分离。解决问题解在源头。

5. 关于送米上门的服务，现在看来已经完全不是问题，借助社会化的众包配送网络，可以实现低成本的灵活配送服务，即便是半夜、大雨天，也可以做到7×24小时的无死角覆盖。

6. 关于陈米和新米问题，过去更多的是靠人工做区隔，现在靠很多技术监控大米的新鲜度，如现在的智能冰箱，这比单纯的人工更科学。另外，还有很多可以利用的新型包装技术。

7. 关于客户的家庭人口数量、饮食就餐习惯等，现在可以依赖IOT技术，在电饭锅、冰箱、储米柜等安装传感器，设定阈值，当家里需要补货时自动提醒客户或者供货商，实现更精准的补货。

8. 关于收钱问题则更加方便。基于大数据的信用评价体系，我们可以给客户设定信用额度，然后定期扣款，免去了当面收款的尴尬。

除了以上这些，我们还可以借助数字化，做哪些王永庆没想过，或者想过但没做过的事情呢？比如：

- 进一步洞察分析客户的健康情况，根据客户体质推荐不同的大米种类，也包括大米之外的其他谷物，实现营养均衡。

- 根据目前客户普遍的"一人食"现象，推出小包装大米，而且提供净米、预制菜等周边，给客户提供一站式就餐解决方案。

- 基于年轻客户对于减脂塑身的需求，推出卡路里量化测量工具，提供每天摄入热量监控，并与运动类App数据打通，实现真正的科学饮食、科学运动。

当然，可做的事情还有很多。如果我们展开联想的翅膀，相信还有多种可能性。这就是数字化的魅力，一方面，让我们对于已有的问题有更好的解法；另一方面，让我们不断探知新的可能性。

到这里，我们回顾了一些事情，包括互联网从无到有、云计算从被忽视到广泛普及、线上线下从竞争到融合、500强更迭等。我们看到在时代的洪流之下，所谓的固执和偏见，是多么脆弱和可笑。顺势而为，才是正道。但是，更重要的问题是我们如何看待"势"，并形成我们自己对"势"的判断。

当我在商学院和EMBA、EDP（Executive Development Programs，高级经理人发展过程）的学员交流时，我提到了了解"势"的几个切入点：

1. 宏观数据。不是只有从事金融行业的人才应该研究宏观经济数据。经营企业的人也要主动了解，因为数据是趋势最好的折射指标。数据要看绝对值，也要看相对值。比如，社会消费品零售总额、GDP，这些是绝对值。比如，线上零售额占社会消费品零售总额的比重，数字经济占GDP的比重，这些是相对值。很多时候，绝对值看长期趋势，相对值看此消彼长。

2. 行业数据。行业当然有大有小，行业的本质是"赛道"。现在的企业竞争，出现了越来越多的跨界打劫者，这就意味着我们不能拘泥于所谓的行业分类，更重要的是从客户需求所构建的赛道来看。比如家电行业，它的行业属性在过去很明确，就是制造业。当然，可以进一步细分为大家电、小家电，或者传统家电、智能家电。但是，这本身还是以货为中心的分类逻辑。以人为中心，将家电行业放在客户场景中构建，也许就是"美好生活"赛道，美好生活可以由家电来创造价值，可以由家居来创造价值，也可以由服务来创造价值。这时，我们对行业、赛道的理解，可能就截然不同了。没有一个行业是永远朝阳的，行业也有生命周期，从起步、成长、成熟到衰退，数据会告诉我们很真实的情况。当然，行业永远可以细分，即便是一个衰退期的大行业，也可能出现某个细分垂直赛道的超级增长，这样的情况比比皆是。

3. 标杆跟踪法。什么是标杆？标杆企业、标杆事件、标杆人物。如房地产行业的万科、恒大，它们作为行业领头羊就是标杆企业。它们的变化其实往往具有风向标意义。比如，万科喊出从黄金时代到白银时代，再到黑铁时代的口号，这些转变就是标杆企业给出的一个很鲜明的信号。恒大从被传闻暴雷到出面辟谣，再到逐步被证实暴雷，这就是个标杆事件，折射了行业潜藏在冰山下的很多东西。在标杆企业、标杆事件中，往往以标杆人物为中心，比如郁亮、许家印，他们的言论、行为其实是值得反复揣摩的。标杆之所以是标杆，就是因为其足够具有代表性。每个行业都有自己的细分标杆，要找到值得长期跟踪的标杆对象。

4. 看终端客户。前面三条说的还是以"我们"为中心的逻辑，但是商业发展最终一定是客户需求驱动的。研究"我们"再多，也一定敌不过研究客户多的企业。从短期看客户获取信息路径的改变、客户消费行为的改变、客户与客户之间互动方式的改变好像不大，但是从长期看，任何一处小的改变都可能带来巨大的"蝴蝶效应"。客户端的变化无小事。

5. 看自己和身边人。看"势"，最怕的就是把自己和宏观面对立两分。我们也是客户，所有"势"的改变也会折射到自己或者身边人的身上，因为我们是社会细胞的一分子。和身边人多聊聊天，特别是年轻人，从他们的变化中，我们可以近距离感受到社会前行的痕迹。

成功的企业家、优秀的管理者也一定是时代的研究者，甚至是时代的把脉者。企业要逐步建立一种能力，就是对历史的研究能力，对趋势的研究能力。现在很多大型企业会聘任知名的教授、学者担任首席战略官，虽然效果还有待验证，但是我认为，从长远的角度看，这是一个正确的布局。因为未来会越来越凸显对于时代研究能力的重要价值。

在前面的案例部分，我们最后讲了重读王永庆卖米的故事，结合上面的分析，我们再来重温下这个故事给我们的启示。

衣食住行，是个普适的需求。但是，随着时代的发展和社会的进步，可支配收入的提高，客户也会衍生出很多新的需求，如更好的品质、更好的体验。王永庆在20世纪30年代能够赢得客户的关键在于用心琢磨，愿意花力气做很多同行不愿意甚至不屑于做的事，也就是《道德经》所说的"道在低处"。今天，这些基本的商业内涵、商业策略依然适用。但是，构建这些差异化优势的却未必是人力，有可能是数字化能力。因为依托人力，我们的琢磨、付出终归是有限的，但是依托数字化能力却可能形成新的降维打击。就好像我们还在用小米加步枪，但是敌人已经在用无人机、洲际导弹一样。

无论是经济这个整体面，还是企业经营这个局部面，当看得多了，我们就会发现，在背后驱动时代进步的就是商业、管理、技术这三个螺旋。这也是后面我们会详细阐述的业务战略、技术战略、组织战略。这里，我们先埋个包袱，留在后面更详细地展开。

产业生态

我们形成一个企业战略，除了要对时代趋势有了解、有洞察，也要对自己所处行业赛道的产业生态有深刻的理解。产业生态的本质由两个核心概念构成，一是行业价值链，二是利益相关者。

行业价值链的概念由哈佛商学院的迈克尔·波特教授在其所著的《竞争优势》一书中首次提出。行业价值链的分析是指企业应从行业的角度，从战略的高度看待自己与供应商和经销商的关系，寻求利用行业价值链来降低成本、提升效率的方法。进行行业价值链分析既可使企业明了自己在行业价值链中的位置，以及与自己同处于一个行业价值链上其他企业的整合程度对企业构成的威胁，也可使企业探索如何利用行业价值链达到降低成本、提升效率的日的。

举个例子，我们购买日常办公所使用的计算机品牌可能是联想、戴尔、惠普、华为或者小米，这是品牌商。我们购买这些计算机的渠道可能是这些品牌的线上自营商城；可能是天猫、京东这样的电商平台；可能是线下的国美、苏宁这类的综合门店；也可能是顺电这样的数码类专营门店。如果计算机出了一些故障，给我们提供售后服务的可能是这些品牌商的自营网点，也可能是渠道商的服务网点，也可能是第三方网点。这是从品牌商向后看。

那如果我们从品牌商向前看呢？CPU、主板、内存、硬盘、显卡、显示器、外设等，涉及一系列的组件。这些组件可以由品牌商自己一体化生产，但是更大的可能性是采购自产业链中的细分厂商。这些厂商既可能ToB，即联想、戴尔这样的品牌商，也可能ToC，即消费者这样的DIY市场。组件厂商的上游又涉及原材料供应商、技术供应商、生产制造供应商等。如果再追溯，原材料的供应商很可能还有更上游的供应商。

这个向前看、向后看的过程，就是行业价值链分析、分解的过程。这个分析、分解的过程常常是动态的，因为产业生态常常会长出新的物种。如直播代运营商，它的出现也就是这几年的事情，未来有没有可能出现更多新的生态物种呢，完全有可能。

这个拆解过程，有利于我们理解一家企业在产业中的相对位置，理解我们的协同共生的生态合作伙伴。在战略决策中，非常重要的一部分就是企业如何在生态中构建竞争优势。曾经有一段时间，中国有的企业讲"一体化"优势，要上下游整合。但也有企业要做产业分工，做垂直赛道的纵深。其实都没有错，因为这取决于企业对于产业生态的判断。这个判断背后，常常考虑以下几个要素。

第一，利润率。不管是微笑曲线还是武藏曲线，其实都告诉我们，在一个产业链里，利润率不是平均分布的，有的环节拿走了产业的大部分利润，有的环节只有微薄的辛苦钱。从低利润率环节不断向高利润率环节靠拢，是绝大多数企业的努力方向。

第二，规模。利润率是个相对值，市场规模可能更重要。因为市场规模的大和强，很多时候确实是相辅相成的。如果一个市场规模做不大，即便利润率很高，可能对企业来说也是吸引力不足的。一个产业链环节，很可能服务于多个产业赛道。比如，传感器既可以服务家电行业，也可以服务电气行业、服务公共基础设施行业，从市场规模的角度看，当然更有想象空间。

第三，企业自身能力。前面两条说的是市场机会。但是第三条回答的是"凭什么是你"。企业必须客观衡量自己的独特能力：技术、IP、品牌、渠道、资本等。我们要判断这个护城河的宽度、壁垒的厚度，更要从长远的角度看这些护城河、壁垒是否会在产业巨变时成为我们的包袱。

这些分析，对于我们接下来做业务赋能、生态赋能至关重要，大家不妨多做些练习。

利益相关者是组织外部环境中受组织决策和行动影响的任何相关者。利益相关者可能来自客户内部，如员工；也可能来自客户外部，如供应商。大多数情况下，利益相关者可分类如下。

- 所有者和股东

- 银行和其他债权人供应商

- 购买者和顾客

- 广告商

- 管理人员

- 雇员

- 工会竞争对手

- 地方及国家政府

- 管制者

- 媒体公众利益群体

- 政党和宗教群体以及军队等

大家可以看到，其实行业价值链和企业的利益相关者不是一个思考视角。行业价值链讲的是基于产业的价值创造流程，其中涉及一层一层的价值流转关系。利益相关者则是更宽泛的概念，它可能和价值创造没有直接关系，却是一股不容忽视的力量。

如媒体，现在的企业必须和媒体打交道，当然媒体也可以笼统地分为传统媒体和数字媒体、官方媒体和民间媒体等。媒体的曝光可能对企业的业务是个极大的促进，也可能让企业的业务一夜之间陷入困境，媒体的舆论导向万万不可忽视。所以，我们看到很多大型产业集团会有专门的团队处理与媒体间的关系。企业高层管理者，尤其是经常需要接受对外采访的人员，更需要专业的培训指导。

如果行业价值链讲的更多的是"正规军"，是常规变量。那么利益相关者，从某种程度上说，就是"特种部队"，是特殊变量。

战略体系

当我们理解了时代、生态，才有可能在真正意义上做好一家企业的战略。我带过很多企业的战略工作坊，我发现，如果高管团队对于这些宏观的要素看得比较清楚，企业就比较容易形成自己的战略，并保持一定的战略定力。相反，如果对于这些宏观的要素关注得少、认知不全面，甚至认知错误，企业的战略一定定不准，免不了翻来覆去的推倒重来。

今天我们听很多人讲"数字战略"，我认为从严格意义上说，"数字战略"应该是在数字时代背景下，一家企业全新的战略定位。这样，我们就不会陷入是数字化的技术战略还是数字化的业务战略这样的细节性纠缠中。数字化能力当然可以产业化，形成新的行业赛道。比如，从云计算到提供云计算服务的企业；从人工智能到提供人工智能的企业。但是，更多的情况是产业的数字化，也就是已经存在的、广泛深入到各行各业的产业，当它们加上了数字化的能力后，他们如何降本增效、创造新的改变。

战略体系到底由哪些要素构成，是我们要认真厘清的任务。

使命

关于使命，阿里巴巴创始人马云经常与阿里巴巴员工说："你一定要想明白，你有什么？你要什么？你能放弃什么？这三个问题决定了你这家企业，教育学称为使命。使命，在企业生死攸关面前、重大利益抉择面前会发生作用。平时是没有用的，平时是忽悠人的。使命不是写在墙上给别人看的，是你骨子里面的。"

我们重新翻译一下，使命是一家企业存在的价值和意义。所以，要回答"你要什么？"的问题。为了创造这个价值和意义，你的起点、你的能力、你的潜力是什么，也就是"你有什么？"。在创造价值和意义的过程中，不仅要做加法，更要做减法，不断聚焦、聚焦、再聚焦，才可能在创办伟大企业九死一生的路上走到最后，这就是"你能放弃什么？"。

企业的使命，决定了一家企业的立意高度。马云说，一个企业做得多大，在于企业解决多大的社会问题。解决的社会问题越大，责任就越大，利益也就来得更多。要成为伟大的企业，就要解决伟大的问题。

愿景

2019年9月10日，在阿里巴巴成立20周年的时候，阿里巴巴公布了全新的愿景：成为一家活102年的好公司；到2036年，服务20亿个消费者，创造1亿个就业机会，帮助1000万家中小企业盈利。

阿里巴巴参谋长曾鸣教授说，愿景是对未来的假设和对信念的不断思考，所以愿景是理性和感性的结合，理性是不断挑战自己，纠正自己的判断；感性是对自己信念的相信。你要有"看十年"的决心，也要逐渐培养"看十年"的能力。这个"看十年"就是愿景，你能看得多远、多清楚。愿景决定了你的眼光、格局、胸怀和最终的潜力。这是时代变革中企业家的核心能力。

关于愿景，如果用"企业如人"做类比，就是我希望成为一个什么样的人，我们希望我们这群人构成的这家企业成为一家什么样的企业。有的企业希望成为《财富》杂志世界500强，这是大的愿景。有的企业希望成为垂直赛道的最顶尖公司，这是强的愿望。当然，也有像阿里巴巴这样的愿景，希望活102年，这是久的愿望。愿景的背后是一家企业的愿力，愿力越强，实现成功的可能性就越大。相反，如果愿景就是草率的拍脑子的结果，自然也不会起到牵引的作用。

价值观

马云说："价值观是什么？是我们前进路上的操作方法。"价值观不是虚无缥缈的东西，是需要考核的。不考核的价值观是没用的。文化，是考核出来的。如果你的文化是贴在墙上的，你不知道怎么考核就是徒劳。公司内部是制度重要还是文化重要？一定是文化重要。制度是强化文化的。

几乎所有的企业都有自己的价值观，但是，能被员工脱口而出的价值观少之又少。我们必须反思，为什么员工对类似"客户第一""创新""务实"这类正确的价值观熟视无睹，甚至嗤之以鼻。这些价值观的关键词，到底是和"我""我们"有关的，还是在市面上找个企业文化词典按照高频词选出来的。

2019年，阿里巴巴更新了价值观，六个价值观全部是"阿里小二"能脱口而出的土话，并且每句土话背后，都有一个阿里人熟悉的故事。大家不妨体会下，这种内部人能脱口而出的土话，背后的力量何其强大。

客户第一，员工第二，股东第三

2006年，在阿里巴巴B2B业务上市前夕，马云首次公开提出"客户第一，员工第二，股东第三"。有投行分析师当即表示后悔买入阿里巴巴的股票，但马云认为：我们选择的是相信我们理念的钱。

2014年9月19日，八位客户代表在纽交所敲响了阿里巴巴的开市钟。他们当中有淘宝店主、云客服、快递员、"淘女郎"和资深的"剁手党"等，阿里巴巴合伙人、员工和投资人一起站在台下，向敲钟人致以掌声。

仪式刚刚结束，美国财经媒体美国消费者新闻与商业频道的《华尔街直播室》节目对马云进行了专访，他们的第一个问题就直指华尔街最难理解的"股东第三"。主持人大卫·法柏问马云："在过去几年接受采访时，你多次谈到客户第一，员工第二，股东第三。今天，你拥有了更多的股东，这是否会彻底改变你看待企业或者经营企业的方式？"

马云回答："我始终坚信客户第一，员工第二，股东第三。"

他说："今天我们融到的不是钱，而是人们的信任。数以百万计的小企业、众多的股东，我对此感到非常荣幸、非常兴奋。我认为，未来5-10年的责任是如何让这些股东高兴，但最重要的是让站在台上敲钟的那些人——我们的客户成功。如果他们成功，我们所有人都会高兴。这就是我所坚信的东西。"

作为平台，阿里巴巴必须服务好包括消费者、商家、合作伙伴等在内的多元客户。这既是对我们态度的要求，也是对能力的要求。这就是阿里巴巴的选择和优先级。只有持续为客户创造价值，员工才能成长，股东才能获得长远利益。

因为信任，所以简单

2004年，为了解决淘宝上陌生买卖双方之间的信任问题，支付宝应运而生。支付宝首创"担保交易"，即托管买家支付的资金，在买家确认收货无误后支付给卖家。这成为中国网络交易信任的起点。

起初，不少用户对线上交易抱有担忧，担心其安全性。为解决用户的后顾之忧，2005年2月，支付宝推出了"你敢付，我敢赔"的消费者保障计划，此计划承诺如果用户的账户被盗将进行全额赔付，打消了用户的疑虑。15年来，从快捷支付、面向小微商家的纯信用贷款到芝麻信用、区块链溯源技术等，支付宝每一个创新产品和服务的推出，都与信任有关。

世界上最宝贵的是信任，最脆弱的也是信任。阿里巴巴成长的历史是建立信任、珍惜信任的历史。你复杂，世界便复杂；你简单，世界便简单。阿里人真实不装、互相信任，没那么多顾虑猜忌，问题就简单了，工作也因此高效了。

唯一不变的是变化

1999年，马云赴硅谷为刚刚创立不久的阿里巴巴寻求融资。按照惯例，寻求融资必须提供BP（Business Plan，商业计划书）。但马云认为，对于变化纷繁的互联网而言，做一份厚厚的所谓详尽的BP反而是忽悠和欺骗。结果是，因为没有天花乱坠的BP，37家硅谷的风险投资公司拒绝了阿里巴巴。马云随即决定把BP放在一边，大胆宣布"I never plan"（我永远不做计划）。互联网世界瞬息万变，适应未来最好的方式就是创造未来。

从那时起，阿里人就坚信，唯一不变的是变化。2003年诞生的支付宝开启了移动支付的先河；2009年阿里云的成立让阿里巴巴成为国内最早布局云计算的平台型企业；2016年底，阿里巴巴提出包括新零售在内的"五新"战略，揭开零售业数字化革命的大幕。阿里巴巴早已不是等风来，也不是迎风走，而是做"造风者"。

无论你是否在变，世界在变，客户在变，竞争环境也在变。因此，阿里巴巴要求每一位阿里人心怀敬畏和谦卑。改变自己、创造变化就是最好的变化。拥抱变化是阿里巴巴最独特的DNA。

今天最好的表现是明天最低的要求

2001年1月，阿里巴巴还没有找到成熟的商业模式，营业收入波动剧烈。而此时，企业账户里只剩700万美元，按照每月100万美元的开支，阿里巴巴最多只能坚持半年。

生死边缘，阿里巴巴受到航空公司的会员积分体系启发，创造性地设计出了金银铜牌考核制度，销售员当月的业绩决定了其下个月的提成。这套制度激励了阿里人不断追求卓越，以更高的要求为客户创造价值的决心，由此培养出的销售团队被誉为"中供铁军"。2002年，阿里巴巴实现全年盈利。

在阿里巴巴最困难的时候，正是阿里人的精神帮助它渡过难关，活了下来。"今天最好的表现是明天最低的要求"意味着在身处逆境时懂得自我激励，在身处顺境时敢于设定具有超越性的目标。面向未来，不进则退。阿里人仍要敢想敢拼、自我挑战、自我超越。

此时此刻，非我莫属

1999年9月14日，阿里巴巴在《钱江晚报》上发布了第一条招聘广告。上面的广告语是：If not now，when？If not me，who？（此时此刻，非我莫属）后来，这句话成了阿里巴巴的第一句土话。它体现了阿里人对使命的坚定和"舍我其谁"的担当。

社会责任是阿里巴巴的核心竞争力。从一个创业公司逐渐成长为一个数字商业的新经济体，阿里巴巴履行社会责任的初心从未改变。因为一群有激情、有担当、有使命感的阿里人汇聚在一起，这家企业始终保持温度，将自身发展融入社会发展，不断通过技术和创新解决社会问题，推动社会进步。

每一位阿里人必须有"家国情怀"和"世界担当"，只有这样，阿里巴巴才会赢得尊重。

认真生活，快乐工作。

2009年2月17日，马云在一封"致全体阿里人"的邮件中，提出以下

"认真生活，快乐工作"的理念。

1. 工作只是一阵子，生活才是一辈子。

2. 工作属于你，而你属于生活、属于家人。

3. 像享受生活一样快乐工作，像对待工作一样认真生活。

4. 只有认真对待生活，生活才会公平地对待你。

5. 阿里巴巴因每一位阿里人而不同，阿里人的家人因阿里人而骄傲。

6. 每个阿里人都有自己的工作态度和生活态度，阿里巴巴尊重每个阿里人的选择。

阿里巴巴把价值观的考核，留给生活本身。

阿里巴巴的六条价值观是否给你带来了不一样的启发呢？最近，我看到我的另一个老东家好未来（前身学而思）也调整了价值观，在这里不妨给大家做个参考，相信能重新唤起"老学而思们"无数的回忆和感动。

一切从用户出发

以用户为中心。

始终站在用户的角度思考并解决问题。

持续为用户创造价值。

做强比做大更重要

做强比做大更重要；质量比数量更重要。

内在比外在更重要；做到比说到更重要；数据比经验更重要。

凡事从本质、原因、内在出发，延迟满足，保持长期因果平衡。

做强是北极星指标，做大是虚荣心指标。

开放坦诚做自己

开放坦诚是团队文化的基础。

在组织里营造开放、透明、包容的氛围。

让每个人成为更好的自己。

为热爱全力以赴

好未来全力以赴的精神，鼓励每个伙伴找到心中所爱。

因为热爱所以全力以赴。

做内心有力量的人，心中有火、眼中有光。

随需而变才有未来

市场环境在变，客户需求在变，我们需要敏锐地捕捉到变化的需求，并让自己随之改变。

永远保持开放、谦卑的心态和成长性的思维。

持续学习业界先进的技术和业务模式，让自己的工作处于行业领先水平。

从适应变化到拥抱变化，再到引领变化，才有更好的未来。

当很多人谈数字化时，潜意识觉得数字化会让一家企业感性的、人文的东西变少，其实这是一个错误的理解。数字化从来不是目的，数字化增强或者削弱的一定是我们使命、愿景、价值观的本体。只要这个本体足够强大，数字化就能发挥更大的价值。

比如，很多企业提出以人为本，要把人放在心上。那么，怎么做才算有具体行动呢？我们可以在员工生日、司龄周年的时候，送给员工特别的礼物和祝福。但是员工人数太多，光靠主管和HR的记忆显然是不现实的。而数字化系统可以提前三天通知对应的主管和HR，甚至可以在员工生日、司龄周年的当天，在楼梯间的电视甚至企业内网的开屏页上送出特别的祝福。你看，数字化让我们可以做的事情更多并把事情做得更好。

《新京报》2019年的一篇关于高校精准资助贫困生的报道让我十分感动。下面节选部分内容，以飨大家：

"通过分析餐厅一卡通的消费数据，结合你在学校的综合表现，近期将为你发放隐形资助720元，全部发放至你的一卡通中，用于补贴生活所需，请注意查收。"

近日，西安电子科技大学利用大数据给学生发放隐形资助的消息在网上引发关注。据媒体报道，西安电子科技大学的一些学生发现自己的饭卡中突然多了720元，经过了解才得知是学校依托大数据技术分析学生刷饭卡次数、消费金额等数据后，给每月在食堂吃饭60次以上、每天吃饭消费金额低于平均值8元的学生发放的资助金额。

据西安电子科技大学学生资助管理中心主任卢琳介绍，该项工作于去年年底开始，资助管理中心联合学校其他部门，基于学校大数据技术平台提供的18.73万条数据进行了综合分析。学校具体分析了学生在学校餐厅的刷饭卡次数、消费金额等数据后，向消费水平较低的203名学生的饭卡内发放了720元春季学期用餐补贴。资金于今年4月份到账。

记者了解到，在确定受助的学生时，西安电子科技大学资助管理中心并没有完全依赖大数据的筛选。为减少技术平台数据的偏差，资助管理中心在拿到数据后，将其与困难生数据库的数据进行了对比，将重叠的学生数据确认为有效数据，剩余学生名单则发放给各学院的辅导员进行核对。

"网上也有许多质疑，包括有些网友认为有些学生正在减肥，数据也会统计进去，但最终的数据都是经过我们筛选的。"卢琳告诉记者，"我们辅导员了解到有些学生可能正在减肥，或者有些学生饭量确实很小，这些数据就被去掉了。"

这一做法收获了不少学生的积极反馈，卢琳表示："接下来学校将继续统计、对比上半年的学生数据，实施隐形补助，并进一步优化数据模型。我们也看到了许多质疑，我们会进一步完善监督机制，让学校更多部门参与进来。"

2017年1月，教育部曾发布《关于进一步加强和规范高校家庭经济困难学生认定工作的通知》。通知指出，各高校在开展资助工作时，应保护受助学生的尊严。同时建议各高校采用大数据分析、个别访谈等方式及时发现那些困难但未受助、不困难却受助的学生，并采用隐性的方式进行资助。

"保护受助学生的尊严"，这句话多么有温度，多么有力量。如果没有数字化的能力，我们只能想想，但是今天，我们有机会实现它！

回到企业的场景，道理是一样的。数字化时代，我们要重新思考使命、愿景、价值观。接下来，我们就要进入战略体系中，制定出带领企业赢得未来的蓝图。

战略

什么是战略？这在很多商学院是一个热议的话题，没有统一的定义。阿里巴巴认为战略要从产业终局看问题，战略是打出来的，战略就是取舍。腾讯认为战略是为了达到重要目的明确方向，并依据此方向采取的一系列措施。著名管理大师罗杰·马丁说："战略是赢的选择。"所以，什么是战略，似乎很难有统一的定义。但是，战略的关键要素基本趋同。依照迈克尔·波特的说法，战略无外乎定位、取舍、配称。

2004年，迈克尔·波特在《哈佛商业评论》杂志发表的一篇文章的题目就叫作《什么是战略》，以下为关键内容摘录，供大家一起享读。

取得卓越业绩是所有企业的首要目标，运营效益和战略定位是实现这一目标的两个关键因素。运营效益意味着相似的运营活动企业比竞争对手做得更好，效率更高，企业可以因运营效益获得巨大优势。但是，从竞争力的角度看，只依赖运营效益的问题在于运营效益的最佳实践太容易被模仿。战略定位则是通过保持一家企业的独特优势而获得持久竞争力的关键因素，这意味着它采取了与竞争对手不同的运营活动或者以不同的方式完成同类活动。

几乎没有企业能一直凭借运营效益的优势立于不败之地。运营效益代替战略定位的最终结果必然是零和竞争、价格战以及不断上升的成本压力。战略定位，就是做到差异化。它意味着企业要深思熟虑地选择一套与竞争对手不同的做法，创造独特的价值组合。战略定位基于以下三大核心准则。

一、通过一系列不同的运营活动，创造独特且极具价值的定位。战略定位有三个独特来源，它们之间并非彼此排斥，而是经常存在交集的。

基于品类的定位——即基于产品或多样性服务的选择，满足庞大顾客群的一小部分需求。当一家企业能通过一系列独特的运营活动提供最佳产品和服务时，这一定位才能创造经济价值。

基于需求的定位——即基于某个特殊客户群体，为其多项需求提供一整套量身定做的运营活动来最好地满足客户的需求。

基于接触途径的定位——即根据接触客户的途径，对客户进行细分。尽管这群客户的需求和其他客户相似，但是在为这群客户提供服务时，运营活动的最佳安排是不一样的。接触客户的途径取决于客户的地域或者业务规模，也取决于其他一些因素——任何需要一套独特做法才能最好地接触客户的因素。

二、战略需要在竞争时做出取舍——选择不做哪些事。

创造一个独特的定位并不能保证企业获得持久优势。一个有价值的定位会引起竞争对手的争相仿效，除非企业做出一定的取舍，否则，任何一个战略定位都不可能持久。因此，对"什么是战略"这一问题的回答又增加了一个新视角——取舍。战略就是在竞争中做出取舍，其实质是选择不做哪些事情。

有些竞争行为是不相容的，因此，在某个领域实现收入只能以在另一个领域产生损失为前提。取舍的原因通常包括以下两个方面。

取舍来自企业本身的运营活动，不同的定位以及精心设计的各种活动要求产品配置、设备、员工行为、人员技能、管理体系也是不同的。

取舍来自对企业内部协作与管控的限制。当企业选择以某一种方式而不是另一种方式竞争时，就明确了该组织所有事项的优先次序。反之，那些试图做所有事情来满足所有客户需求的企业，会让员工在日常工作中缺乏一个清晰的决策框架，从而可能陷入混乱。

三、战略意味着要在所有运营活动之间创造一种配称。

配称让企业的所有活动产生互动并彼此强化。配称同时带来竞争优势和竞争优势的可持续性：由于企业的运营活动彼此强化，竞争对手很难模仿。有效的配称能够让企业在运营活动上打造强大的、环环相扣的紧密连接，将竞争对手挡在门外。配称有三个层面，彼此并不相互排斥。

第一层面的配称是指各项运营活动（或各业务部门）与企业整体战略之间的简单一致性。

第二层面的配称是指各项运营活动的彼此强化。

第三层面的配称超越了各项运用活动的彼此强化，被称为"投入最优化"。

企业所有活动之间的战略配称是获得竞争优势以及让竞争优势得以持续的基础。对竞争对手而言，模仿一套具体的销售流程、技术或者模仿产品特性也许比较容易，但模仿一组环环相扣的运营活动则困难很多。

什么是战略

现在，对于"什么是战略"这一问题我们已经有了一个完整的答案。所谓战略，就是在企业的各项运营活动之间建立一种配称。战略的成功，依靠的不是仅仅完成几件事情，而是完成许多事情，并对各项运营活动进行统筹兼顾。如果这些活动之间缺乏配称，那么战略也将失去竞争优势、独特性和可持续性。

在影响战略的诸多因素中，强烈的增长欲望也许是最危险的。追求增长的手段往往会淡化企业的独特性，以致产生妥协、破坏配称，并最终削弱公司的竞争优势。企业在应用增长手段时，应该对现有战略定位进行深化而不是拓宽和妥协。

改善运营效益是管理中必不可少的一部分，但这并不是战略。运营效益讨论的是持续变革以及如何实现最佳实践，而战略讨论的是如何界定独特的定位、如何做出明确的取舍、如何加强各项运营活动之间的配称性。

请大家记住战略的这三个关键词：定位、取舍、配称。

接下来，我们思考一个非常核心的问题，战略与使命、愿景的关系是什么？

从时间线的角度来说，我们一般认为使命、愿景至少要对企业5-10年甚至更远的周期有牵引力，应该是努力奋斗的方向。而战略，要清晰地指引企业1-3年的行动，要为企业明确前进的路径。简单来说，一类是方向，一类是路径。

企业的使命、愿景不能一成不变，因为时代、生态的变化一定会影响一家企业，即便是百年老店也在不断修正自己的使命、愿景。在这个前提下，企业的战略也一定是一个滚动制定、滚动迭代的过程，否则，僵硬的战略就失去了对变化市场的指导能力。

战略要落地，必须分解对应的策略体系。这里，我们用"战略地图"（见图2.2）这个经典工具做一些策略分析。

策略体系

"战略地图"本身并不复杂，它从四个层面回答了企业如何达成战略。

第一层，财务层面。

财务层面回答企业达成盈利目标、增长目标的数学公式是什么。企业发展的数学公式，可以是加法，如消费者市场收入+企业服务市场收入；可以是乘法，如流量×转化×客单；也可以是加减乘除甚至是指数的排列组合。公式本身，是企业商业结果达成的策略逻辑。销量×客单价的企业与客户数×客户全生命周期价值的企业，本质的策略逻辑就是迥异的。财务策略是个指标系，其背后是业务策略的反应。

第二层，业务层面（客户层面）。

我们要从两个角度来解读业务层面。一个是商业模式，另一个是业务价值链。商业模式更多讲的是我们的市场定位、我们如何差异化，这个差异化的背后隐含了我们的取舍。企业的成功，往往是聚焦的结果，而非求大求全。业务价值链更多讲的是配称，从洞察客户需求开始，到产品设计、服务，再到生产或者传递产品、服务，最后到流通、交付、服务体系，业务价值链要有效率地支撑起业务的发展。在业务层面，我们有不同的策略选择，没有短板是一种，让长板足够突出也是一种，这些都是需要做策略的部分。

第三层，组织层面（内部运营层面）。

组织能力是一种生产关系，与生产力既可以是好搭档，也可能成为相互的绊脚石。组织涉及很多话题，比如，组织结构设计、组织流程、组织效能等。很多企业重业务，轻管理，这个管理往往指的是组织层面和人才层面的问题。

这里面有一个很有意思的问题，就是一家企业的技术到底是业务层面的话题，还是组织层面的话题。我和很多商学院的教授，包括知名企业的CEO也做过探讨，我发现见仁见智，没有一个统一的结论。从我个人的角度来看，我倾向于把它单列出来，因为在数字化的今天，技术能力越来越成为业务能力、组织能力之外的重要能力。之后我会用单独的一章阐释技术的话题。

第四层，人才层面（学习与成长层面）。

企业的发展，归根结底靠的是人。人的知识、能力、态度、意愿，都会影响企业的组织、业务，进而影响战略的达成。如何能"良将如潮"？有的企业笃信"宰相必起于州部，猛将必发于卒伍"；有的企业相信持续培训是最有价值的投资；有的企业倾向招聘有经验的人士；有的企业愿意将大学生培训为自己的人才。

如何找到人才、用好人才、激励人才、培养人才，让人才形成更有战斗力的团体，让战斗力产生实实在在的商业结果。这些话题，我会用后面的单独一章进行阐释。

所以，一家企业的顶层设计，从时代、生态到战略是一脉相承的。这些我们都称为顶层设计，因为这是一家企业的大脑和中枢。

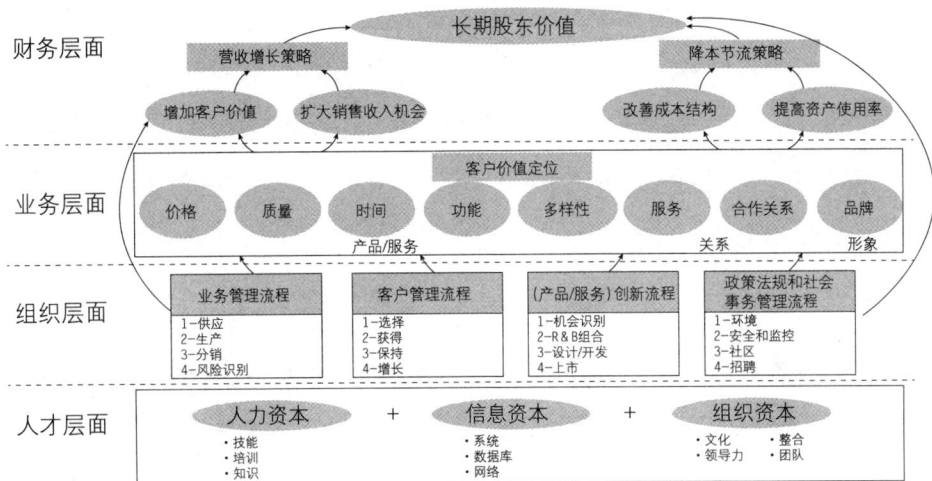

图2.2 "战略地图"

战役及目标

如果将企业经营比作一场战争，那么，战略是如何打赢战争的整体方略。策略主要回答战区（业务经营）、军种（组织建设）如何赢的问题。战争是长期的，而战役是短期的，是项目性的。只有把长期的战争分解为若干策略和若干战役，将大的里程碑分解为中型的里程碑、小型的里程碑，战争才能逐步实现"积小胜为大胜"的目的。

将战役翻译在企业的场景中，就是目标。它把企业的战略分解为若干目标，而且这个目标，应该对企业1-3年的工作有比较具体、明确的牵引作用。比如，很多企业会在3年规划或者年度规划中提出几大战役。这几大战役，我们可以解读为战略目标达成的几根支柱。达成，则战略大局基本确立；没达成，则表示战略目标还有差距，要进一步追赶。

比如美的集团，就非常正式地提出自己的四大战略主轴：科技领先、用户直达、数智驱动、全球突破。这四个主轴就是四个指挥棒、四个关键战役，所有的业务都要围绕这四个主轴聚焦资源，力争突破。

关键战役要回答清楚两个问题。一个是成功的样子是什么，这是一个感性的描述。另一个是我们用什么指标衡量成功，这是一个理性的描述。企业常常用一系列KPI（Key Performance Indicator，关键绩效指标）来衡量成功。战役赢没赢，不能凭感觉，必须有个前提：怎么算赢？是绝对值还是相对值？是和自己比、和国内同行比还是和全球同行比？

企业应该有自己的若干重大战役，每一层，包括业务、技术、组织，也要有自己的若干重大战役。当然，这其中一定会有重叠部分，有颗粒度大小的问题，这个不要紧。我们要回答的是，这些若干重大战役是否真的起到"稳定大局"或者"扭转大局"的作用。若干重大战役不能太多，太多就失去了焦点。

重大战役明确了，接下来就该最近很流行的OKR（Objective and Key

Results，目标与关键成果法）登场了。OKR常常服务于3-6个月要达成的目标和关键任务，OKR的焦点很明确：针对战略和策略，所以OKR会追问价值和意义，日常工作常常不是OKR的讨论范畴。

企业要通过共创会把战略、策略、战役、目标、OKR这些讨论清楚，就像阿里巴巴倡导的一样，要形成一张图。接着，要保持跟进，做好过程管理，特别是量化的数字化部分。要阶段性地做复盘会进行快速迭代，做PDCA（Plan、Do、Check、Act，计划、行动、检查、演绎）循环，不断修剪枝权，让目标主干保持生长。

确定OKR之后，就是更短期的目标。比如，1个月以内的工作、任务、项目、行动。这些可能就体现在我们的月报、周报甚至是日报中。

以上这个过程，就像长跑一样，每隔几百米定个标志物，跑到了，再朝下一个标志物出发，每一个阶段都有明确的信号指引。其实企业最怕的就是方向不明、道路不清。这就是领导者和管理者最重要的职责：做好顶层设计。

接下来，我们分章论述关于如何打胜仗的问题。但所有的努力，都是服务于这个顶层设计的。

3

第三章

数字化业务战略

当我们谈论一家企业的业务、经营时，我们首先要问的不应是我们要做什么，而应是我们的客户需要什么。有人说，这是一件事情的两面，但真相远没有这么简单。因为你把谁放在第一位，从自己出发还是从客户出发，影响了企业业务战略的方方面面。

接下来这个小故事，发生在两位大师之间。一位是吉姆·科林斯，著作《基业长青》的作者、著名的管理学家。另一位是彼得·德鲁克，现代管理学之父。

从客户价值出发

吉姆·科林斯36岁那年，《Industry Week》杂志的编辑让彼得·德鲁克邀请他去家里拜访。以下为科林斯第一人称的自述回忆。

有一天，在结束了斯坦福大学的授课后，我点开了语音信箱，听到一个奥地利口音："您好！我是彼得·德鲁克。"当我给他回电话希望预约见面时间，并问他是否需要同他的助手安排日程时，他回答："我就是自己的秘书。"

我与德鲁克先生的第一次见面，成为我人生中最重要的回忆之一。

德鲁克过着极其简单的生活，没有员工，没有研究助手，没有正式的办公室。他坐在小书桌前，敲着老式打字机，每天在普通房子的备用卧室里工作。他在自己客厅的藤椅上会见了全世界各种有影响力的企业家和CEO。

凭借极简主义，德鲁克成为20世纪最伟大的管理思想家。

当时，德鲁克在潜心研究一个庞大的主题：我们的企业如何在提高生产效率的同时，更加人性化。

他的温暖，如同刚打开门时紧紧握住我的两只手一样，"科林斯先生，很高兴见到你，请进"。

当我问86岁的德鲁克："你所著的26本书中，哪一本是自己最满意的作品？"时，他的回答是："下一本！"而在那之后，他又写了10本书。

在那天拜访快结束时，德鲁克用一句反诘打动了我。

当时，我正打算从斯坦福大学离职开始自主创业，我很犹豫。

德鲁克说："看上去你很担忧自己能不能存活下来，我相信你没问题。但你花了太多时间和精力去研究如何成功，却是一个很大的错误。"他停顿了一下，像一位禅师那样，用竹杖敲了几下桌子，说："你应该问，我该如何创造价值？"

一个伟大的导师，可以用30秒改变你的一生。

我们每个人都只有这短暂的一生，一天24小时，一周168个小时。每个168小时加起来，会叠加出怎样的能量？如何影响和帮助他人？可以创造出什么样的价值？

德鲁克先生，坐在藤椅中的一位老人，没有公司，在普通的房子里为我们展现一个高效之人是如何为他人创造价值的，一位最高水平的导师是如何影响他人的……

每当我在工作中遇到困顿时，我都会把这个小故事拿出来细细品读。不断追问自己那个最核心的问题：我们的客户需要什么，我能为他们创造什么价值。每一次这样的思考，仿佛都有一种无形但强大的魔力，给了我很多新的思路。

当我在辅导企业员工时，我会带着CEO和高管不断地讨论这个核心问题，很多时候我们被困住了，是因为我们考虑"自己"太多了，当我们不顾一切努力为客户创造价值时，新的路径可能就在眼前。

围绕客户价值，我们用两个思维工具做解构，一个叫商业模式画布，另一个叫业务价值链。

商业模式画布梳理

不同的专家对于商业模式画布的解读略有不同，但是基本思路是类似的（见图3.1）。

1. 客户细分。我们服务谁，这群人长什么样子（客户画像），与我们的产品服务相关的消费能力、消费习惯、消费场景是什么？在我们的产品服务之外，他们的消费能力、消费习惯、消费场景是什么？我们了解客户越多，越有可能创造针对性的精准价值。

2. 价值主张。我们给客户创造了什么价值？是功能、特性、收益还是情感、归属、认同、人设？是大众化解决方案还是精准解决方案？当客户提到我们的时候，他会如何形容我们？我们因为什么让他留下深刻的记忆呢？

3. 客户关系。我们和客户之间到底是一种什么关系呢？是纯粹的买卖关系还是一种有温度、有黏性的会员关系、粉丝关系？我们和客户之间是短期的关系还是准备开启一段长期的关系？我们构建的客户关系是基于人工服务的方式还是基于数字化能力的方式？很多企业过去只为销售额买单，不认为在客户关系上的投资是有用的。但是今天，很多企业开始在客户关系上加大投资，这背后折射的是整个商业模式的变迁。

4. 渠道通路。今天，我们如何触达客户？销售触达，如门店、柜台、网点等也许依然适用，但是线上的电商渠道，如传统电商（阿里巴巴、京东）、新电商（拼多多、抖音、快手）等都成为新的销售触达渠道。而信息触达，则更加分散化。从传统的纸媒、电视、广告牌到今天各种各样的泛媒体、垂直媒体、社交媒体，我们有了更多和客户触达的介质。当然，很多公司也在构建自己的私域运营体系，如自己的App、小程序、客户群等，实现自己的通路闭环。

5. 关键业务。围绕客户需求和客户价值，我们需要具备创造合适的产品和服务的能力。这个通过创造产品、服务来创造价值，并通过销售、交付等传递价值的过程，就是业务价值链。其中的关键环节，就是关键业务。今天，随着社会化大分工的深入，很多环节是可以外包的。但是，也有些环节一定要企业控制在自己手上，因为这是核心竞争力的关键。这些不能外包的环节，往往就是企业的关键业务。

6. 核心资源。生产需要原料、设备、厂房、技能工人；高科技企业需要知识密集型员工、实验设备、硬件投入、知识产权；服务型企业需要品牌、口碑、解决方案能力。这些都是企业在经营中需要的资源。"巧妇难为无米之炊"，企业也如此。有些资源可以通过资本快速聚集，但是有些资源需要企业自建、自我积累。核心资源常常与关键业务相辅相成，构建企业的护城河。

7. 重要伙伴。重要伙伴常常指的是企业的外部生态伙伴，也就是我们前面提到的"利益相关者"。当然，这些重要伙伴有些是企业的上下游，它们有密切的业务合作关系，是我们业务得以实现的重要一环。有些则不是企业的上下游，这些重要的伙伴为企业解决了某些关键难题或者为企业提供了新的竞争力以及差异化的价值。比如，很多制造型企业需要大量的产业工人，这时候，劳务外包公司就是这家企业非常重要的伙伴。重要伙伴经常是变动的，因为不同阶段的企业面临的诉求也在变化。

8. 收入来源。每家企业都要开源，让收入不断增长。开源有很多方式：扩大客户群、提升客单价、扩充渠道数量、挖掘下沉市场、开辟海外市场、推出新产品，这些都是可能的路径。当然，也包括通过产业并购的模式实现规模化的增长。关于收入来源，建议大家有时间可以多看看上市企业的财报，分析一下行业头部企业的应收构成，很多时候能给我们很多有意义的启发。

9. 成本结构。一方面要开源，另一方面则要节流。节流要关注的常常就是成本结构，有些成本是投资性的，有些成本则是费用性的。但是，我们盲目地扩张投资性支出、压缩费用性支出也会有问题。成本结构要调优，而不是无限制地降低成本。阿里巴巴经常倡导3个人拿4个人的工资干5个人的活儿。虽然听上去是句玩笑话，但其背后是调优薪资的成本结构。

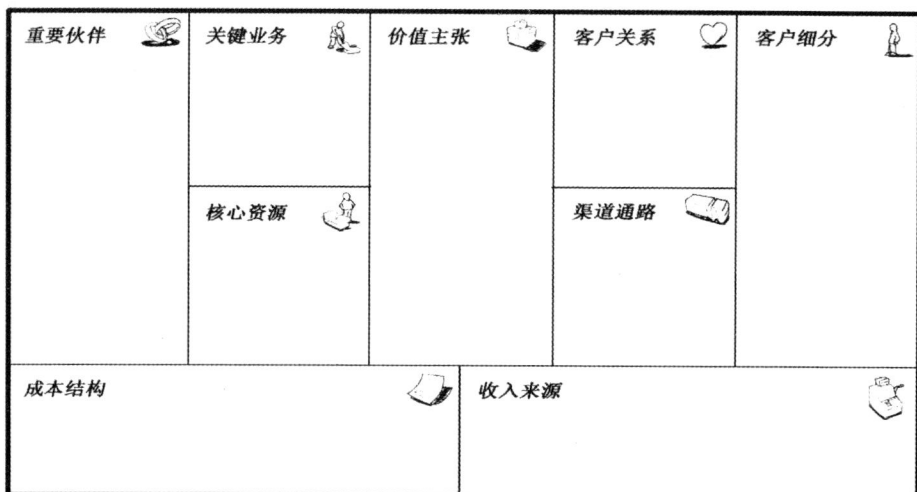

图3.1　商业模式画布

在商业模式画布的九个模块中，每个模块都有很多选项（见图3.2），这也意味着企业在商业模式架构上，有无数种排列组合，无数种可能性。

重要伙伴	关键业务 研发 制造 供应链 营销	价值主张	客户关系	客户细分
上下游 渠道商 专业服务机构 金融机构		使用价值 服务价值	买卖关系 粉丝关系	垂直市场 广泛市场
	核心资源 品牌 团队 专利 资金	体验价值 情感价值	渠道通路 渠道　直营 线下　线上	
成本结构 研发 制造 营销 渠道 人工			收入来源 产品 服务 交叉销售 能力输出	

图3.2　商业模式画布选项

商业模式画布给我们提供了理解一家企业与客户、业务之间的基本框架，也帮助我们理解一家企业与行业其他企业显著的区别是什么。同样是一个行业的企业，A企业和B企业的这张商业模式画布通常是不一样的；同样是A企业，今年的商业模式画布和去年的通常也是不一样的。接下来，我以我的老东家好未来（前身学而思）为例，和大家做个示例。

首先，我们看看在K12（kindergarten through twelfth grade，幼儿园至第十二年级）这个教育行业的教辅机构，它们的商业模式画布是什么样子的（见图3.3）。

1. 客户细分。通常的客户人群是学生，但学生的背后还有家长。一般来说，年级越低，家长的决策权越重；年级越高（比如初中、高中的学生），学生的决策权越重。所以，客户人群其实有个动态的变化过程。

2. 价值主张。K12教辅机构的主张，最常见的就是提分。也就是以升学为指挥棒，通过课外辅导让学生取得成绩的进步，考入更好的学校。这常常是家长选择课外辅导的核心原因。

3. 客户关系。通常来说，客户关系就是销售关系，也就是提供服务与购买服务的关系。虽然是课外的一种辅导，但不必然是大家想象中的师生关系。另外，我们还要区分是机构和学生的关系还是机构老师和学生的关系。

4. 渠道通路。对一般的教辅机构来说，教学网点的选择是非常讲究的。要么靠近学校，要么开在人员密集的小区周边。这样一来，一方面，网点离客户近，方便客户；另一方面，网点本身也是一个广告牌，有利于教辅机构的招生。当然，招生广告在传统的纸媒中，如都市报、晚报也很常见。还有公立校老师的"口播"，这个也是非常重要的来源。这些渠道通路往往代价不菲，并且体现在教辅机构的成本中。

5. 关键业务。我经常开玩笑说："教辅机构的核心业务其实是'招生'。一方面招老师，另一方面招学生，安排个教学网点，然后两边一撮合，完事儿。"虽是句玩笑话，其实也是大实话。因为一般的教辅机构是不做课研的，教学本身完全绑定在老师身上。这个无所谓对错，是由它的商业模式决定的。

6. 核心资源。那么，对教辅机构来说，最核心的资源是什么呢？没错，就是老师，或者说，是名师。核心资源既是招生的招牌，也是教学产品设计的发起者、教学内容的开发者、教学交付的主体。

7. 重要伙伴。围绕前面的讨论，教辅机构的重要伙伴无外乎公立学校的老师、教育主管单位以及网点附近小区的物业等，这些伙伴决定了教辅机构能不能成功招生，能不能持续经营。

8. 收入来源。一般来说，教辅机构主要的收入就是学费。当然，也包括小部分的教材、书籍、试卷、文具等的销售收入。现在，在教辅机构之间开始流行交叉推荐学生，比如，一个教辅机构给艺术兴趣班导流等，这会带来一定的收入。但是总体来说，学费还是占比例最大的一部分。

9. 成本结构。招生费用包括推广费用，也包括顾问销售费用，这部分往往是大头。然后，场地租赁费用又会是一大部分支出。接下来，就是邀请老师的费用，这个要看讲师的名气和机构的名气，它们之间需要做些博弈。这三大块费用决定了机构的利润率情况。

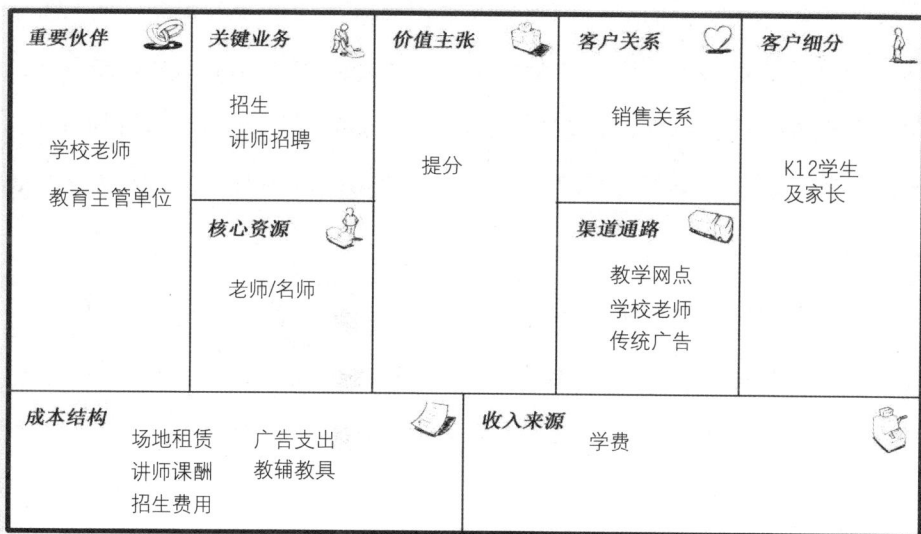

图3.3　K12教育行业商业模式画布

接下来，我们聊聊好未来（前身学而思）的商业模式画布。作为K12教育行业曾经的行业霸主，在"双减"之前，市值最高曾达到500多亿美元，遥遥领先于新东方。在好未来、新东方之前，从来没有人觉得K12教育行业能出现如此的"庞然大物"，那么，好未来究竟做对了什么呢？

这里，我们先插播一个小故事。

学而思由张邦鑫于2003年创立，因为张邦鑫和初期老师的认真负责，包括奥数网业务的积累，整体业务发展很快。但是在学而思创立3年后就遭遇了一次"灭顶之灾"。当时学而思最厉害的两位老师，一位叫牛老师，另一位叫马老师，他们看到学而思的业务发展很好，赚钱很多，就萌生了很多老师普遍想法——"我们要出去单干"。于是，两位老师出走，带走了当时学而思超过1/3的学生。一下子，台柱子差不多塌了，学而思的业务受到了很重的打击。

当时，整个K12教育行业几乎都是邀请名师的逻辑：有名师就能招到学生，就能赚到钱。所以，教辅机构千方百计挖名师，但是名师不甘心只拿小部分的钱，所以不断跟教辅机构讨价还价，谈不拢就出走，成立另一个小型教辅机构，然后又开始新一轮的循环。名师成立的教辅机构通常火一两年就消沉了，这成了K12行业的普遍规律，机构做不大，成立全国连锁机构更不可能。

学而思如果也按照名师逻辑，也做不大，因为前面已经无数次验证了此路不通。想把机构做大、做强怎么办？如果一端不通，就试试另一端，别管别人觉得靠不靠谱，只有试了才知道。于是，学而思提出了一个大胆"狂妄"的假设：是否可以批量培养优秀的老师呢？名师可能是90分，但是名师可遇不可求。如果我们批量生产80分的优秀老师，基本也可以达到教学效果，更重要的是，这个办法保证了业务的标准化和可复制性。是否有可能建造一种机制，形成优秀老师的生产流水线呢？

这就是我们后面要讲的业务价值链的拆解逻辑。我们要拆解一个复杂业务背后的构成要素、逻辑结构，然后不断找到可精细化、专业化分工的模式。

课外辅导行业，有几个关键要素。第一个是学科。笼统地讲，就是教学产品。比如，小学四年级数学班。如果将其再细分，小学四年级数学基础班、提高班、串讲班、精讲班、答疑班等，也都是教学产品的形态。第二个是教学。教学要解决两个问题，一个是老师的来源，也就是对老师的选聘。另一个是老师的培养，也就是把老师上课的基本功培养起来。第三个是教研。国家有各个科目的教学指导大纲，各地有各地的教材，但是将这些大纲、教材转化成一家教辅机构的教学内容，还是需要做研究和研发工作的。很多老师之间的差异，不但是教学手法上的，也是教学内容上的。第四个是教务。也就是教学交付，这涉及网点服务、班级管理、排班、报名、答疑等，这个不多展开。前三个关键要素：学科、教学、教研是课外辅导行业业务价值链的核心关键三要素。

一般的教辅机构，核心关键三要素常常集于老师一个人身上。机构有小学数学老师，就开小学数学班。讲什么、怎么讲，老师来定。这就意味着，教辅机构的业绩取决于老师个人的发挥。在这种情况下，教辅机构当然会被老师牵着鼻子走。那么，能不能把混成一团麻的业务价值链做一下拆解呢？

首先，教研的分离。老师一个人的精力毕竟是有限的，你让他教学、批改作业、研究考纲和历年真题、出试题，你也太难为一个老师了，什么都做，就不可能什么都做好，至少不可能做到极致。学而思是怎么做的呢？它在北京建立了几百人，后来上千人的集中教研团队。一群人分科目、分年级集中且持续地研究考纲、理念真题、各类教辅资料，并结合一线的教学经验，不断研发、迭代教学内容。这样就实现了教研的统一，也就是教学内容的标准化。老师不需要操心讲什么的问题，只要做好教学就好了。

其次，教学的分离。一个老师的教学状态，很有可能是有起伏的。因为老师有开心、不开心的时候。所以，把教辅机构的教学交付质量绑定在老师身上，本身就是有风险的。那怎么办呢？做教学过程的标准化。学而思在业内最早推出了电子互动教学白板，它是中国教培行业第一个数字化的硬件解决方案。它把课件数字化，并内置到教学系统中，老师在教学过程中，每个时间段讲什么、怎么讲，如游戏、提问、实验、例题等，都已经设定好程序，老师更像是教学演绎者、现场问题的辅导者。这样，在正常情况下，老师的教学交付质量就可以保持在一个比较高的水位线。

最后，学科的分离。当一个教辅机构具备强大的集中教研能力、数字化支撑的教学交付能力，学科分离就是一件相对容易的事情。从一个统一班型到入门班、基础班、提高班、尖子班，这背后其实是中台能力的体现。从数学、物理、化学这样的理科，拓展到语文、英语这样的文科，也需要中台能力做支撑。另一个值得注意的是，以前线下的学而思培优、学而思一对一、学而思网校是不同的事业部，业务是相互分离的。但是，毕竟优质的北京大学、清华大学背景的老师资源普遍集中在北上广深等一线城市，对于以北京大学、清华大学的老师作为招生招牌，显然对拓展二三线城市的市场是不利的，虽然很难用硬性指派的方式让北京大学、清华大学的老师到外地工作。那如何同时解决北京大学、清华大学老师资源分布不均的问题和老师教学水平不一致的问题呢？"双师"模式，被验证是一种可能的解法。北京大学、清华大学的老师坐镇北京，外地学生观看直播，同时班级配备辅导老师（非北京大学、清华大学或者985名校出身），辅导老师负责解答学生的疑问。这种解法既让学生学到了名师的教学内容，也解决了个性化答疑的问题。"双师"就是学科的一种新的形态。

大家了解了学而思的过往，包括它的一些与众不同之后，我们再比对K12教育行业一般教辅机构的商业模式画布，看看学而思的商业模式画布的特殊之处在哪里（见图3.4）。

1. 客户细分。和其他教辅机构一样，学而思的客户也是学生及家长。

2. 价值主张。学而思有个口号，叫作"激发兴趣、培养习惯、塑造品格"。学而思认为，兴趣、习惯、品格比单纯的提分重要得多。读到这里，如果你是家长，你会选择学而思还是其他教辅机构呢？很多家长认为，当看到学而思提到兴趣、习惯、品格时，感觉内心一下子被击中了。因为现在的多数家长，并不希望孩子变成考试机器，他们希望孩子健康地成长。学而思不是光喊口号，它投入了很多人力、物力来研究学习理念。比如，如何使学生学习的内容从每周辅导班的3小时到168小时持续发挥作用，背后是学习动力、学习环境、学习能力这三大制约因素。学习动力，由兴趣、信心、成就感和榜样效应四部分组成。学习环境，由家庭环境、学校环境和社会环境三部分组成。学习能力，由智力和方法两部分组成。当然，每一个组成部分，都有对应具体的拆解。学而思提倡孩子养成良好的学习习惯，比如，读书、讲故事、做口述题、请教别人等。当家长参加学而思的公开课、家长会时，发现学而思的老师很不一样，他们也讲题目、分数，但是他们将更多时间花在讲教育理念方面。这让很多家长相信，学而思是发自内心想做好教育，而不是把教育单纯做成了一个赚钱的买卖。

3. 客户关系。学而思和学生之间的关系，你说不是销售关系，可能也不现实，但它一定不只是销售关系。学而思很多的老师非常尽心尽责，无论学生、家长提问的时间有多晚，他们都会第一时间被回复。很多老师不但努力让孩子听懂，还在教学过程中，观察孩子的情绪、状态。很多孩子在家里孤僻或者叛逆，家长一点儿办法没有，但是在学而思老师的开导下，这些孩子打开了心结，变成了开朗活泼的孩子，让很多家长直呼不可思议。学而思一手打造了"学而思杯"，因为生源优质，学生的成绩非常好，便成了很多城市重点学校"点招"的重要参考。学而思和学生之间的关系，更像是师生关系，而非销售关系。这个关系，其实是学而思价值主张的自然延伸，甚至可以说，是因果关系。

4. 渠道通路。很多人不了解学而思，以为学而思就是一家纯粹的线下教辅机构。这个理解大错特错。学而思骨子里的基因，是一家互联网公司。学而思的前身奥数网，就是一个垂直细分的网站。现在好未来旗下的家长帮，是中国领先的家长育儿交流社区。好未来旗下还有幼教网、奥数网、中考网、高考网、作文网等平台，它们构建了一个庞大的在线社区体系，会员总数量一直位居国内K12教育行业首位。网站流量，是学而思招生最重要的来源。依托网站流量招生的学而思招生成本比一般教辅机构线下的招生成本低得多。另外，因为学而思的口碑很好，老学员的推荐、复购占比非常高，也成为学而思在渠道通路端重要的竞争力。学而思喜欢"掐尖"，因为学校一个班级前几名的孩子报了学而思，大概率这个班级的其他孩子都会报学而思，这就是典型的"掐尖效应"。当然，因为之后的学而思技术能力的提升，各类App、小程序纷纷上线，实现了对学生各个场景的覆盖。

5. 关键业务。一般的教辅机构，把业务绑定在老师身上，所以招老师、招学生就是它最重要的事情。但是学而思把K12教育行业的业务价值链做了拆解，所以，学而思真正意义地实现了K12教育行业的专业化分工。具体来说，就是学科、教学、教研、教务四块核心业务。这四块业务不断专业化、规模化、标准化、中台化，使得学而思具备了向外不断拓展开分校的能力，具备了规模化发展的可能性。

6. 核心资源。老师当然是学而思的核心资源，这一点毋庸置疑。可能与其他教辅机构的区别在于，其他教辅机构是几个名师，而学而思是一批批的优秀老师。当然，在优秀的老师中，自然会涌现出名师，但这个名师不会对机构的整体运营产生本质性的影响。除了老师，数字化的能力构建了学而思的核心资源体系。如电子互动教学白板系统，是学而思教学提质、规模化输出的重要基础，从电子互动教学白板1.0、2.0到3.0、4.0，其一直围绕教学场景做丰富迭代，从PPT、动画、互动到数据智能反馈等，助力学而思不断拉开与竞争对手的差距。当然，学而思的教研体系在往纵深走时，也成了学而思的核心资源。表面看起来别的机构好像可以抄袭，但是教研体系背后的逻辑、方法，包括绘制知识图谱能力，实质是一道宽阔的护城河。

7. 重要伙伴。从这套战略逻辑体系出发，学而思的重要伙伴有几类格外突出。首先是985名校，特别是北京大学、清华大学这类的顶尖院校。因为优秀的师资是学而思生意的基础，所以学而思要与高校院系、就业办达成良好的战略合作，实现人才的战略性前置布局。另外，从2014年前后开始，学而思的对外战略投资变得非常活跃。因为学而思发现，教育这个赛道太宽了，里面有非常多的垂直细分，如新工具，类似拍照答题；如新客群，类似考研辅导；如新模式，类似北美外教1对1等，这些学而思不可能自己全部投入实现。因此，学而思通过对外战略投资的方式快速实现与行业赛道生态合作伙伴的战略结盟，为自己拓展护城河的边界。

8. 收入来源。在学而思的收入来源中，学费肯定是主体，但是大家不要小视其他收入。比如，教材、教辅的收入，线上的广告收入（把自己网站的部分流量商业化给非竞争业务），SAAS收入（把自己的部分系统工具SAAS化后输出给学校或者其他教辅机构）。其实，行业的头部企业大体类似，当主营业务够强的时候，就具备了把自身经验系统化输出，并将此作为一项业务的能力。工业互联网领域，美的的美云智数，三一的树根互联，其实也是一样的道理。

9. 成本结构。与其他教辅机构相同的部分是场地租赁、讲师课酬。但是，学而思的讲师课酬（区别于其他教辅机构名师对机构的讨价还价）可以控制在一个比较合理健康的水平，这是由学而思老师的供给能力带来的。不同的部分是学而思投入了大量的费用给系统研发、教研体系、师资培训。这些费用在有些机构看来完全没有必要，但是从长远的角度看，这些费用证明了学而思的投入带来了丰厚的回报。因此，这些投入不是费用性的支出，而是资产性的投资、是核心竞争力之源。

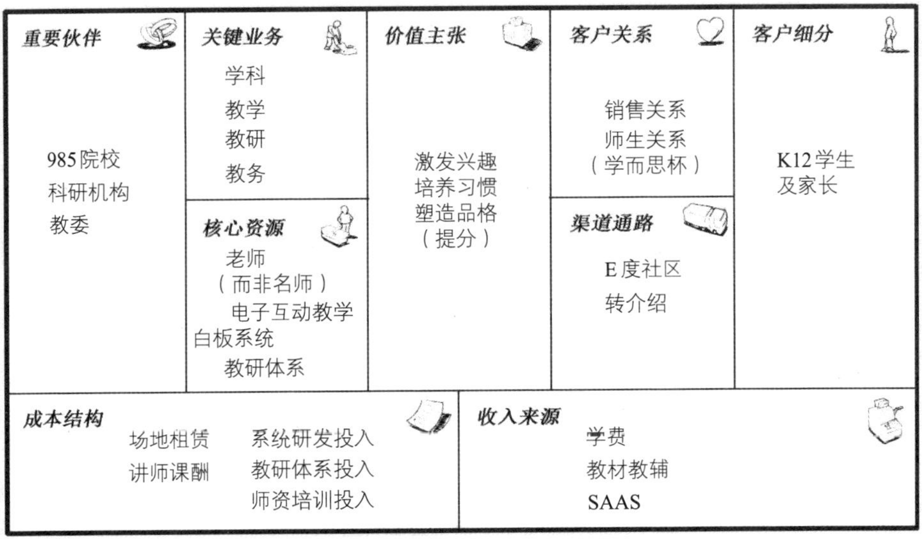

图3.4　学而思商业模式画布

当然，"双减"对K12这个教育行业的整体来说是一次彻底的洗牌。包括好未来、新东方在内的教辅机构都要重新开始设计自己未来的生存、发展之路，我们不妨留个思考题，一起拭目以待。

从顶层设计到业务战略是有内在的牵引逻辑的。当然，我们可以从业务的局部反推顶层设计，但我个人的建议是，最好从高处往低处看，原因是一方面看得更全；另一方面更能理解表面背后的本质。

业务价值链梳理

商业模式画布为我们理解一家企业的整体提供了很好的图景。但是深入企业这台机器，分析它到底是怎么运作的，则需要更精细化的分析工具，也就是接下来我们要谈的业务价值链。

迈克尔·波特在《竞争优势》中写道："每家企业都是设计、生产、营销、交付等一系列活动的集合，这些活动都代表了企业创造价值的方式。所有这些活动都能影响企业的相对地位，为企业的差异化打下基础，为企业赢得竞争优势。业务价值链的构成主要取决于所在行业和企业的战略。"

在进入正题之前，我们先回顾一下福特公司的生产流水线案例，看看这个案例给整个商业世界带来的影响。

亨利·福特在1913年开发出世界上第一条流水线，创造了一个至今仍未被打破的世界纪录。

在福特建立他的流水线之前，当时的汽车制造业完全是手工作坊型的。两三个人合伙买一台引擎，设计一个传动箱，配上轮子、刹车、座位，装配一辆卖一辆，每辆车都有一个不同的型号。由于起动资金要求少，生产很简单，每天都有50多家新开张的汽车作坊进入汽车制造业，大多数的存活期不过一年。

福特的流水线使得这一切都改变了。在手工生产时代，每装配一辆汽车要728个小时，而福特的简化设计，标准部件的T型车把这缩短为12.5个小时。进入汽车行业的第12年，福特终于实现了他的梦想，他的流水线的生产速度已达到了每分钟一辆车的水平，5年后又进一步缩短到每10秒钟一辆车。

在福特开发流水线之前，轿车是富人的专利、是地位的象征，售价在4700美元左右，伴随着福特流水线大批量生产而来的是汽车售价的急剧下降，T型车1910年的售价为780美元，1911年降到690美元，随后降到600美元、500美元，1914年降到360美元。低廉的价格为福特赢得了大批的平民用户，小轿车第一次成为大众的交通工具。1914年福特公司的1万3千名工人生产了26.7万辆汽车；美国其余的299家的66万工人仅生产了28.6万辆汽车。福特公司的市场份额占比从1908年的9.4%上升到1911年的20.3%、1913年的39.6%，到1914年达到48%，月赢利600万美元，在美国汽车行业占据了绝对优势。

20世纪，福特做出了惊世之举：将日工资上调一倍，工人每天可以赚5美元。他讲道："每天付给工人5美元的高薪，这是我用来削减成本的最绝妙招数。"

将福特公司的案例和学而思的案例结合在一起，我们会得到一个很清晰的共识，那就是，业务价值链只有不断进行专业化的分解、拆分，才有可能获得效率的极大提升，实现标准化基础上的规模化发展。如果不做业务价值链的拆解，把很多工作混做一团，仅仅依靠人力、主观能动性，必然会被降维打击。

同时，关于企业的商业价值创造，我们必须有一个全局思维，否则就很容易陷入单点思维，如渠道为王、品牌为王、产品力制胜、铁军制胜等，只看局部不看全局。

数字化对不同的企业以及企业的不同阶段都发挥着或大或小的作用。有些企业刚刚起步，数字化影响的只是它的局部链条。但对于有些企业，数字化几乎渗透了它业务的全价值链条。当我们分析数字化的时候，一定要对业务价值链条有充分的认知和拆解，才有可能谈论数字化对业务的价值。

以制造业为例，一个企业的业务价值链条可能包括如下环节（见图3.5）：

- 用户洞察

- 产品研发

- 生产制造

- 市场营销

- 渠道管理

- 供应链

- 终端零售

图3.5　企业价值链条环节

其实每一个环节都可以进一步拆解。

用户洞察。宏观层面我们要分析产业、行业、区域市场，按不同标签体系切割人群，定性调研或者数据洞察人群需求，挖掘痛点、爽点、购买决策逻辑，然后形成产品机会点分析。

产品研发。产品研发涉及很多很有意思的话题。比如，以技术功能为导向研发产品还是以客户需求为导向研发产品？公司的技术研发能力如何，是应用型研发还是在基础科技层面有比较深的储备？哪些技术是我们自主研发的，哪些技术需要采购和授权？当然，企业也可以不研发，把这个工作让其他厂商去做，如ODM（Original Design Manufacturer，原始设计制造商）。

生产制造。不同的产品，产线工艺（如模具、冲压、钣金、涂装等）可能会有很大不同，我们可以把生产制造拆解成多个环节。但是，与生产制造相关的精益、物流、品质等也是很重要的问题。当然，企业也可以不生产，把这个工作让其他厂商去做，如OEM（Original Equipment Manufacturer，原始设备制造商）。

市场营销。随着媒体渠道的碎片化，营销工作也在不断变异变型。从线下渠道到线上渠道，从公众媒体到垂直媒体，从媒体渠道到电商平台，从电商平台到分享导购平台、分享社群，从公域运营到私域运营，为了配合不同的渠道还要准备不同的营销素材，甚至截然不同的营销策略。

渠道管理。无论是ToB的生意还是ToC的生意，企业都要在渠道、自营、渠道+自营的几个象限中做出选择。即使选择了渠道这个路径，也要进一步考虑和渠道的关系、合作协同模式、利益分配机制等。今天，很多企业朝DTC（Direct To Consumer，直接面对消费者的营销模式）的方向努力，这个过程更要处理好和渠道的关系。当然，有的企业把线上和线下作为渠道划分的依据，线上又可以细分为平台和官网，有很多种细分的方式。

供应链。今天的供应链其实是个很大的概念，供应链有很多环节：从原材料采购到生产制造、运输、仓储、配送等。供应链的各个环节在系统、工具、平台等加持下，被快速地数字化。随着商业节奏的加快，柔性的加强，消费者预期的提高，供应链能力既可能成为企业发展的掣肘，也可能成为企业的核心竞争力。

终端零售。今天，企业对于终端的定位和期待与往日大为不同。终端既可能承担着零售的职责，也可能承担着服务的职责、体验的职责、会员粉丝社群的职责。终端既可以是门店，也可以是无人门店、一个智能化的终端设备，终端的形态本身也在变异。

以上这些其实是很粗线条的业务价值链拆解，但至少我们要对企业的生意是如何运转的有一个比较清晰全面的认知。其实，我们经常说业务价值链的拆解要从一级的颗粒度不断向二级、三级甚至四级的颗粒度深挖。只有这样，才能把企业的价值生成网络理清楚；才能把我们如何赢、为何赢说明白；才能带着企业打出更多的胜仗。

企业的电商业务价值链，如果从一级的颗粒度出发进行拆解，就是四个最重要的环节：获客、转化、成交、复购（见图3.6）。

图3.6 企业的电商业务价值链一级颗粒度拆解

但是，我们不能只停留在这个层面，我们要追问：如何才能获客、如何才能转化、如何才能成交、如何才能复购。这就要做二级颗粒度的拆解（见图3.7）。

获客，按渠道可以细分为电商平台投放和媒体平台投放。投放内容可以是商品本身，也可以是图文、短视频或者直播。转化，可以细分为静默转化、询单转化、直播转化、私域转化等。成交，可以细分为收藏、加购（将商品加到购物车）、下单、支付等。复购，可以细分为上新带动，静默客户唤醒带动、促销带动、私域带动等。

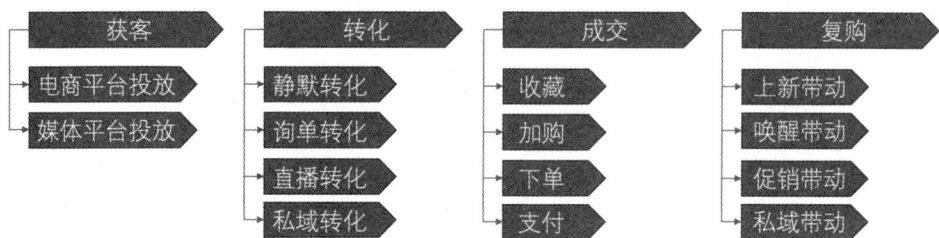

获客	转化	成交	复购
电商平台投放	静默转化	收藏	上新带动
媒体平台投放	询单转化	加购	唤醒带动
	直播转化	下单	促销带动
	私域转化	支付	私域带动

图3.7　企业的电商业务价值链二级颗粒度拆解

当我们进一步拆解一个业务价值链上的环节如何跑通的时候，这个环节的业务策略就慢慢清晰了。我们可以继续追问、深挖。一般来说，我们把一级颗粒度称为业务价值链的环节（或者节点），把二级、三级、四级颗粒度称为业务价值链的关键动作。

接下来，我们要回答"完成每一个关键动作需要什么样的能力"这个问题。比如，现在很多企业都在做直播带货，这个直播转化需要什么样的能力才能达到好的效果呢？我们通过萃取经验，发现选品力、定价力、主播表现力、助播配合力是四个关键成功要素。我们通过评估可以发现接下来的改进方向，从而不断推动业务的发展（见图3.8）。

我们小结下，业务价值链拆解有以下几件事情要做。

第一，梳理业务价值链的核心环节（一级颗粒度），我们称为"战场"。

第二，拆解每个业务价值链环节的关键动作（二级、三级、四级颗粒度），我们称为"战斗"。

第三，萃取每个关键动作背后的关键成功要素，我们称为"决胜因子"。

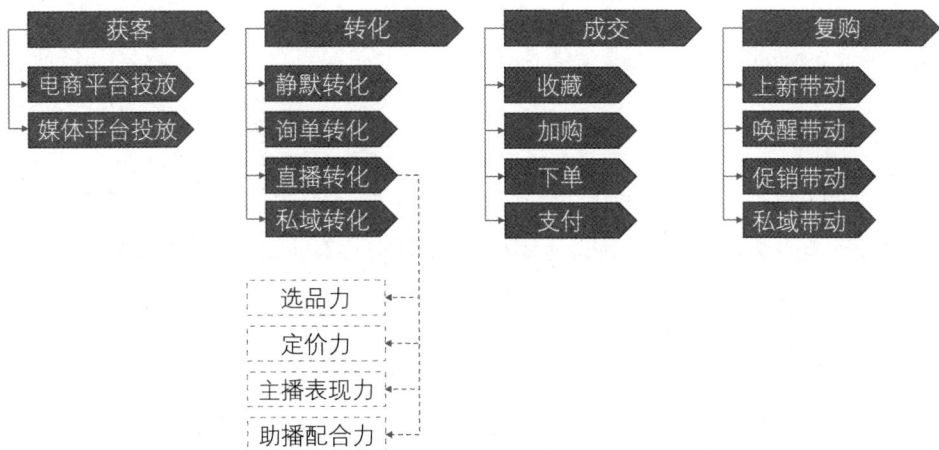

图3.8　直播转化的四个关键成功要素

我带过很多业务leader进行业务共创，他们做完这样的梳理后都会一拍大腿。为什么呢？因为他们发现，原来我们现在做的很多事情，背后居然是有逻辑的（不要觉得奇怪，这是真的），因此他们对未来的发展更有信心。他们还会发现，原来他们在排兵布阵上出现了问题。比如，在很多重要的关键动作上没有配备足够的、优秀的人或者团队，或者压根没有人专责。而在一些不太重要的动作上，人员过于冗余。接下来，就要做排兵布阵的优化、调整。在企业管理中是有很多天然逻辑的。不懂战略，就不理解业务，不理解业务，就做不好组织设计。就是这个道理。

接下来，对业务leader的真正考验开始了。把战场、战斗、决胜因子摆在桌面了，接下来我们的行动策略是什么呢？其中，补强还是增强，是一个核心的话题。

有些企业的业务策略是以"均衡"为中心，希望业务的各个维度没有明显的短板；有些企业坚信"长板"理论，要把单个维度做到最突出，形成局部的压强差；还有些企业提出"无上限、有底线"的讲法，试图兼顾两者。其实，这些策略都没有绝对的对和错。企业经营管理的美感也在于此，每个企业都有自己的理念体系。

很多商学院常常举美国西南航空的例子。在航空客运这个赛道，机票价格、舱位舒适度、航线时间选择、客舱服务、餐饮、机场休息室等都是重要的影响因素。但是，美国西南航空没有选择和其他竞争对手进行全面竞争，而选择了扬长避短，立足于发展航线短、密度高、票价低和点对点的航空市场。这个案例，其实特别值得所有企业思考、借鉴。

这样的拆解，为我们从全局把脉一家企业的业务提供了简洁、实用的方法。企业只有知己知彼，才能明确赋能发展的方向，才能少走弯路，始终聚焦在主航道上。

但是，请大家关注两个问题。

第一，我们这个拆解是从"我"出发的，也就是从企业的业务出发的，而不是从用户的需求、用户的价值出发的。这两者看上去是类似的，但它们的顶层思维不同，往往很多业务工作都会变型。

第二，我们这个拆解把企业经营的整体拆成了若干段。但实际上，企业是一个有机整体。每个环节强不代表企业整体强。只有环节和环节真正连通起来，企业才会真的强。环节间的连通问题，取决于顶层设计，也取决于管理理念、数据系统能力和企业执行力。

以上，我们以制造业为例做了一个企业价值链的拆解。那么，如果是服务业呢，如餐饮、服务、旅游、文化等，可能业务价值链的环节会有极大的不同。但是，无论什么行业，大家是否发现业务一定是两个象限的组合，一方面是价值创造系统，另一方面是价值传递系统。这也是业务数字化转型的两个核心象限。

从业务到业务生态

通过别人拿结果，这是企业做大做强的必经之路。

德鲁克曾经给管理者下了一个定义：管理者是通过别人拿结果的那个人。把这个定义延展一下，其实也适用于一家企业。今天企业的经营管理，一方面通过内部的员工拿结果；另一方面通过外部的合作伙伴拿结果。如果我们经营不好与合作伙伴的关系，凡事都想靠自己亲力亲为搞定，做个小作坊也许可以，但是往大做一定是困难重重的。

今天，我们看到太多成功的企业都是生态关系经营的行家里手。

阿里巴巴是一家典型的生态企业。它构建了平台，连接了广泛的买家和卖家，也连接了海量服务于这个生态的各类服务商。用"赋能非管理"来描述阿里巴巴的生态模式尤为合适。因为生态的边界是宽的，是松散的，它不同于企业的边界，企业的边界是窄的，是牢固的。通过赋能合作伙伴，让合作伙伴的经营发展越来越好，它们自然也愿意在这个平台投入更多的资源，从而带动平台发展得更好，这是一个正向循环逻辑。

在淘宝生态赋能团队（原淘宝大学）时，我们曾经服务一家知名企业：惠氏营养品，相信大家对这个品牌并不陌生。2017年，淘宝生态赋能团队（原淘宝大学）和惠氏营养品商学院合作，一起赋能惠氏的渠道合作伙伴做新零售转型，培训对象包括孩子王、爱婴室、乐友、丽家宝贝等全国及区域的母婴连锁店。很多人乍一看，有点看不懂。惠氏营养品从淘宝生态赋能团队（原淘宝大学）采购课程，居然不是给自己的员工上课，而是给合作伙伴上课，这个福利也太好了吧。再者，这些合作伙伴不仅卖惠氏营养品的产品，也卖别的母婴品牌的产品，它们学好了、学会了，这不也是给惠氏营养品的竞争对手送福利吗？其实大家仔细想想，这何尝不是惠氏营养品经营合作伙伴关系的一种方式呢？带着合作伙伴一起探索未来的商业方向，一起思想同频，以这样的方式推动业务转型，至少为自己打下了比较好的基础。

我去过国内很多商学院，和商学院EDP（Executive Development Programs，高级经理人发展课程）、EE（Executive Education，高管教育）的主任们聊天，大家普遍反映，这种行业头部企业给合作伙伴的赋能项目越来越多，已经成为一个很重要的趋势。过去企业往往直接采购标准化的课程，现在部分企业还会深入参与课程的定制。头部企业这种在生态关系经营上的前瞻性投入，确实值得我们学习。

今天，企业的业务越来越复杂，我们对于生态的理解也要不断延展。

过去，我们一提到企业生态，常常联想到的就是企业的上下游、合作伙伴、客户、用户、消费者、竞争对手等。但是，今天的企业生态往往随着业务模式的变化而不断演化，往往嵌套在很多个业务生态中，构成一个更复杂的生态系统。

比如，大型家电。从传统视角看就是家电制造业，它的生态合作伙伴无非是原材料供应商、物流供应商、连锁渠道等。这是一个单维度的思考视角，围绕着产品本身的售卖逻辑。今天，大型家电和家装市场正在紧密连接。因为很多消费者在购新房或者新装修的过程中，希望家电的款式、大小等与整体的家居软装风格相匹配，进而产生一站式套系化的采购需求。这时，家电企业、全屋定制企业、装修公司在业务生态中就形成了握手关系。大量在前装市场的异业合作蓬勃兴起，再往前看，全屋定制企业、装修公司，它们的生意越来越被一个角色驱动，这个角色叫作"设计师"。今天，设计师引导订单成交的比例高达70%以上。所以，今天的全屋定制企业、装修公司，要么在广泛地团结业内的设计师，要么自己培养自己的设计师队伍。同样，对于大型家电企业来说，设计师也是其业务生态中的重要一环，这在几年前甚至是不可想象的。所以，从动态的视角看生态合作伙伴是非常重要的前提条件。

业务赋能与生态赋能

围绕生态的数字化赋能，根据我在阿里巴巴的实践，以及服务的几百家头部企业的实践，我把它归结为六个方向。

一、产品工具赋能

很多人听过华为有一个全球培训中心，为所有华为的企业级客户赋能。而赋能的核心内容是华为的服务器、交换机等产品的产品知识。这个客户赋能，已经成为华为商业合作的一个重要组件。阿里云也是如此，围绕阿里云的服务，给客户提供必要的产品工具知识培训，以帮助客户更好地使用产品、使用服务。即便是钉钉这种看上去量级比较轻的企业级应用，也需要大量的"布道师"帮助客户真正会使用产品。

产品工具赋能，很多人觉得不太重要，不就是教会你怎么用吗，有什么复杂的，给一本产品手册不就好了。可企业提供的是比较复杂的产品或者是ToB类的产品，你会发现，客户的能力千差万别，切不可用企业自己的能力衡量客户的能力。

客户不会使用产品，他往往不会说自己的能力不行，他会说你的产品不行，这是很普遍的。就算客户会使用，还不一定能有效使用，更何况是一知半解的情况。所以，产品工具赋能，虽是基础，但尤为重要。

产品工具赋能，除了应知应会的知识，我认为尤其要讲清楚以下两件事。

第一，认同产品设计的理念。今天，无论是ToC还是ToB的产品，你能从功能上分出个绝对的高下其实很难，也不一定有意义。客户为什么使用我们的产品，本质是他们是否认可我们的产品理念。大家想想苹果的发布会、小米的发布会，本质就是产品理念的宣讲会。大家认同你的理念，才会认同你的产品。

在淘宝生态赋能团队（原淘宝大学），我们也有很多教客户使用阿里平台工具的课程。但是，我们要求老师一定要先讲讲这个产品的理念，讲讲每一次迭代升级背后的理由。只有把这些说清楚了，客户才会真正用心地听我们的课程。

第二，产品功能要和使用场景结合在一起。我常说一句话："我们的培训不要是那种'降龙十八掌'的培训。"学员学完了，不知道"龙"在哪里，也就不知道使用场景在哪里。我们不要奢望学员学以致用，这往往是很难的。我们把在使用产品过程中经常遇到的Top10场景讲明白、讲透彻，我认为就已经善莫大焉了。

在淘宝生态赋能团队（原淘宝大学）的实践中，我发现一个很有趣的现象。作为平台方的产品经理，其实并没有很了解产品核心的应用场景，或者对这些场景没有那么深的体会。这其实不难理解，裁判员当然没有运动员对复杂场景的体会更充分。所以，我们在研发产品工具类的课程时，会征求早期使用产品的客户的意见，和他们共创，把客户最常应用的场景挖掘出来。实践证明，生态伙伴对这样的产品工具类培训非常认可。

有一次，我和某产品经理聊天，我说："你觉得产品工具类培训怎么算到位了呢？"他不假思索地说："咨询的电话或者钉钉的问询少了，就说明客户用起来了啊。"说完，我们一起相视而笑。

二、业务应用赋能

我说过一句有点偏激的话："和业务发展无关的培训，都是低效的培训。"围绕业务生态给合作伙伴赋能也是同样的道理。能帮合作伙伴赚到钱，或者解决成本问题，或者提高业务效率，这样的赋能才会和合作伙伴在赋能的过程中结成更紧密的关系。

当我在支付宝生态赋能团队（原支付宝大学）的时候，我们培训服务商如何做小程序。但我们不能为了推广我们的小程序而上这门课，我们要站在服务商的角度，想想它能通过小程序为它的商户客户创造什么价值。所以，我们的课程必须下沉，下沉到真正的业务一线。

如餐饮行业，餐饮商家为什么要使用小程序，它背后的诉求到底是什么？商家需要更好的点餐工具，小程序能不能给它更好的交互体验的点餐界面？商家需要获得新的客户流量，小程序如何帮它拉新？商家希望提升老客户的复购率，小程序如何帮它做会员、做权益、做黏性？商家想自营外卖，摆脱第三方平台的高抽佣，小程序如何提供外卖接口，帮它解决这个问题？我们不仅要帮客户想问题，还要帮客户的客户想问题，这才是真正有价值的业务赋能。

围绕业务应用怎么抓场景，有以下两条主线。

第一，围绕产品出发，总结核心的使用场景。我们在上面也提过这一条，不过，这是求快、抄近道的方法。

第二，也是最核心的方法，围绕客户的经营场景出发，绘制客户的经营价值链，围绕客户的经营价值链挖掘核心的业务场景，然后从场景出发，研究产品如何解决问题、创造价值。很多时候，场景问题不是我们能解决的，我们当然可以战术性的放弃。但是，我们的脑子里必须有一张完整的图，才可能真正为生态合作伙伴做好数字化的赋能。

很多时候，客户说我们不懂数字化。我追问为什么？很多客户说："你们讲数字化，你们讲的都是你们能做什么。而你们能做的事情，对我来说可能只是一部分，如营销数字化、数据中台、云计算能力，对你们来说是全部，而对我来说是局部。"

如果大家走访客户走访得多了，就会发现类似的问题天天都在发生。

每个企业当然都有自己的能力边界。正因为如此，我们更应该倍加谦虚，向生态伙伴学习，学习它们行业的全业务价值链。从我们的能力边界出发，思考如何在它们的业务价值链里贡献更大的价值。

三、信息趋势赋能

我们和生态合作伙伴是利益共生的关系。如果我们想共同发展，就必须对趋势有共识，这样才可能朝一个方向努力，否则就可能南辕北辙。

因为行业龙头企业或者平台型企业的体量、业务复杂度、接触的业务面、数据量等原因，我们更有可能看到一些前瞻性的东西。这些对于趋势的判断，对于如何形成生态合作伙伴的共识判断，是个尤为重要的话题。

2016年，马云在云栖大会上提出了"五新"和"新零售"。很多人不相信，觉得他在炒新概念。我相信这么想的人一定不在少数。我经常说，当别人不相信你的时候，千万不要培训他，理性是战胜不了感性的。怎么办？一定要让他眼见为实，有感而发。

所以，2017年我们花了大量时间用实地走访、调研，参观、研讨等方式，带着不同行业的生态合作伙伴感受新零售的趋势。这次行动差不多花了我们一年多的时间，但是我们认为这个时间投入非常值得。因为，当大家相信后，很多后续的学习、业务合作，也就水到渠成了。

如果大家所在的企业要推动重要的业务变革，需要生态合作伙伴的配合，我强烈建议大家带着合作伙伴一起，多去外面听听、看看，坐在一起做做务虚的讨论。思想虽然不易被改变，但是在不同的场域里浸泡、感染，往往好过命令式的说教，苦口婆心的劝说。

当然，这里大家一定要注意一类"反向赋能"，也就是行业内的小玩家给大玩家的反向赋能。

商业世界因为灵动而变化莫测，有时候小玩家的感知力甚至好过大玩家，这类事情比比皆是。我们不能因为站得高，就认为自己看到的是全局。"风起于青萍之末"，一些细分赛道和围观场景的变化，往往是容易忽略、但又特别重要的信号。

行业头部企业不要老想着给别人赋能。赋能是个双向词，赋能别人是一方面，被别人赋能是另一方面。这既是一种姿态，也是扎扎实实尤为重要的业务输入。

当我在支付宝生态赋能团队（原支付宝大学）的时候，我们常常请一线的商户给我们的支付宝同学上课，给很多的头部企业上课，只要他们能讲出有特色的、不一样的内容和视角。实践证明，商业世界里的多元化实在超出我们的想象，用"八仙过海，各显神通"来形容一点都不为过。人人皆是学生，人人皆是老师。

四、团队管理赋能

过往我对生态合作伙伴的赋能认知更多地聚焦在商业模式和业务两个方面。但是随着工作的深入，我发现，如果要深入为生态合作伙伴赋能，拿到结果，就必须关注到生态合作伙伴的管理层面。

当我在支付宝生态赋能团队（原支付宝大学）的时候，支付宝生态赋能团队（原支付宝大学）和支付宝投后团队合作过几期对投后企业的赋能。我们有一个开放研讨的环节：请各家企业的老总讲讲自己目前的困惑。我发现，其实管理问题的出现频次甚至略多于业务问题出现的频次。无论是创业公司、中小企业，还是规模以上企业，管理永远是和业务相伴相行的话题。

常见的管理话题，如招人的问题、如何设计激励机制的问题、如何管理年轻人的问题、如何做组织架构设计的问题、如何推动思维意识转变的问题、如何凝聚核心团队的问题，这些话题，在市面上当然都有非常成熟的课程。但是，从我们赋能生态合作伙伴的视角，我们必须给出不一样的解决方案。

一家企业往前走，必须形成自己的管理理念和自己的管理方法论。因为这些东西决定了一家企业是如何做决策、做运营、拿结果的。如果我们的生态合作伙伴理解我们的管理理念和管理方法论，就能比较有效地降低合作的磨合成本，更容易达成业务的默契。企业要敢于向生态合作伙伴输出自己的管理理念和管理方法论，影响合作伙伴，进而实现同频共振。

很多细分行业的头部企业创始人和我聊天，说他们的企业其实做得不是很好，还有很多不足的地方。我说："即使这样，也要输出。"因为输出是最好的学习方式，输出也是最好的获得反馈的方式。从共鸣到共识，从共识到共赢，没有对生态合作伙伴的赋能，就不可能取得整个商业生态的成功。

当我在淘宝生态赋能团队（原淘宝大学）和支付宝生态赋能团队（原支付宝大学）的时候，我们经常分享以下这些话题，可以给大家做个参考。

1. 如何做战略解码，让战略贯穿组织上下。

2. 如何提炼企业文化，如何打造企业文化。

3. 以中供铁军为例，如何打造强执行力。

4. 组织变大，如何解决协同效率的问题。

5. 绩效管理，如何让激励起到实效。

在我们培训过的企业中，很多人给我们做出了这样的评价"支付宝生态赋能团队（原支付宝大学）不功利，不是天天培训我们用阿里巴巴的产品，而是站在我们的角度考虑我们需要什么。培训很实在，对我们管理企业帮助很大。"

我相信，当有一群合作伙伴感受到我们发自内心地赋能同行者成长的时候，这个生态，一定具备无比强大的生命力。

五、数据赋能

在讲数据赋能这个主题时，我特别想和大家聊聊沃尔玛这家企业。

很多人熟知沃尔玛，很多人把沃尔玛归结为一家零售企业，殊不知其实沃尔玛强大的数据能力潜藏在其成功的冰山之下。

沃尔玛，从创立到现在的56年，从来不曾落后。（资料来源：砺石商业评论）

在山姆·沃尔顿创业的20世纪60年代，沃尔玛就购买了第一台计算机用于支持日常业务，还建立了存货管理系统并最早使用计算机跟踪存货。

到了70年代，沃尔玛在1973年建立了电子收款系统，在1974年全面实现单品级库存控制。1979年，总部建成了第一个数据处理和通信中心，实现了计算机网络化和24小时连续通信。

到了80年代，沃尔玛在1983年发射了企业卫星，最早使用了商品条码和电子扫描器实现存货自动控制，在1984年最早使用了品类管理软件，在1985年最早利用电子数据交换系统与供应商建立了自动订货系统。1988年，沃尔玛开始使用无线扫描枪，并最早采用电子防盗系统，将商品失窃率降低了50%。

到了20世纪90年代，沃尔玛在1990年已成为电子数据交换技术的全美国最大用户。随后的1991年，沃尔玛又通过零售系统与供应商共享预测方法。早在互联网刚刚起步的1996年，沃尔玛就启动了Walmart电商平台。

2000年以后，沃尔玛在数据的采集和利用上全面引入新的技术。为了更好地拥抱电商，沃尔玛一直在不断扩展其电商的平台服务，先后收购了Jet、Flipkart、Moosejaw、ModCloth、Bonobos、ShoeBuy、Hayneedle等电商综合平台和垂直平台。

目前，沃尔玛是美国第三大电商，营收仅次于亚马逊和eBay。

在20世纪80年代初时，其他零售企业还在开始计划怎么利用IT系统，沃尔玛已经在行业内最早使用条形码和电子扫描器管理商品，最早将卫星用于零售业，最早采用电子数据交换系统，最早使用无线扫描抢，较早采用电子防盗系统。

另外，特别值得提及的是，沃尔玛在1983年竟然花2400万美元发射了私人卫星，这与大众对山姆·沃尔顿"吝啬"的印象大相径庭。当时，在全球范围内哪怕是拥有卫星的国家都少之又少，何况是一家私人企业。在此基础上，沃尔玛又连续共投入7亿美元，终于在1987年建成了卫星网络系统。

借助这套系统，沃尔玛的上千家店之间可以快速沟通，了解每天的销售情况，查到当天信用卡入账的总金额以及任何区域、任何商店甚至任何商品的销售数量。该系统和美国最大的私人运输车队——沃尔玛自有车队配合，使得沃尔玛总部、分销中心和各商店之间可以实现双向的数据传输，使得分店能够通过自己的终端实现与总部的实时联系。这让员工得以更高效地做好工作，更好地提高生产效率并降低成本，让沃尔玛拥有了一个无可比拟的优势。

沃尔玛的配送中心按照各地的贸易区域精心部署。从任何一个中心出发，运货卡车只需一天即可到达它所服务的商店。研究发现，在美国的三大零售企业中，商品物流成本占销售额的比例在沃尔玛是1.3%，在凯马特是3.5%，在希尔斯则为5%。

沃尔玛数据系统和物流配送体系在互联网还没有普及的时代是极为先进的。甚至可以说，这个时候的沃尔玛已经有点"新零售"的意思了。

沃尔玛一方面以让供应商想哭的"强势"压低进价，另一方面想尽办法利用技术帮助供应商更好地安排生产、规划自己的生意。为了和几万个供应商进行及时的沟通和反馈，沃尔玛在20世纪90年代为供应商搭建了一个基于互联网的零售数据交流平台：零售链（Retail Link）。这个平台能将沃尔玛采集到的各种销售数据直接和供应商对接，让它们随时随地了解自己产品的销售情况。在这个过程中，沃尔玛对整个供应链的掌控便得到了进一步的加强，与供应商直连成了一个稳固的利益共同体。

随着互联网的迅猛发展，很多人对沃尔玛"不思进取"的批评开始接踵而来，但这是大众对沃尔玛的一种巨大的误解。作为实体零售巨头，沃尔玛对扑面而来的电商趋势并非置之不理，而是积极应对。只是大众太喜欢站在电商的角度要求实体店如何做电商，而很少站在实体店的角度要求电商如何做实体店。

实际上，在1996年亚马逊刚刚成立时，沃尔玛就发力电商，上线了电商平台Walmart，之后又在2000年进一步强化。同年，山姆会员店也推出了电商平台Sam's Club。

现在很多新零售强调的"线上选货，线下取货"的模式，沃尔玛电商平台Walmart在2007年就率先推出了"站点到商店"（Site to Store）的服务。那时，沃尔玛的顾客就可以在网上订购商品并付款，再选择离自己最近的沃尔玛实体零售店取货。

2011年，沃尔玛首次将全球电商提升到战略高度，加大对电商基础设施的投入。这一年，沃尔玛电商平台大约有70万件商品。到了2017年，这个数量就上升到6000万，这还不包含沃尔玛收购的电商平台Jet的商品。

为了直面与亚马逊展开竞争，沃尔玛在2016年9月花费30亿美元收购了大型电商平台Jet，并将创始人兼CEO也收编旗下。第二年，沃尔玛美国电商平台销售额达到了115亿美元。

为了保证自己的地位并且反击亚马逊，沃尔玛这几年开始向"平台"方向进行转变，为消费者提供更多的商品和服务。2018年2月，沃尔玛甚至把原有名字"Walmart"改成"Walmart Inc"，这昭示了沃尔玛从传统商店转型成为更全面的零售商。

在中国市场，沃尔玛也曾控股电子商务企业1号店，后将1号店置入京东，与京东战略结盟。目前，沃尔玛持有京东10.1%的股权，成为京东的第三大投资者。2018年5月，山姆会员商店上线上海京东到家平台，提供约1000款高频次购买和高渗透率的商品。

2018年8月，沃尔玛宣布完成对Flipkart的160亿美元收购，持有Flipkart 77%的股份，其在印度的市场份额为43%，领先于亚马逊。

对现在大家普遍关注的人工智能，沃尔玛也积极投入进来，沃尔玛使用机器学习算法处理图像、协调库存数据、定价商品和修复问题等任务。沃尔玛有1万多家门店，230万名店员，这意味着沃尔玛拥有大量机器学习算法需要的数据。

更为重要的是，来自沃尔玛实体零售店的这些数据比起绝大部分电商"虚假"的流量数据更加真实有效，是非常优质的数据。如果想利用机器学习算法技术，这会是一个很大的优势。用这种数据喂养出的人工智能，才是真正健康强壮的人工智能。

2018年7月，沃尔玛开始和微软合作，采用微软的云服务和人工智能技术为消费者提供轻松、先进的购物体验。沃尔玛旗下的Sam's Club在2018年11月宣布推出无人便利店，以抗衡亚马逊无人便利店。

2018年11月，沃尔玛与福特汽车携手，在美国迈阿密启动自动驾驶汽车的商品运送试点项目。未来，沃尔玛顾客可以在在线选购各式商品后，使用福特自动驾驶测试汽车提供的送货服务。

在沃尔玛规模空前的计算机网络系统中，有5500多的微机工作站，4000千兆容量的数据库，总部每天和各地分部交换的数据达1.5亿个字节。这也是世界上最大的民间数据库，其规模甚至超过了美国联邦航天局的数据规模，仅次于五角大楼的数据规模。

到现在，顾客在沃尔玛的任何一个分店购物、付款的同时，卫星系统会把顾客的购物信息传到离分店不远的配送中心和位于美国的沃尔玛总部。依靠先进的信息化管理，保证了沃尔玛能在1小时内对全球4500多个分店内每种商品的库存、上架量、销售量全部盘点一遍。任何一件商品的销售，沃尔玛都会用计算机系统进行分析，当库存减少到一定量的时候，计算机会发出信号，提醒分店及时向总部要求进货。

强大的信息技术的支撑加上几十年的实体门店经营经验让沃尔玛在新零售时代拥有比世界上任何一家电商和实体店更强的综合优势。沃尔玛没有迟到，它已经在实实在在践行新零售的方方面面。

今天，企业的数字化转型升级，一方面，要借助数字化的能力武装自己的业务；另一方面，要依托数字化的能力武装自己的生态合作伙伴。今天，我们一定要相信：数据越连通越有价值，数据越用越多。企业基于数据为业务、业务伙伴赋能，反过来，业务、业务伙伴的数据也会为企业赋能。这样的不断循环，会造就更强大的企业、更强大的企业生态。

六、方法论赋能

每隔一段时间，大家从媒体上就能看到阿里巴巴发布的营销方法论。其实这些研究内容的发布本身就是业务赋能和生态赋能的一种有效手段，它可以在很多维度影响生态合作伙伴的业务行动。我建议行业的头部企业，无论和外部智库合作，还是自己成立研究团队，一定要在方法论的研究上发力。以下，给大家摘录一些经典的业务方法论。

（一）阿里巴巴营销方法论

最为大家熟知的就是AIPL、FAST和GROW模型。

AIPL模型

AIPL模型，是把品牌人群细分，将人群资产定量化，是品牌进行全域营销最重要的一环，其中AIPL代表的意思分别如下。

A（Awareness）：认知，主要包括浏览品牌广告曝光页面、搜索品类词的人群。

I（Interest）：兴趣，主要包括点击品牌广告，浏览品牌主页、店铺主页，参与品牌互动，浏览产品详细页，搜索品牌词，订阅、关注、入会品牌，加购收藏的人群。

P（purchase）：购买，主要包括购买品牌的人群。

L（Loyalty）：忠诚，主要包括复购、评论、分享品牌的人群。

FAST模型

FAST模型，是从数量和质量上衡量消费者运营健康度的模型。FAST指标主要是由4部分组成。

F（Fertility）：可运营人群数量——活跃消费者。该指标主要帮助品牌了解自身的可运营总量的情况。首先利用GMV（Cross Merchandise Volume，商品交易总额）预测算法，预估品牌消费者总量缺口，然后基于缺口情况优化营销预算投入，站内站外多渠道种草拉新，为品牌进行消费者资产扩充，并进行品牌未来的货品规划和市场拓展，多方位拓展消费者。

A（Advancing）：人群转化力——关系周加深率。该指标是指多场景提高消费者活跃度，促进人群链路正向流转，多渠道的种草人群沉淀后，进一步筛选优质人群，通过钻展渠道进行广告触达，在品牌内进行人群沉淀并细分，对消费者进行分层运营、差异化营销，促进消费者整体的流转与转化。

S（Superiority）：高价值人群总量——会员总量。该指标是指会员或者粉丝对于品牌而言价值巨大，他们能够为品牌大促提供惊人的爆发力，通过线上线下联动，联合品牌营销以及借助平台的新零售等场景，如天猫U先、淘宝彩蛋、智能母婴室等提升品牌会员数量或者粉丝量级，为后续的会员或者粉丝运营打下基础。

T（Thriving）：高价值人群活跃度——会员活跃率。该指标是指借助品牌大促，提高会员或者粉丝活跃度，激发会员或者粉丝潜在价值，为品牌GMV目标的完成提供助力，对会员或者粉丝按照RFM（Recency、Frequency、Monetary，最近一次消费、消费频率、消费金额）模型进行分层运营，优化激活效率，千人千权触达惩戒，公私域结合，赋能会员或者粉丝运营。

这四个指标不仅评估消费者资产的数量（F和S），也评估消费者资产的质量（A和T）。FAST模型能够更加准确地衡量品牌营销运营效率，同时也将品牌营销运营的视角从一时的GMV拉向对品牌价值健康、持久的维护。

GROW模型

GROW模型，是指导大快消行业品类的增长模型，GROW中的4个单词代表着影响品类增长的"决策因子"。

G（Gain）：渗透力，是指消费者购买更多类型品类或者产品对品牌总增长机会的贡献。

R（Retain）：复购力，是指消费者更频繁或者重复购买产品对品牌总增长机会的贡献。

O（Boost）：价格力，是指消费者购买价格升级的产品对品牌总增长机会的贡献。

W（Widen）：延伸力，是指品牌通过提供现有品类外其他关联产品所贡献的总增长机会。

当我们熟练掌握了这几个模型，我们就可以对数字商业构建一个新的理解。

过去，GMV=流量×转化率×客单。

现在，GMV=人×人的贡献。其中，人由FAST模型定义，人的贡献由GROW模型定义。以上阿里巴巴的模型形成了数字化时代一套新的语言体系，并将以消费者为中心的全链路优化、提升品牌数字化资产、延长消费者生命周期真正落到实处。

（二）京东营销方法论

京东的营销方法论，主要有4A和4E。

4A模型

4A模型讲的是消费心智和行为表现的进化路径。

Aware：认知。

Appeal：吸引。

Act：行动。

Advocate：拥护。

在某种程度上，此4A模型和阿里巴巴的AIPL模型有异曲同工之处。

4E模型

Evolve：开发。

Execute：执行。

Evaluate：衡量。

Enhance：改进。

在4E模型中的开发阶段，解决方案突出的是"归类"和"标签"两个关键词。通过平台的数据汇集和分析，将消费者行为分别放入不同的4A阶段进行归类，深度挖掘客流量的来源和不同阶段的转化效率以及转化动因。在此基础上对消费者行为进行圈定、标签化处理，描绘消费者画像，建立"高潜客群包"。通过对消费者的透视分析，为下一步商机的挖掘创造条件。

在4E模型中的执行阶段，主要突出的是精准和触达。通过对消费者行为的洞察、消费者画像的呈现和关联类目的分析最终锁定目标人群；利用京东的"京准通"等一系列产品触达目标人群并进行针对性地营销推送。同时，根据洞察阶段对消费者的定义和分类，对于处在认知、吸引阶段的消费者平台可以实施全场景拦截。不论在页面首焦还是在浏览过程中、购物完成后，都可以预先埋下触点。通过精准推荐与消费期望进行匹配，最终促成消费者购买，有效提升转化率。

在4E模型中的衡量和改进阶段，京东营销360推出了RFM用户价值分层体系，这是针对消费人群的RFM数值进行分析和评估，通过对消费者距今消费时长、消费频次、消费金额评估ARPU，据此定义消费者属性，为后续跟进和改善运营策略提供支持。

（三）字节跳动营销方法论

字节跳动的营销方法论，准确来说是几个模型的组合；概括来说是O-5A-GROW：洞察机会——人群沉淀——驱动增长。具体的内容如下。

Opportunity模型

基于流转分析挖掘的人群。

基于历史投放高CTR（Click-Through-Rate，点击通过率）扩展人群。

用户行为&兴趣定向人群。

传统DMP（Data，Management，Platform，数据管理平台）定向意向人群。

5A模型

Awareness：感知。

Appeal：好奇。

Ask：询问。

Action：行动。

Advocate：拥护。

菲利普·科特勒在《营销革命4.0》中以5A模型重新定义了用户与品牌的关系，这一传播模型更好地还原了用户与品牌关系流转的全过程。

GROW模型

G（Gain）：品牌知名度

营销活动期间（0到5A阶段）新增的关系用户总数及价值，也就是营销活动期间有多少新增用户量，其中有多少是活跃的，有多少是机器的，GMV是多少，怎么判断用户价值？价值可以是活跃的用户，也可以是有用户贡献的GMV。

R（Relation deepening）：深度种草

营销活动期间（xA到4A阶段）（x代表1、2、3任意一个数字）由感知、好奇、询问流向行为的关系用户总数及价值，这是用户和品牌关系的深化。

O（Owned self-media）：众媒养成

营销活动期间（xA到5A阶段）（x代表1、2、3、4任意一个数字）流向拥护的关系用户总数及价值。

W（Word of mouth）：口碑建设

营销活动期间（Dislike到xA阶段）（x代表1、2、3、4、5任意一个数字）由负面情感人群流向正向情感关系的用户总数及价值，有多少用户愿意表达明显的意愿以及情感的变化。

当我们将这些模型放在一起看的时候，往往能发现一些普遍的规律。当然，每家平台能做的略有不同，这往往和自家的产品能力、业务能力密切相关。这些模型往往成为业务规则、业务指引的重要组成部分。

4

第四章

数字化技术战略

今天在战争领域，传统的飞机、坦克、大炮、航母等常规威慑力量依然在发挥作用，但是数字化技术也在不断丰富武器库的选择。

回到企业领域，以数字化能力为代表的技术能力正成为越来越多企业的核心竞争力来源。不懂技术，不懂数字化，靠传统的模式、经验来打仗，显然已经不符合新时代的潮流。

这里，我们先讲最重要的概念——数字孪生。

数字孪生与数字化转型

1992年2月，美国总统乔治·H·W·布什在发表的国情咨文中提到，计划用20年时间，耗资2000-4000亿美元，以建设NII（National Information Infrastructure，国家信息基础结构）作为美国发展政策的重点和产业发展的基础，并认为它将永远改变人们的生活、工作和相互沟通的方式，产生比工业革命更为深刻的影响。将NII寓意ISHW（Informations High Way，信息高速公路），令人联想到20世纪前期欧美国家兴起的高速公路的建设在振兴经济中的巨大作用和战略意义。

NII既依赖于全球信息技术的微电子、光电子、声像、计算机、通信等相关领域的突破进展，又依赖于政府、行业、企业的决策。美国是在已具规模的有线电视网（家庭电视机通过率达98%）、电信网（电话普及率93%）、计算机网（联网率50%）的基础上提出的，构想以光纤干线为主，辅以微波和同轴电缆分配系统组建高速、宽带综合信息，使网络最终过渡到光纤直接到户。由于网络具有双向传输能力，因而全网络运行的广播、电视、电话、传真、数据等信息都具备开发交互式业务的功能。

今天，"信息高速公路"的设想几乎已经在全球范围内得以实现，信息高速公路有效、充分地连接人和信息。但是，真实的世界远不止于此，大量的物理介质、经营过程、线下载体还没有被数字化，也就意味着还有大量的资源处于"脱机"状态。但是，得益于各领域技术的日新月异，我们惊喜地看到了新的可能性。

数字孪生是充分利用物理模型、传感器更新、运行历史等数据，集成多学科、多物理量、多尺度、多概率的仿真过程，在虚拟空间完成映射，从而反映相对应的实体装备和应用场景的全生命周期过程。

数字孪生的技术实现依赖诸多新技术的发展和高度集成，以及跨学科知识的综合应用，是一个复杂的、协同的系统工程。数字孪生涉及的关键技术方法包括建模、大数据分析、机器学习、模拟仿真等。数字孪生建模技术经历了从实物的"组件组装"式建模到复杂实体的多维深度融合建模的发展。数字孪生虚拟世界内的各部分构成都遵循现实世界的物理法则，因此，数字孪生可以一定程度地模拟现实世界的运作，并在很大程度上指导现实世界。

在智慧工厂领域，宝马集团通过英伟达的Omniverse（易于扩展的开放式平台）在计算机中创建数字孪生工厂，并在数字孪生工厂中进行改变生产线配置、工人动线、仓储管理等实验；在智慧城市领域，爱立信公司在计算机中创建一个大型规模的数字孪生城市来准确模拟5G基站与环境之间的相互作用，以便令5G信号达到最佳传输性能和覆盖率；在消防灭火领域，洛克希德·马丁公司与美国州政府、联邦森林服务局合作对抗野火，通过英伟达Omniverse先进的可视化和模拟平台，通过精准地物理模拟在数字孪生中预测火灾动向，以便系统提出抑制火势的建议行动；在模拟气候领域，英伟达计划通过打造超级计算机将E-2（Earth-2，地球2号）在Omniverse内创建地球的数字孪生，并通过Modulus AI物理学—机器学习模型的框架，模拟地球气候；在建筑模拟领域，应用数字孪生可真实模拟建筑的内部样子，通过数字孪生在最大程度考量自然光特性的前提下模拟建筑内部的光照设计，通过解决平衡照进建筑的光，形成恒温系统并节约能源。基础设施工程软件公司Bentley打造了数字孪生平台，利用数字孪生构建道路桥梁、铁路和交通系统，在施工完毕后可以使用3D模型在整个生命周期中监控和优化性能。

在阿里巴巴副总裁肖力华领衔撰写的《数智驱动新增长》中，描述了数字孪生的三个具体实现路径，我深以为然。

首先，数字孪生对物理对象各类数据进行集成、建模，是物理对象的忠实映射。

其次，数字孪生存在于物理对象的全生命周期，与其共同进化，并不断积累相关知识，形成数据积累和算法模型。

最后，数字孪生不仅对物理对象进行描述，而且能够基于模型优化物理对象，最终实现对物理世界的改造。

在企业赋能的实践中，我发现很多企业对于数字化的预期要么过高，要么过低，这背后都反映了我们对于数字化的发展阶段没有一个明确的预期。这就导致了大家不在一个水平面上讨论问题。数字孪生，毫无疑问是未来社会的技术大趋势，无论是自建的能力，还是依托于社会化的能力。企业将会有自己的数字孪生体系，企业的生产、营销、客户运营各个维度都会实现各自的数字孪生。当我们看得多了，我们可以大概归纳出中国企业数字化的三个阶段。

第一个阶段，机器替代人工。

比如，用考勤机代替人工记录考勤、用无人机巡检代替人工巡检、用机器计算代替人工计算、用机器操作代替人工操作等，这样替代的目的是节省时间、降低出错、降低人力成本、提升效率、提升产出稳定性。这个阶段从本质上讲，是映射逻辑。中国的很多企业，包括很多企业的局部业务还处在这个阶段。我们不能认为第一阶段必然是初级的、是落后的，我们必须客观认识商业世界的多元性。

第二个阶段，流程固化最佳实践。

比如，中国的企业在20世纪末至21世纪初大量引入ERP。其目的就在于通过ERP系统的上线，引入国外好的管理实践，进而实现企业内部的管理变革。当然，随着这些年数字经济的发展，不少行业的中国企业已经跑出了全球最佳实践。这时，企业的数字化技术就不是引入外部的管理实践，而是用数字化的能力把自己摸索出来的经验固化，把经验型的能力变成数字化的能力，把局部的能力变成全局的能力，把服务自己的能力变成服务生态的能力。阿里巴巴的钉钉，字节跳动的飞书都是如此。第二个阶段的目的在于对标最佳实践，不断提高企业经营管理的水位线。这个阶段从本质上讲是发展逻辑。数字化对于很多企业来说之所以迫切，是因为数字化有望加速这个弥合差距的过程，甚至创造弯道超车的机会。

第三个阶段，数字辅助决策，甚至数字智能决策。

企业的决策模式往往依托于CEO、各层级各职能的一号位的经验判断或者少数管理层的判断。这种决策模式经常出现各种问题和挑战，很多CEO在写回忆录时都会说到，自己做过的决策至少有50%都是错的。因为过去的经验不能总适用于未来的场景，成熟的经验不能总适用于变革和创新的场景。数字化的魅力在于，通过不断投喂数据、训练算法，系统可以把多个资深管理者的决策经验变成一套决策模型，而且随着时间、数据的积累，这个模型会越来越精准。过去的流通领域经常讲"牛鞭效应"，今天的库存与销售预测可以做得越来越精准。过去我们讲的员工流失率常常是事后总结的，今天我们可以通过一系列的数据指标做出实时的跟踪监控。这个阶段从本质上讲，是数智逻辑。

德勤会计师事务所在《全球人力资本趋势报告》中提出了两个很有意思的概念，一个叫"超级岗位"，另一个叫"超级团队"。两个概念说的其实就是人机协作的未来，当然，"机"未必一定是有形的，也有可能是无形的数字能力。

当我们畅想数字化的未来时，真的是一件令人兴奋的事。我们对于自身世界的理解越来越全面深刻，我们也有了更多的可能性来完善、焕新我们的世界。

业务中台与数据中台

很多企业很好奇什么是业务中台，什么是数据中台。在我们理解一家企业的技术战略时，我们不能回避这个问题，这是技术与业务之间进行耦合的关键。

首先，我们先界定前台、中台和后台，以阿里巴巴为例。

前台，通常指业务单元。比如淘宝、天猫、聚划算、速卖通、1688，这些都是业务前台。前台有自己的客群、价值主张、产品服务、商业模式，需要快速响应，需要灵活应变。当然，前台的业务单元可以不断细分，比如淘宝服装、淘宝电子、淘宝食品、淘宝图书等。

中台，通常指基于共性的模块化、标准化能力，基于前台的业务场景灵活组装出前台的业务能力。阿里巴巴的大中台在很大程度上得益于对游戏公司的借鉴。游戏公司的道具系统、等级系统、荣誉系统、交易系统等就是中台的模块。不同的游戏，可能题材不同，如武侠、运动、战争、益智等，但是都可以复用这个中台的模块化能力。

后台，通常指面向未来的能力。比如阿里巴巴的达摩院，它不服务于当下的业务诉求、当下的技术诉求，它把着眼点放在未来10年甚至更久，放在更基础、更底层的研究，这是一家企业在技术上厚积薄发的基础。美的也有类似的讲法，叫作"三个一代"：开发一代、储备一代、研究一代。当然，也有人说后台是指事务性的支持工作，见仁见智。我个人倾向于前面的理解，因为这更具有战略价值。

对前台、中台、后台有所了解后，我们再看看什么是业务中台。

业务中台，一定是业务的中台。这句话的含义是，中台能力要和前台业务紧密耦合，要起到支持、支撑，甚至促进、推动的作用。业务中台要站在企业全局的角度，从整体战略、业务运营、连接客户和业务创新等方面进行统筹规划。

阿里巴巴一开始通过淘宝作为平台方连接商家和消费者，进行电商交易活动。随之发展出淘宝商城即后来的天猫。本质上的天猫还是电商交易平台，既然都是电商交易平台，就涉及售前、售中和售后的业务流程。业务中台围绕以交易为核心所关联的领域组成。

交易的对象是商品，商品通过店铺销售给会员，在线交易需要支付，交易的凭证是订单，成单后需要货品出库和物流派送等，售前需要营销促销活动吸引流量、加强转化，售后用户会对店铺、商品进行评价等。

在前文描述的"数字化业务战略"一章中，我们提到了对业务价值链进行充分拆解。基于业务要素的结构，我们就有了梳理业务中台能力的基础。比如，回到上述阿里巴巴的场景，典型的业务中台模块包括：**商品中心、店铺中心、会员中心、支付中心、交易中心、库存中心、物流中心、营销中心、客服中心、评价中心等。**

这些中台的能力模块，脱离淘宝、天猫、聚划算、速卖通等具体场景，具备了独立的小闭环。但是，这些能力模块又可以快速复用到相关的业务场景中，实现快速、高效的能力部署。

中台的能力模块，可以细分，以最基础的人、货、场三个模块为例。

会员中心

服务周期为会员的消费全生命周期，为会员提供特定的权益和服务，企业可以通过会员中心与会员进行互动，培养会员忠诚度。主要包括以下能力。

会员运营管理——会员注册、个人信息维护、会员注销、会员卡办理等相关能力。

会员体系管理——会员体系创建、积分规则、成长值规则、等级、权益等相关能力。

会员服务管理——会员的新增、导入、查询等相关能力。

积分交易管理——积分获取、核销、清零、冻结、兑换等相关能力。

商品中心

提供管理商品核心数据的能力。围绕商品构建商品关联数据，如商品版本信息、商品品牌、商品属性、商品类目等。主要包括以下能力。

品牌、类目、属性管理——商品品牌的维护、查询，前后端类目的维护，属性及属性组管理等相关能力。

产品数据管理——产品模板的创建、编辑、查询、禁用等相关能力。

商品数据管理——创建商品、修改商品、查询商品等相关能力。

商品发布管理——商品发布、上下架（即时+定时）等相关能力。

店铺中心

提供企业店铺主体管理、店铺管理、类型管理、经营对象管理等能力以支持企业为其商户、用户提供线上门店，同时支持商户管理、店铺会员管理、店铺会员等级管理、店铺装修等。主要包括以下能力。

商户管理——商户单个、批量开通，商户审核，商户基本信息维护等相关能力。

店铺管理——店铺开通、店铺基本信息维护、店铺审核、店铺会员管理等相关能力。

阿里巴巴不断演化出淘特、淘菜菜等新业务，从商业模式构建到产品上线，速度是很快的。而且一出手就具备相当的技术先进性，它并不是从零开始打地基，而是出发即站在巨人的肩膀上，这就是业务中台的力量。

中台可以避免功能的重复建设，可以实现不同业务之间的业务打通，如会员通、商品通，也可以实现更大的商业模式构建，如数字商业的ONE-ID，节约了相当的运营投入和人力投入。业务中台是能力共享平台，它实现的是1+1大于2的效果，而不是简单的功能集成。

这种业务中台的理念，不但适用于企业层面，也适用于事业部层面、业务单元层面，甚至职能部门层面。抽取提炼共性部分，用模块化、标准化实现高效率的规模化是业务中台的核心价值。

举个例子，HR的三支柱模型分为COE（Center Of Expertise，专家中心）、HRBP（Human Resource Business Partner，人力资源业务合作伙伴）和SSC（Share Service Center，共享服务中心）。在三支柱的背后，本质就是HR的中台能力。员工的调转入离，每家企业都在做，每个部门都在做，就是因为大家都在做，所以更容易实现标准化流程，更容易复用到更多的场景。那么招聘呢，看上去好像非常个性化，每个岗位好像都不一样，但是从岗位需求澄清、候选人搜寻、面试沟通、薪资谈判到候选人留存，是否能实现标准化封装呢？未必不可以。培训呢？从培训需求调研、培训方案设计、培训项目运营到培训效果评估，能否实现标准化封装呢？未必不可以。现在越来越多的细分赛道中出现了外包服务商，这是一个非常好的风向标，如果有外包服务商，就大概率意味着企业内部有中台化的可行性。当然，这是题外话。

接下来，我们再谈谈数据中台。还是用溯源的方式，争取把它说清楚。

在企业里，特别是大型企业，很多人很反感一件事情，叫作"报数据"。今天业务要数据，明天财务要数据，后天HR要数据，大后天主管部门要数据，再大后天老板自己要数据，每次维度还不一样，搞得大家无奈地成了"表弟""表妹"。如果数据系统好用还好，拉数据就可以；如果数据系统不好用，甚至没有系统，那简直就是一个灾难。这就是一个典型的数据治理混乱的场景。

数据仓库之父比尔·恩门在1991年出版的《数据仓库》中首次给出了数据仓库的完整定义：数据仓库是在企业管理和决策中面向主题的、集成的、与时间相关的、不可修改的数据集合。

比如，在阿里巴巴电商的场景中，会员数据、商品数据、店铺数据存放在三个不同的数据仓库里，按照划分主题域的方式组织数据。主题域是对业务过程的高度抽象划分，可以笼统地把它理解为数据仓库的一个目录。数据仓库中的数据一般按照时间分区存放，每个时间分区内的数据都是追加写的方式。

数据仓库的出现，也为商业智能的发展奠定了技术基础。

1996年，美国高德纳公司第一次提出"商业智能"的概念，它是指通过一系列的技术和方法，将企业已有的数据转化为有用的信息，帮助企业制定经营分析决策。比如，如何在保证销售供给的情况下尽可能缩减库存、提升商品周转率，这就需要基于多个数据源，依靠先进算法进行运算，以得到更好的业务模型，不断优化业务决策。

但是，随着信息时代、数字时代的发展，大家明显感觉到新的挑战，一方面，数据量在指数级地攀升；另一方面，数据结构变得越来越复杂。传统数据库难于扩展，数据在导入前必须事先定义好模型，因为模型的特性决定了传统数据库根本无法承载互联网时代海量的数据存储和计算。

在2004年前后，互联网公司巨头谷歌发表的3篇论文让业界为之一振，它们分别是《分布式文件系统 GFS》《大数据分布式计算框架 MapReduce》和《NoSQL 数据库系统 BigTable》。3篇论文提供了一个新的开创性解题思路：部署一个大规模的服务器集群，通过分布式的方式将海量数据存储在这个集群上，然后利用集群上的所有机器进行数据计算。这催生了我们现在熟知的Hadoop（分布式系统基础架构）。Hadoop有以下两个优势。

第一，完全分布式，易于扩展，可以使用价格低廉的机器堆出一个计算、存储能力很强的集群，满足海量数据的处理要求。

第二，弱化数据格式，数据被集成到Hadoop之后，可以不保留任何数据格式，数据模型与数据存储分离，数据在被使用的时候可以按照不同的模型读取，满足异构数据灵活分析的需求。

有了这些背景知识，我们再去理解数据治理的三件核心工作：数据采集、数据分析、数据应用。数据采集，涉及数据记录、数据源、数据清洗；数据分析，涉及业务逻辑、分析模型、算法优化等；数据应用，体现在数据展示、辅助决策、甚至智能决策上。

对于业务单一的公司来说，数据治理相对简单。但是对于业务多元、复杂的公司来说，非常容易出现"烟囱林立"的情况。因为每个业务都有自己的系统、数据等环节，这就导致公司不同业务线的数据是割裂的，造成数据的重复加工，研发效率、数据存储和计算资源的浪费，使大数据的应用成本越来越高，带来指标口径不一致的问题。

而产生这些问题的根源在于数据无法共享，没有中台化。2016年，阿里巴巴率先提出"数据中台"。数据中台的核心是避免数据的重复加工，通过数据服务化，提高数据的共享能力，赋能数据应用。简单来说，数据中台具备异构数据统一计算、存储的能力，同时让分散杂乱的数据通过规范化的方式被管理。数据中台的核心目的就是更准确、快速、高效地赋能业务发展，提供更好的商业决策支撑。

当然，达到数据中台的效果，既是技术问题，又在很大程度上取决于组织内的协作机制。数据中台的背后，其实是数字化时代的企业治理理念。

那么，业务中台和数据中台的关系是什么呢？

业务中台的核心是通过提炼业务共性的能力，解决重复功能建设和维护带来的资源浪费，提升前台业务效率，最终形成可复用的业务支撑能力。

数据中台的核心是解决企业多系统数据无法互通、结构不统一等问题，逻辑上强调以数字化的手段，统一数据的标准和口径，将数据抽象成服务，响应前端业务的快速变化。

简单地说，业务中台和数据中台的相同点是中台特性具备标准化输出服务，能够实现前台业务规模化发展的支撑能力。差异点是数据中台的数据来源可能来自业务中台，也可能不限于业务中台。业务中台的能力构建在相当大程度上依托数据中台。两者虽然都可独立存在，但是常常相互交织，互相借力。

面向未来的科技趋势

阿里巴巴达摩院

2021年12月28日，阿里巴巴达摩院发布2022十大科技趋势，通过"定量发散"与"定性收敛"结合的研究方法，提出了2022年可能照进现实的十大科技趋势，内容覆盖人工智能、芯片、计算和通信等领域。

阿里巴巴达摩院首先关注到了可能激发全局变革、令人心潮澎湃的科学基础范式变化。数百年来，科学研究主要使用实验科学和理论科学两大基础范式，如今可能迎来全新范式：AI for Science。通过将人工智能引入更底层的科研领域，处理多维、多模态的海量数据，科学家可能突破长久以来的研究瓶颈，抵达更远的无人区。

人工智能本身将迎来模式变革。超大规模预训练模型是从弱人工智能向通用人工智能的突破性探索，它解决了传统深度学习中的应用碎片化难题，引发了科研机构和企业的重点投入。阿里巴巴达摩院认为，因性能与能耗提升不成比例，大模型参数竞赛将进入冷静期，大小模型在云边端协同进化会是未来趋势。

变革还将发生在芯片领域。在电子芯片的制程竞赛接近终点的情况下，硅光芯片异军突起，融合光子和电子优势，突破摩尔定律限制，满足人工智能、云计算带来的爆发性算力需求。预计未来三年，硅光芯片将承载大型数据中心的高速信息传输。

对人工智能应用的进一步延伸，有望对国计民生产生影响。风电、光伏等绿色能源近年来快速发展，但由于波动性、随机性、反调峰等特征带来了并网难、消纳率低等问题。阿里巴巴达摩院认为，人工智能可通过精准的计算和协调能力，成为电网的智能"调度员"，帮助大规模消纳绿色能源。传统医疗过于依赖医生经验，效果参差不齐。人工智能与精准医疗的深度融合，将打造出临床医学的高精度导航系统，实现重大疾病的可量化、可计算、可预测、可防治的优势。

计算和通信领域的变革速度不断加快，数据安全和隐私保护得到人们前所未有的关注。全域隐私计算将成为安全领域的基石性技术。随着专用芯片、加密算法、白盒化、数据信托等技术的融合发展，隐私计算有望实现对全域数据的安全保护，为数字时代保驾护航。

网络的边界将被不断拓展。星地计算将构建卫星及地面一体化的通信与计算，让网络覆盖海洋、沙漠、深空等无人区。阿里巴巴达摩院预计，未来3年内低轨卫星的数量将快速增长，与高轨卫星组成卫星互联网。网络技术的发展还将推动云网端融合的新计算体系的形成，让终端专注极致体验，不断催生云上新物种，带领我们进入以沉浸式体验为核心的新一代互联网世界。

达摩院2022十大科技趋势

趋势一：AI for Science

人工智能成为科学家的新生产工具，催生科研新范式。

趋势二：大小模型协同进化

大模型参数竞赛进入冷静期，大小模型将在云边端协同进化。

趋势三：硅光芯片

光电融合兼具光子和电子优势，突破摩尔定律限制。

趋势四：绿色能源AI

人工智能助力大规模绿色能源消纳，实现多能互补的电力体系。

趋势五：柔性感知机器人

机器人将兼具柔性和类人感知，可自适应完成多种任务。

趋势六：高精度医疗导航

人工智能与精准医疗深度融合，助力诊疗精度与效率提升。

趋势七：全域隐私计算

破解数据保护与流通两难，隐私计算走向全域数据保护。

趋势八：星地计算

卫星及地面一体化的通信与计算，促进海陆空全面数字化发展。

趋势九：云网端融合

云网端融合形成新计算体系，催生云上新物种。

趋势十：XR互联网

XR眼镜会成为重要交互界面，带动下一代互联网发展。

埃森哲

除了阿里巴巴达摩院，为大家首推另一个值得大家关注的公司：埃森哲。作为全球顶级的数字化解决方案提供商，每一年，埃森哲都会发布当年的年度"技术展望"。当我们逐年跟踪的时候，我们会发现埃森哲2019-2021年技术演化的基本脉络（见表4.1、表4.2、表4.3，图4.1）。

表 4.1　2021 年技术趋势及技术需要

未来架构	镜像世界	技术普众	无界工作	多方信任
夯实企业发展地基	数字孪生智能泛在	人机融合全员创新	就地开展柔性协作	混沌格局下的生机
在新时代下，面向未来的企业架构将会是企业打造竞争力、激发业务活力的关键一环	数据、人工智能和数字孪生技术的大量广泛应用推动了新一代商业和智能世界的崛起	自然语言处理、低代码平台、RPA等工具大大降低了技术实现的难度，引发技术普众的讨论。	远程办公即将从应急措施走向常态化，企业有望突破地域限制，打造没有边界、灵活动态的组织团队	新冠疫情让行业格局重新洗牌，企业不得不重新建立新的合作伙伴关系，多方信任应运而生

表 4.2　2020 年技术趋势及技术需要

我体验我做主	人工智能与我	智能产品困境	机器人总动员	培育创新基因
让用户掌控个性化主权	人机协作重塑业务模式	交付长期体验而非硬件	突破壁垒拓展全新机遇	建立持续发展的恒动力
在设计用户体验时，企业要打破以往主观单向的体验设计方式，把主动权和可能性交给用户，进行体验共创	领先企业已不再将人工智能视为简单的技术工具，而是整个组织的变革引擎	通过提供长期体验，打造全新的企业与用户合作关系，使智能产品的价值和效用随着时间推移不断增长	随着机器人、传感器、语音识别和计算机视觉等技术的进步，以及硬件成本的不断降低，机器人应用走出了工厂车间，在各行各业全面开花	成熟的数字技术、科技进步和 DARQ 技术（Distributed Ledgers、Artifical Intelligence、Extended Reality、Quantum Computing，分布式账本技术、人工智能、扩展现实、量子计算）是支持企业持续创新的三大"基石"

表 4.3　2019 年技术趋势及技术需要

DARQ 的力量	懂我经济	超级员工	生态安全共同体	专属市场
解码黑科技 DNA	洞悉每位用户，发掘独特商机	改变工作方式，激发员工创造力	共筑安全屏障	有应必答的极速柔性生产
DARQ 是引领下一阶段变革、重塑各个行业的新兴技术	由技术驱动的用户互动使每位用户都拥有不断延展的技术身份。这对于企业了解下一代用户，并为其创造个性化、体验式的用户关系至关重要	在新数字化时代，员工除了自身技能与知识储备之外，还在技术的帮助下培育出全新的能力	互联互通是商业生态系统赖以维系的基础，但这也会增加企业面临的风险。企业领导者已经认识到，在与整个生态系统合作打造一流的产品、服务和体验的同时，还须竭力确保企业的安全	飞速发展的数字技术正在打造一个高度个性化和即时体验的世界。为了满足用户渴望的专属市场，企业必须重塑自身架构，将这些需求传递到生产端，实现精准的供需匹配

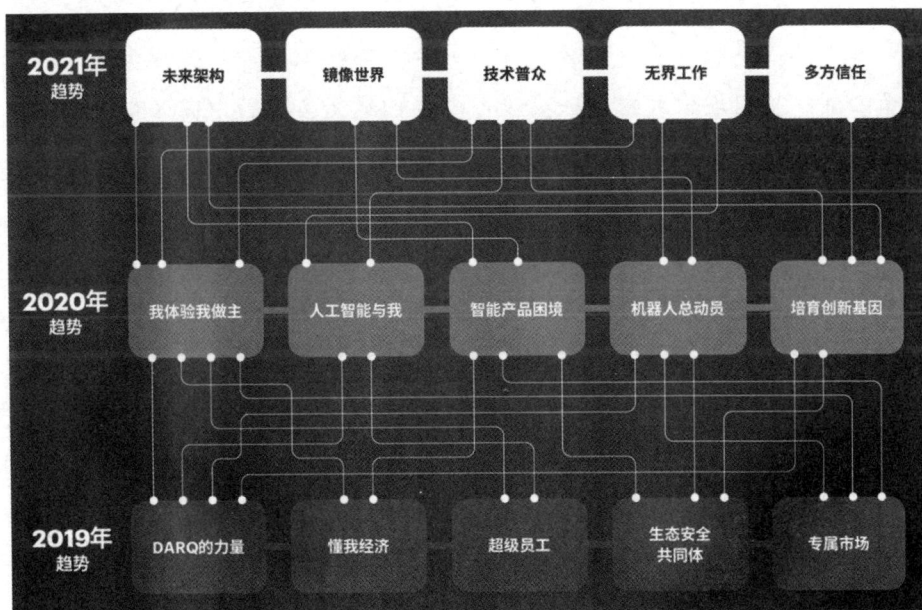

图4.1　埃森哲《技术展望2021：开拓新局，掌握变局时代的技术先机》

如果大家觉得上面的技术趋势过于晦涩，我们不妨以身边的一个案例和大家分享技术给生活带来的改变。这个案例的主人公，是一款AI智能陪练产品和使用它的孩子们。

案例：小叶子智能陪练

钢琴，素来就有"乐器之王"的美称。弹钢琴对孩子来说，不仅可以锻炼思维能力和协调能力，还能通过对音乐的赏析培养审美能力，陶冶情操。很多家长把弹钢琴作为孩子的兴趣爱好进行培养，但众所周知，钢琴是"三分学，七分练"的，对于家里有孩子学钢琴的家长来说，陪孩子练琴真的是件苦差事。

孩子每天练琴至少1小时，更痛苦的是去钢琴老师那上课，如果弹错，曲子过不了，还得挨批评。而且错音、错拍已经形成习惯就很难再改过来，孩子刻苦练了，家长也陪着了，但确实听不出错音、错拍的话，练琴效率就很低，双方都有挫折感，久而久之孩子就不爱练了。用时任中央音乐学院副院长周海宏教授的话来说："我们绝大多数的中国琴童，学一门技术，恨一门技术。"为什么会形成这样的双输局面呢？是否能让孩子真正快乐地学钢琴呢？

小叶子智能陪练的创始人叶滨曾说，小叶子从成立的第一天就希望让每个人更好地学会一门乐器。音乐是很美好，学音乐绝对不应该像我们今天看到的琴童这样，在各种压力的逼迫下，苦哈哈的，一把鼻涕一把泪地弹钢琴。

看到音乐学习者的痛点，小叶子以用户需求为中心，在2019年12月推出小叶子智能陪练，它基于强大高精度的AI智能识别技术，能够准确识别演奏中的错误，并对应App中的琴谱加以标识，还会针对学习者弹奏不熟练的段落以AI互动形式让学习者进行反复练习，提升练琴效率。

在测评功能中，小叶子智能陪练能够对音准、速度、节奏、平稳性、完整性五个维度进行AI评分，让学习者的练琴成果可视化，即便家长是音乐小白也能通过练琴报告知晓孩子的练琴成果与进度。小叶子通过AI技术实现了针对性的高效练琴，可爱的IP卡通人物和趣味化的互动设计增加了孩子的练琴兴趣，提高了孩子的自信心，让练琴过程更加快乐。

小叶子对学钢琴这门乐器持续智能化的"改造"成为音乐科技行业内的典型案例，乐器练习的智能化核心体现在了两个方面。一方面，通过产品降低学习的门槛；另一方面，通过产品帮助学习者增加学乐器的趣味性。最终目的是帮助学习者获得更好的使用体验。

小叶子智能陪练一上市便得到了广大琴童和家长的认可。平均每个用户每周使用频次4.2次，日均使用时间50分钟。目前，小叶子的用户已遍布全球131个国家，是国内外线上练琴用户的首选。中科院大数据发布的《后疫情时代在线素质教育发展分析白皮书》中显示，小叶子智能陪练在AI音乐学习产品中排名第一。

亮眼成绩的背后，是小叶子多年构筑的AI技术壁垒的支撑。小叶子拥有21项技术专利，同时拥有20项技术专利申请在途。AI在数据化和价格方面的强大优势，帮助小叶子在用户满意度、用户留存率、人效比、算法准确率等多个指标上成为行业领先。特别值得一提的是，小叶子在人工智能深度学习识音识谱方面的技术水平已经覆盖钢琴10级曲目的难度，在国际上也处于领先水平。

看完这个身边的案例，你是否对技术改变生活充满了更多期待呢？企业管理者也是如此，与其对技术敬而远之，不如主动扎进去看看，多和技术专家聊聊，技术的外壳是冰冷坚硬的，但是技术的内核是温暖柔软的。

低代码与零代码开发

前面我们讲了面向未来的很多看起来很高大上的数字化技术，但是，大家不要认为这些技术离中小企业很远，只是大企业的专利。今天，技术呈现出普惠化，随着SAAS等数字化基础设施服务的日渐深入，低代码和零代码开发正渐渐成为一种不可忽视的力量。技术的门槛正在不断降低，中小企业、企业的新部门也有机会参与到分享数字化技术的时代红利中。

那么，什么是低代码开发和零代码开发？

2014年，著名的独立研究咨询公司弗雷斯特正式提出低代码开发平台（Low Code Development Platform，LCDP）的概念，并投身对该平台的研究。其实，低代码开发平台，最早可追溯到第四代编程语言和快速应用开发工具。

低代码开发平台是通过少量代码或者零代码就可以快速生成应用程序的开发平台。通过可视化进行应用程序开发的方法使具有不同经验水平的开发人员可以通过图形化的用户界面，使用拖拽组件和模型驱动的逻辑创建网页和移动应用程序。

它的强大之处在于，允许终端用户使用易于理解的可视化工具开发自己的应用程序，而不是传统的编写代码方式；用户构建业务流程、逻辑和数据模型等所需的功能，必要时还可以添加自己的代码；用户完成业务逻辑、功能构建后，即可一键交付应用并进行更新，自动跟踪所有更改并处理数据库脚本和部署流程，实现在 IOS、Android、Web等多个平台上的部署。

低代码开发平台的一个显著的特点是，更多的人可以参与到应用程序开发当中，不仅是具有专业编程能力的程序员，非技术背景的业务人员同样可以构建应用。对于大型企业来讲，低代码开发平台还可以降低IT团队培训、技术部署的初始成本。

2021年11月，弗雷斯特推出《中国低代码平台发展报告》，将中国的低代码平台厂商和产品划分为9大类，并列出了对应的代表厂商和产品（见表4.4）。

表4.4　9大类中国的低代码平台厂商和产品划分

技术分类	厂商（产品）
数字流程自动化	炎黄盈动（AWS PaaS）、奥哲（云枢）
公有云	阿里巴巴（宜搭）、百度（爱速搭）、华为（应用魔方）、微软（Power Platform）、腾讯（微搭）
面向专业开发者的低代码开发平台	ClickPaaS、葡萄城（活字格）、Mendix、Outsystems
面向业务开发者的低代码开发平台	捷德（Joget DX）、轻流
AI/机器学习	第四范式（Hyper Cycle）
商业智能	帆软（简道云）
协作管理	泛微（E-Builder）
流程自动化机器人	云扩（ViCode）、来也（流程创造者）
数字化运营平台	博科（Yigo）、金蝶（金蝶云·苍穹）、浪潮（iGIX）、用友（YonBIP）

关于代码，我要给出一个相对比较容易理解的定义，否则大家容易陷入字符串的想象中。

如果采用面向对象的开发模式，代码可以被抽象划分为：对象部分代码和逻辑部分代码。通常低代码开发平台通过构造组件和封装接口的方式，尽可能减少这两部分代码。对于减少对象部分代码的工作，低代码开发平台实现得较为成功；对于减少逻辑部分代码的工作，低代码开发平台通常用"流程图"或者"事件面板"的方式来实现。

当然，代码也可以被简单划分为前端代码和后台代码。某些低代码平台只能开发前端应用或者某些后台特定场景下的应用。

零代码开发平台一般用于功能有限的小型应用程序，其功能以及与其他应用程序的集成都是比较有限的。与零代码开发平台相反，低代码开发平台凭借扩展性的优势，往往能承载核心的业务服务或者复杂的应用程序。

高德纳公司在2020年9月30日发布了《企业级低代码开发平台的关键能力报告》，定义了企业级低代码开发平台的11项关键能力。

1. Intuitive, No-Code App Development：易用性，不写代码时的开发能力。

2. Application User Experience：（开发出的）应用型用户体验。

3. Data Model and Management：数据模型和管理。

4. Process and Business Logic：工作流与业务处理逻辑。

5. Platform Ecosystem：开发平台的生态系统。

6. API and Integration：编程接口与系统集成能力。

7. Architecture：系统架构。

8. Quality of Service：（云）服务的质量。

9. Persona and SDLC：用户模型与软件开发生命周期支持。

10. Governance：开发管理。

11. Security and Compliance：安全与合规。

低代码和零代码其实并不复杂，有兴趣的管理者不妨拉上IT部门或者数字化部门的同事与业务部门的同事做个共创，从一个很小的业务问题入手，尝试些低代码和零代码开发的体验。

我们曾在美的集团组织过几期"HR数字化特训营"，由HR提出场景，由数字化部门的同学做技术指导，双方一起围绕HR的实际需求做低门槛的数字化解决方案。比如，校园招聘的数据看板、员工流失率分析、人效分析、培训满意度检测等，使用入门级的系统工具，基于现有的数据源通过拖拽的方式就可以实现很多过去看起来高大上的分析，极大提升了工作效率（相较于手工或Excel表格），并提高了大家用数字化解决问题的热情。

在数字化转型中，常常存在一个争取：业务部门和数字化部门由谁主导？认为由业务部门主导的理由是数字化是服务于业务发展的；认为由数字化部门主导的理由是数字化对于业务是具有重构力量的，应该让数字化冲在前面。其实，我认为两种观点无所谓对错。这里的关键是如何让业务部门理解数字化部门的能力，让数字化部门理解业务部门的逻辑。相互了解对方，才是关键。

举个例子，国内某家航空公司早期引入了数据中台和业务中台。第一个阶段，业务部门牵引数字化部门，但是出现了一个比较尴尬的局面，就是业务部门的同事提不出更多的需求，数字化部门的同事只能干等着。我们深入分析一下，造成这种现象的原因是业务部门的同事不太容易理解数字化部门的同事的很多专业术语和专业知识，自然不懂数字化部门的同事能帮到自己什么，就以业务繁忙为由，无法将业务深入进行。第二个阶段，这家航空公司做了一个调整，让数字化部门的同事到业务部门挂职，泡上几个月。结果，数字化部门的同事兴奋得不行，他们发现到处都是可干的事情，这个问题、那个问题其实都可以用技术解决啊，如航线调度优化、票价动态调整，以前的方法模型跑了那么多年，谁说今天就没有新的优化空间。这个例子我讲给很多人听，很多CEO马上就回去尝试了，普遍发现效果不错。

所以，这个例子告诉我们，不要人为地夸大业务的复杂性和技术的专业性。企业要发展，必须打破各个领域的边界，只有连通，才有数字化的合力。不妨从低代码和零代码入手，开始第一次的尝试吧。

构建面向未来的技术地图

任何一家希望成就百年基业的企业都必须规划自己的发展路径。从使命、愿景出发构建5年战略、1-3年规划、年度目标、季度目标、月度目标甚至周、日的计划。但是，战略的分阶段达成一方面靠业务推进；另一方面需要坚实的技术研发能力做支撑。除了借助社会化的技术基础设施，如目前普遍的SAAS应用和低代码、零代码开发平台，对于很多核心技术来说，还需要具备典型的非及时获得性。这就意味着，如果企业希望持续保持市场领先，就必须在某些核心技术方面具备自己的研发能力，构建自己的竞争壁垒。

技术部门在做技术规划时，常常被问道："你们的技术地图或者技术路线图是怎样的？"就像美的集团的"三个一代"：开发一代、储备一代、研究一代一样，我们必须回答我们正在开发的是什么技术，为下一个阶段储备的是什么技术，面向未来我们研究的是什么技术。企业不能只看眼前的安乐，也要未雨绸缪。技术地图就是在技术层面回答这个问题。

比如，当大家读到下面这则新闻的时候，一定不要仅仅把它当成一则有关技术应用的新闻。技术地图的背后常常藏着一家企业对于未来发展格局的预判。特别是行业的头部企业，它的技术地图是行业的风向标。

2021年4月27日，台积电在周二更新了其制程工艺路线图，称其4纳米工艺芯片将在2021年年底进入"风险生产"阶段，并于2022年实现量产；3纳米产品预计在2022年下半年投产，2纳米工艺正在开发中。

在产能方面，没有任何竞争对手能威胁到台积电的主导地位，而且在未来几年内也不会。至于制造技术，台积电最近重申，它有信心将其2纳米、3纳米和4纳米工艺按时推出，并保持比竞争对手更先进节点的工艺领先优势。

在今年早些时候，台积电将2021年的资本支出预算大幅提高到250亿至280亿美元，最近更追加到300亿美元左右。这是台积电未来三年增加产能和研发投入计划的一部分，该公司计划三年总共投资1000亿美元。

在台积电今年300亿美元的资本预算中，约80%的预算将用于扩大先进技术的产能，如3纳米、4纳米、5纳米、6纳米，以及7纳米芯片。华兴证券分析师认为，到今年年底，先进节点上的大部分资金将用于将台积电的5纳米产能扩大到每月11万至12万片晶圆。

与此同时，台积电表示，其资本支出的10%将用于先进的封装和掩模制造，另外10%将用于支持专业技术开发，包括成熟节点的定制版本。

台积电最近提高资本支出的举措是在英特尔公司宣布其IDM 2.0战略（涉及内部生产、外包和代工运营）之后做出的，并在很大程度上重申了该公司在竞争加剧之际对未来短期和长期的信心。

那么，技术地图规划的核心逻辑是什么呢？我尽量用简单易懂的方式为大家做个介绍。

技术地图起源于美国汽车产业，当时为了降低成本，汽车企业要求供货商提供一份利用简洁表格、图形描述技术变化的步骤或者技术相关环节之间的关系。由此不断演化，技术地图成为构建中长期的市场、产品与技术的发展路径规划。技术地图是研发管理与技术管理拉大与竞争者差距、持续获得利润的方法。

技术地图包括的核心内容：市场需求的发展预测、产品或者服务的规划、关键技术能力的规划、实现关键技术能力需要投入的资源。

关于市场，我们有一些趋势判断，如消费者对个性化的需求会越来越强，对消费体验会越来越关注。围绕消费者的需求趋势，我们的产品要不断基于消费者数据建模指导产品研发；不断具备快速推款、测款的能力；不断积聚会员势能。围绕产品的趋势，未来企业的生产制造过程会越来越智能、柔性，不断解放一线工人的双手，不断提升产能、效率。这个趋势的背后，需要什么技术做支撑？这个技术一定和现在的技术不一样，并且有相当大的差距。怎么办？要一步步地往前走。

大家一定要明白一个逻辑关系，技术不是单独存在的，技术的上游是产品，产品的上游是需求。所以，技术管理者必须懂产品、懂战略，这也是为什么今天越来越多的CTO成为公司核心管理层的一员。

关于技术的难度等级，我们用通俗一点的方法做个分类。

1. 没做过、没听过，不知道用什么办法解决问题。

2. 知道问题的解决思路，但是没有现成的技术解决方案。

3. 知道问题的解决思路，在其他领域有现成的技术解决方案。

4. 虽然还没应用过，但是有信心把其他领域的技术迁移到本领域。

5. 有相关的技术积累，有信心在本领域快速实现。

CTO及技术团队必须清楚以上这些问题，这也是公司未来发展的信心之源。

关于技术地图，我们再继续展开，它包括了几个要素：技术树、技术选项、技术目标、技术清单等。

技术团队要有自己的战略管理体系，技术地图就是一个集中的体现。技术团队也要把自己的技术战略解码给公司的业务团队、职能团队，这样才能起到支撑业务发展、支撑战略达成的终极价值。

5

第五章

数字化组织战略

关于组织和组织能力，学术界和企业界有不同的解读，我们可以先看看一些主流的观念。然后，从企业组织能力建设的角度思考如何才能打造一个强大的组织，特别是在数字化的战略、业务背景下，组织如何随之改变。

组织能力的内涵

杨三角

"杨三角"是杨国安教授提出的理论。他提出了一个简约的企业成功公式：

$$企业成功=战略×组织能力$$

其中，组织能力包括三个方面：员工能力（能不能做）、员工思维（想不想做）和员工治理（允不允许）（见图5.1）。

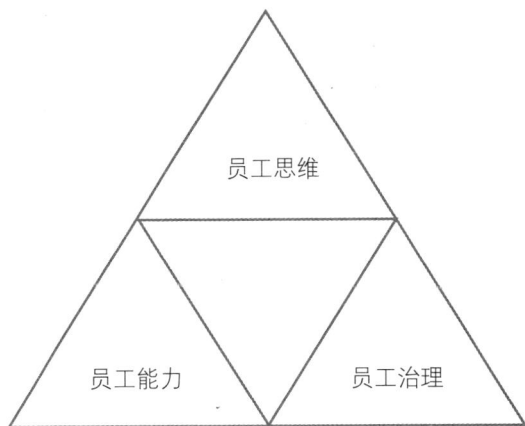

图5.1 组织能力三个方面

企业可以通过以下 系列的问题对这三个方面做白检。

员工能力

1. 打造所需的组织能力，企业具体需要怎样的人才？他们必须具备怎样的能力和特质？

2. 企业目前是否有这样的人才储备？如果有，是否存在人才能力和特质方面的差距？

3. 如何引进、培养、保留、借用合适的人才和淘汰不合适的人才？

员工思维

1. 什么是主管或者员工需具备的思维模式和价值观？

2. 如何建立和落实这些思维模式和价值观？

员工治理

1. 如何设计出支持企业战略的组织架构？

2. 如何平衡集权与分权的关系，以充分整合资源、把握商机？

3. 如何建立支持企业战略的信息系统和沟通交流渠道？

4. 企业的关键业务流程是否标准化和简洁化？

我们在淘宝生态赋能团队（原淘宝大学）、支付宝生态赋能团队（原支付宝大学）服务了很多企业客户，除了帮助他们做业务优化、业务转型，也帮助他们推动企业内部的组织管理升级。以下是我们的实践思路。

员工能力

持续地发展员工能力，让每个员工成为更好的自己，这当然是广大企业、广大管理者的美好愿望。但是落实下去，却需要关注以下几个方面。

1. 我们是否能在工具、系统、机制、流程上做设计，将事务性的工作不断简化，让员工把更多的精力放在具有创造性和创意性的工作上。按照绩效改进的说法是，先技控，再人控。

2. 我们是否形成了有厚度的组织知识沉淀体系，是否具备足够的学习资源让员工触手可及，并且保证这些学习资源是实时流动、实时更新的。

3. 我们的项目设计是否从业务场景、管理场景出发，是否能真正解决企业的问题，在这个过程中员工是否掌握了驾驭复杂问题的能力。

4. 员工自我发展的第一负责人是自己，我们要做的是提供资源、创设场景、激发氛围；第二负责人是用人主管，发展人和发展业务是同等重要的事情。

员工思维

员工思维，我们认为要从两个维度破题。

第一个维度，向内看，让员工培养自己的战略理解力和业务理解力。

很多员工基于工作惯性，习惯站在自己的本职工作的角度思考问题，这就很容易造成"只见树木，不见森林"的问题。数字化对于企业的转型影响是方方面面的，如果我们不能站在企业战略的高度看问题，思考企业的业务价值链，思考自己本职工作和企业战略之间的关系，就不可能把数字化的转型落在实处，并全力推进。

我在走访不同企业时会随机找员工聊天，我会问他们是否了解企业的战略。我发现，不仅一线的员工，连很多中高层的干部也答不上来这个问题。这不是个案，是普遍现象，特别值得做赋能的同学关注。

第二个维度，向外看，让员工对行业、产业的趋势变化有感知力，对客户对象的需求变化有洞察和研究的方法。

"围城效应"在企业中或强或弱地存在，我们以为我们看到的就是全世界，其实世界远比我们想象得更大、更精彩。可是，破圈并不容易，因为多数人不会主动做跳出来的动作。企业破圈的关键要从董事长、CEO开始，他们向外看得多，才会带动高层干部向外看得多，才可能影响中层干部乃至一线的员工向外看。这个思维共振并不会自然而然地发生，很多时候需要必要的干预动作。

员工治理

一家有生机的企业，它的组织架构不应该是一成不变的。就像大家经常在新闻中看到有关互联网大厂组织架构调整的新闻一样，每一次组织架构调整的背后，都是生产关系为提升生产力而做的重新调校。很多企业并不太懂组织设计，把组织设计狭义地理解为组织权力的重新分配。其实，组织设计既是企业内部的价值链设计，也是企业内部的权责利设计，更是管理理念的有形化呈现。一个层级森严的金字塔型组织处处宣扬无边界的开放透明文化，显然就是"挂羊头卖狗肉"。

与组织设计相伴相行的是组织激励。激励是个指挥棒，指引企业的内部团队和个人行为。在今天的环境下，激励模式要更加多元化、个性化，而不是传统的一刀切模式。

最后是企业文化的问题。企业文化不是口号，是每个人的言行举止，是在问题判断时的原则准绳。很多企业有企业文化表述，但是没有真正的企业文化。企业文化必须是经过深入挖掘的，必须从企业内部中来，从企业历史中来，从高管团队中来，从关键转折中来。只有这些工作做好了，才可能让企业文化成为企业的一部分，成为企业的一个核心竞争力。

阿里巴巴公式

阿里巴巴也有一个企业成功公式，阿里巴巴原CPO（Cheif Product Officer，首席产品官）彭蕾曾分享过这个公式，它看上去和杨国安教授的"杨三角"类似，但是定位和赋权是不同的。

$$企业活得好\&活得久=战略^{组织能量}$$

在这个公式中，阿里巴巴首先对企业成功的定义是成功不等于大，也不等于强。阿里巴巴认为企业的成功等于企业活得好，并且活得久。

接下来就是企业如何成功。我们把它描述为战略与组织能量，组织能量是战略的指数次方。没错，它们不是简单的加法关系、乘法关系，而是指数次方的关系，这就把组织能量提高到一个非常高的高度。可以说，组织能量平平，则企业平平。而组织能量每提升一点点，企业就会取得出蓬勃的成长，可谓是指数级的杠杆。

那么，阿里巴巴所谓的组织能量，具体包括哪些具体的内容呢？

阿里巴巴有几句土话，对于我们理解阿里巴巴的组织能量内涵很有帮助。

第一句，组织如人。观察组织的方式，大方向可以借鉴观察人的方式。因为组织是人的集合，必然会形成自己的特质、行为。

第二句，雌雄同体。业务问题和组织问题常常不能分开看，很多时候它们就是一体两面的关系。光看业务问题不看组织问题、光看组织问题不看业务问题都是偏颇的。

第三句，人事合一。我们常要求阿里巴巴的管理者人事合一，也要求阿里巴巴的普通员工人事合一。因为人对了，也就是人的文化价值观对了，事才可能做对。而事做对了，我们要挖掘在这个过程中是不是人对了，不能因为事做对了就忽略了人的要素。

这就是为什么在阿里巴巴，大家常常将组织、业务、人才放在一起讨论。这三句土话就是非常完整的阐释。

接下来，回到正题，阿里巴巴的组织能力构成要素有哪些？既然"组织如人"，我们就用拟人的语言形容组织能力：心力、脑力和体力。

心力

心力包括温度、气度、烈度三个维度。

温度，要让人觉得你就是你，你不是VP（Vice President，副总裁）、不是总监。温度是一种真实的感觉，人要有人情味儿，今天我们很多人讲话不接地气，绕来绕去，说一大堆晦涩的东西让人摸不着头脑，或者掩饰自己真实的想法，让人感觉不到他的温度。我们要让大家感觉到温度：真实、有感染力、有激情。

气度是什么？胸怀。作为一个Leader，你要海纳百川，要看到未来，要让人觉得跟着你有力量、有方向感。当他遇到困难的时候，你能帮助他；当他需要帮助的时候，你知道如何帮助他。当与横向平级的同事配合的时候，你知道如何协同。

烈度也很有意思。阿里巴巴技术委员会主席王坚就很有烈度，他会讲很多很刺激的话。作为一个Leader绝对是需要烈度的，有的时候甚至没有办法判断充满烈度的话是对的还是错的，这并不是鼓励大家乱发脾气，但是在关键时刻，在困难时刻，需要有人振臂一呼。

脑力

脑力是专业知识、逻辑、分析能力，是你的架构能力，是与你的理性层面相关的所有能力。需要讨论、分析、使用工具、使用方法、运用逻辑体系。

脑力其实就是经纬度，我们从哪个地方干，应该怎么干，需要什么样的专业知识。你是工程师，就要懂与工程相关专业的知识；你是市场专员，就要与懂市场相关专业的知识。

我觉得今天多数的外企其实都是光有脑力，没有心力的。但是光有心力，没有脑力也不行，一个没有脑力的人是走不远的，他需要脑力支撑。

光有脑力，没有心力，就是秀才带兵打仗，你在逻辑、道理、细节层面可以做得面面俱到，但是你就是没有影响力，你也改变不了一些东西。因为你缺少一种感染力，你不会感召跟你一样的人，让大家从不相信到相信，从相信到坚定相信。你可以把道理分析得很清楚，这场战役可以让你有一个结果，但它不会是一个伟大的结果。

体力

体力就是手和脚，就是执行力。

我们充满信心、充满热情，但是没有好的结果是没用的。我们要把一个好东西，一个被分析得特别清楚的东西做得很漂亮。

当体力跟不上的时候，一定是中间的流程或传导出了问题，或者在制度制定及类似层面出了问题，或者在愿景引领层面或方向上出了问题。这些都会导致体力跟不上（手脚跟不上），所以说一个组织真的跟人很像，一个身心打通的人才是一个均衡的人。

体力要有力度和柔韧度。执行要有力度，一刀下去，在百万军中取对方上将首级；执行要有韧度，不能傻傻地执行，在这个过程中要有一定的柔韧度，一定要灵活，要知道怎么转弯、怎么调整。

尤里奇：审计你的组织能力

2005年，戴维·尤里奇在《哈佛商业评论》杂志刊发了一篇重磅文章：《审计你的组织能力》，文章对组织能力进行了11项分类：人才、速度、共同理念与品牌识别一致性、责任、协作、学习、领导力、客户关系、战略一致性、创新、效率。

人才——我们擅长吸引、激励并留住忠诚能干的员工。

速度——我们擅长迅速做出重大变革。

共同理念与品牌识别一致性——我们擅长保证员工和客户对我们的组织持有一致的正面印象，并获得一致的良好体验。

责任——我们擅长激励员工取得高绩效。

协作——我们擅长跨部门合作以确保效率与优势。

学习——我们擅长提出并推广重大创意。

领导力——我们擅长在整个组织中培养领导者。

客户联系——我们擅长与目标客户建立持久的信任关系。

战略一致性——我们擅长表达并共享战略观点。

创新——我们在内容与流程两个方面都擅长尝试新的做法。

效率——我们擅长控制成本。

这11项组织能力，犹如一系列的体检指标，指引我们对组织能力做一次全方位的"体检"。

组织能力的自检

六个盒子，也叫韦斯伯德的六盒模型（见图5.2），是组织能力建设方面非常重要的工具模型。六盒模型中的六个维度可以理解为组织能力诊断的六个核心问题。很多人对这个模型的解读过于复杂，我们用通俗的语言厘清一下它的思考逻辑：

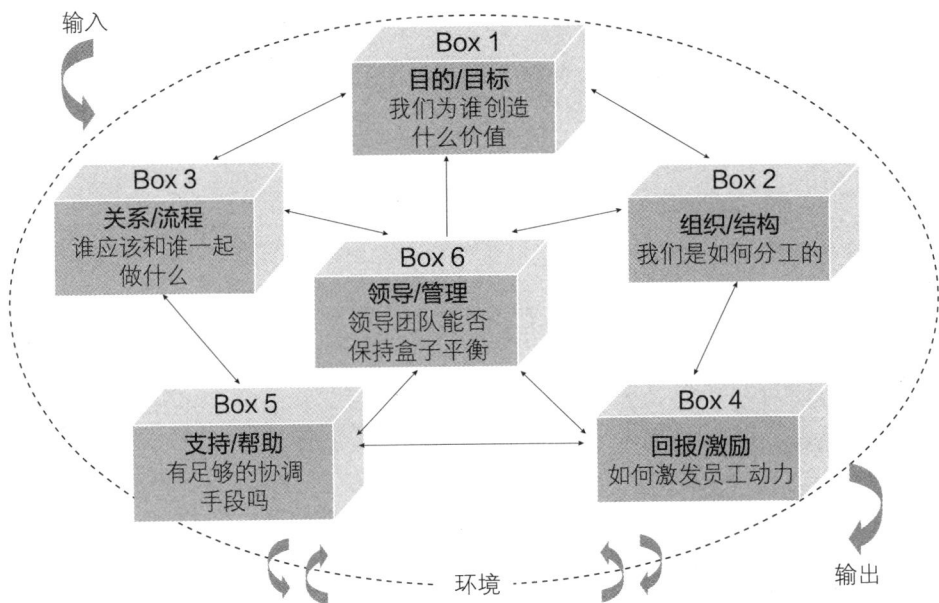

图5.2　韦斯伯德的六盒模型

第一，组织能力的大前提叫作方向一致，也就是力出一孔，利出一孔。如果一个组织里面的人不知道要往什么地方去，要往何处用力，自然容易出现南辕北辙的情况。如果我们在组织中做不同层级的调研，经常会发现高层清楚战略，中层对战略模模糊糊，基层对战略没有体感的现象。在这种情况下，想让组织产生强大的合力，几乎是不可能的事情。阿里巴巴经常讲一张图、一颗心、一场仪。阿里巴巴把一张图，也就是目标方向一致视作组织管理最核心的抓手。这就是第一个盒子：目的/目标。

第二，有了一致目标，接下来就要派兵布阵。事情靠人做，要把人组成各种各样的团队，通过这些团队来承担、分解达成目标的各个环节。排兵布阵跟组织结构设计有关，也与合适的人放在合适的位置有关。最理想的情况：各司其职，各司其位，产生最大的合力。这就是第二个盒子：组织/结构。

第三，排兵布阵之后，还要解决关系设计问题。比如，谁是上游部门，谁是下游部门，谁来发起需求，谁来响应需求，谁来跟踪需求，部门之间的协调机制，上下级之间的虚实线关系等等，组织关系是助力，也可能是阻力。没有一个所谓的最优流程或最优关系，不同类型的企业、不同行业、不同发展阶段都需要不断调试组织的生产关系设计。我们在网上经常看到一些互联网大厂发布调整组织结构的新闻，组织结构调整的背后其实是企业围绕业务的快速发展变化进行内部生产关系的优化。这就是第三个盒子：关系/流程。

第四，前面三个盒子搭起了组织运行的"骨架"。接下来我们聊聊组织运行的"血肉"。如何激励团队、员工，最大化发挥能力、发挥积极性与主动性，这既要靠愿景使命驱动、靠价值观牵引；还要靠科学设计的激励体系。"大锅饭"式的企业一定没有狼性，不是人没有能力、没有意愿，而是组织的机制设计没有激发能力、没有激发意愿。如何激励员工既是HR的专业责任，更是所有管理者的日常功课。阿里巴巴认为，激励的关键是对得起好的人，对不起不好的人。这就是第四个盒子：回报/激励。

第五，润滑组织运营。什么叫润滑？就是把尖锐的直角打磨成圆角，或者用润滑液减少摩擦产生的能量消耗。通俗来说，就是组织要降低当员工胜任工作并发挥价值时可能遇到的所有问题，让员工把时间和精力聚焦在有价值的事情上。比如，一站式解决员工日常工作流程问题的员工共享服务中心；把烦琐的手工作业尽可能数字化、信息化掉，减少在手工流程上的时间的内部工作平台和系统。再比如，建立员工的意见、建议反馈机制等。这些都是组织软性能力的一部分。这就是第五个盒子：支持/帮助。

第六，领导力。前面五个问题能否被处理得当，需要领导者、管理者有能力驾驭业务发展过程中业务与组织的关系问题。领导力不是抽象的特质或魅力，而是融入企业实际场景的综合驾驭能力。正所谓做事用人，用人做事，像船长一样不断驾驭平衡组织的这艘大船。这就是第六个盒子：领导/管理。

组织能力的系统构成

关于组织能力的重要性，其实不言而喻。再好的业务赛道、再好的商业模式、再好的流程设计最后还得回到组织和人身上。业务是生产力，组织是生产关系这个比喻尤为贴切。数字化对于提升组织能力的影响正以人们意想不到的速度蔓延。

人的身体由八大系统构成。它们分别是运动系统、消化系统、呼吸系统、神经系统、循环系统、泌尿系统、内分泌系统以及生殖系统。当然，临床上也有人把免疫系统包含在内，那就是九大系统了。

组织如人，组织也是由若干个系统构成的，我们不妨一起做个分析。

感知系统

企业做任何决策必须有信息输入。这个信息输入靠个人的主观判断还是来自翔实的数据分析，是有很大区别的。和大家分享一个故事，大家可以体会一下数据在感知系统中的作用。

> **案例：林彪带兵打仗的故事**

林彪从红军带兵时起，身上就有个小本子，上面记载着每次战斗的缴获、歼敌数量。每次打完仗，林彪就亲自在小本子上面添加数字，并为之沾沾自喜……令人感觉这个23岁任军长、25岁就任军团长的人，似乎有点小气。

1948年辽沈战役开始之后，在东北野战军前线的指挥所里面，每天深夜都要进行例常的"每日军情汇报"：由值班参谋读出下属各个纵队、师、团用电台报告的当日战况和缴获情况。

那几乎是千篇一律枯燥无味的数据：每支部队歼敌多少、俘虏多少，缴获的火炮、车辆、枪支、物资多少……

司令员林彪的要求很细，俘虏要分清军官和士兵，缴获的枪支要统计机枪、长枪、短枪的数量，击毁和缴获尚能使用的汽车也要分出大小和类别。

经过一天紧张的战斗指挥工作，人们都非常疲劳。整个作战室里面估计只有定下这个规矩的司令员林彪本人，还有那个读战报的"倒霉"值班参谋在用心留意。

林彪几乎终日倒骑着椅子面对着墙上的地图，长时间不许别人打扰，一个人对着地图观察和思考。他要计算到进攻时有全胜的把握，还要留出退路。而这些精确的部署都来自那些看上去乏味的数据准备。

也许在很多人看来，大量繁杂的数据、耗时损力的重复都没有意义，但这些用心的做法正是林彪几乎每战必胜的源头。

1948年10月14日，东北野战军以迅雷不及掩耳之势，仅用了30小时就攻克了对手原以为可以长期坚守的锦州，并且在全歼守敌十余万之后，不顾疲劳挥师北上，与从沈阳出援的敌精锐廖耀湘集团二十余万人在辽西相遇，一时间形成混战。战局瞬息万变，谁胜谁负实难预料。

在大战紧急中，林彪无论多忙，仍然坚持每晚必做的"功课"。一天深夜，值班参谋正在读下面某师上报的其下属部队的战报，战报说他们下属部队碰到了一个不大的遭遇战，歼敌部分，其余逃走。这份战报与之前值班参谋所读的其他战报看上去并无明显异样，值班参谋就这样读着读着，林彪突然叫了一声："停！"他的眼里闪出了光芒，问道："刚才念的在胡家窝棚那个战斗的缴获，你们听到了吗？"

大家带着睡意的脸上表示茫然，因为如此战斗每天都有几十起，不都是差不多一模一样的枯燥数字吗？林彪扫视一周，见无人回答，便接连问了三句：

"为什么在那里缴获的短枪与长枪的比例比其他战斗缴获的比例略高？"

"为什么在那里缴获和击毁的小车与大车的比例比其他战斗缴获的比例略高？"

"为什么在那里俘虏和击毙的军官与士兵的比例比其他战斗缴获的比例略高？"

大家还没有来得及思索，等不及的司令员林彪大步走向挂满军用地图的墙壁，指着地图上的那个点说："我猜想，不，我断定！敌人的指挥所就在这里！"

林彪可以如此笃定，取决于他每晚必做的"功课"，这些战报汇集成林彪脑中一个庞大的数据库，当数据出现异常时，他可以及时获取，得到准确信息，找出价值所在。

从大批杂乱无序的数据中将信息集中、提炼，分析出研究对象的内在规律，林彪对兵力的计算可以精确到一个营甚至一个连。以当时的条件设备加上人工的费时费力，林彪尚能如此，可见他管理的精细化。

得出结论之后司令员林彪口授命令，追击从胡家窝棚逃走的那部分敌人，并坚决要把他们灭掉。各部队采取分割包围的办法，把失去指挥中枢则变得混乱的二十余万敌军切成小块，逐一歼灭。司令员林彪的命令随着无线电波发向了参战的各部队……

而此时的廖耀湘，正庆幸自己刚刚从偶然的一场遭遇战中安全脱身并与自己的另外一支部队会合。他来不及休息就急于指令各部队尽快调整部署，为下一阶段作战做好准备。可是好景不长，紧追而来的解放军迅速把他的新指挥部团团围住，拼命攻击，在漫山遍野的解放军战士中，不断有人喊着："矮胖子，白净脸，金丝眼镜，湖南腔，不要放走廖耀湘！"

把对方指挥官的细节特征琢磨到如此细微，并变成如此威力巨大的顺口溜儿，穿着满身油渍伙夫服装的廖耀湘只好从俘虏群中站出来，无奈地说"我是廖耀湘"，沮丧地举手投降。

廖耀湘对自己精心隐藏的精悍野战司令部那么快被发现、灭掉觉得实在不可思议，认为那是一个偶然事件，输得不甘心。当他得知林彪是如何得出判断之后，这位出身中国黄埔军校并留学法国圣西尔军校，参加过滇缅战役并在那里把日本鬼子揍得满地乱爬的新六军军长说："我服了，败在他手下，不丢人。"

在林彪的故事中，其实讲到了几件事情。

1. 我们需要什么类型的数据，这些数据在哪里，我们如何拿到这些数据。

2. 将这些数据收集上来之后，我们如何分析数据，我们的分析方法是怎样的。

3. 我们分析数据、得出观点后，如何指导我们的行动。

另外，数据不单指的是像1、2、3这样的阿拉伯数字，只要是记载客观事实的，都可以成为数据。比如，"矮胖子，白净脸，金丝眼镜，湖南腔"，这就是经过数据提炼后得出的规律性特征描述。

企业要对外部环境和内部经营建立起强大的感知系统。

1. 外部环境包括对国内外宏观经济形势、大宗原材料价格、产业走势、行业走势的了解。从中观和微观的角度看，我们要及时掌握竞争对手的变化，更重要的是，我们要对客户需求的变化保持高度的敏感。

对外部环境的感知系统，可以包括以下几类渠道。

1）购买行业报告、购买数据服务（如阿里巴巴、腾讯等平台提供的数据接口服务）。

2）通过独立董事或者公司顾问委员会的方式，获得行业专家的定性输入。

3）独立发起市场调研，获得基于有限样本的数据。

4）定期深入市场一线的活动，倾听客户声音。

5）成立专门的BI（Business Intelligence，商业智能）团队，为高管层提供战略决策支持。

很多企业都在筹建BI团队，但是又有些不确定BI团队的组织结构怎么分布比较好。好像可以放在业务团队，离企业业务近；好像也可以直接向

CEO汇报，保持中立客观。其实各有各的好处，但是BI团队一定要听得懂业务术语，要基于业务需求挖掘数据，并且能给出客观的分析，这才是最重要的。

2. 内部经营的核心包括两方面：一方面是对企业核心业务价值链的感知洞察，如设计、开发、制造、销售、物流等各个环节的运营状况；另一方面则是对企业人力资源的感知洞察，如员工流失率、员工满意度、人均效能等。

关于核心业务价值链，其实我们常常可以通过数据报表、各种业务系统用大量的数据作为支撑。当然，如果能开发出各种直观明了的数据大屏，自然更好。但是，很多企业往往在组织的洞察、人的洞察上缺少投入。往往IT系统的开发资源都倾斜到业务系统上，HR系统的开发资源常常被挤占。另外，对组织和人的数据跟踪常常有滞后性，如一年一度的员工满意度调查，显然跟不上目前企业这么快的发展变化速度。

信息系统

在古代，急迫的军事情报要么通过烽火传达，要么通过八百里加急快报传达，其实，这里面涉及极大的时效性问题。在互联网普及前，多数企业的信息传递也更多靠文件、会议等正式方式，或者电话、电报等通信手段。但是，信息在层层流动中会有耗损和衰减。所以，在管理学中，人们认为信息权是管理者的权力之一。

今天，数字化让企业在信息拉通方面真正实现了时效性。无论是企业内部的OA（Office Automation，办公室自动化）系统，还是企业的即时通信系统（如钉钉、企业微信或者飞书），只要企业开放了信息权限，信息的全员共享就不再是一个技术问题。

越来越多的企业有了这样的共识：越透明的企业，组织的生产力越强大。这个共识背后已经不是"能不能"的问题，而是"想不想""愿不愿"的问题。很多企业还在靠传统的层级制、老板的权威管理企业，管理者希望下属听从、服从自己的指令。这样的企业，谈信息的透明化是不现实的。但也有企业崇尚赋能型组织，把信息作为一个公共基础资源，让大家可以利用信息资源做出更好的业务决策和业务行动。

在跨部门沟通这个经典的组织能力障碍中，各方学者也反复提到了信息互通的重要性。协作的前提是，我要知道你是做什么的，你服务于企业战略的哪个部分，你的上下游是什么，你的OKR（Object and Key Results，目标关键成果）、KPI（Key Performance Indicator，关键绩效指标）是什么。只有我们把这些信息摊到桌面上，我们才有机会一起真正合作，你帮我，我帮你。今天，OKR一方面强调的是目标管理；另一方面强调的则是信息透明。这是特别值得大家思考的问题。

协同系统

跨部门协作在任何一个大型公司中都是一个难题。跨部门协作涉及态度意识问题，也涉及流程、分工、绩效、激励等多个维度的因素。今天，我们不能说数字化完全解决了跨部门协作的问题，但它至少给出了改进的解法。

现在很多公司在推进OKR，而且会在各个层级做通晒。这就意味着团队间可以相互看见各自的目标，这种被放在一个平面的信息，让协作有了基础。如协同办公系统。在跨部门协作中会有各种文档产生。无论是传统的邮件方式，还是基于微信群的交流方式，项目过程的跟踪成本都很高。但是，基于协作系统或者协作平台，我们可以很好地管理这些在协作中产生的知识碎片和里程碑性文档，实时更新状态并可溯源、答复，提升了项目管理效率。再如跨部门绩效评价系统。除了传统的上下级的评分，现在很多公司的绩效系统开放了以项目为单元的跨部门打分评价。通过设计权重和多维评分，我们可以更好地衡量每个人在跨部门项目中的贡献，有利于激发员工在协作中的投入度。

关于数字化的协同系统，建议大家一定要好好学习下贝壳的ACN（Agent Cooperation Network，经纪人合作网络）模式，简直太过经典。

做房产中介的人都知道，房源是非常重要的。掌握一个好房源，绝对不能让别人知道，要偷偷地找买主，卖出一个好价钱。以前的房产中介公司也知道这个问题，所以出了一堆没用的制度。"虚假房源"已经成为社会毒瘤，逼得政府出文禁止发布虚假房源。

但是这种现象是禁止不住的，因为这是人性黑暗面的暴露。假如你是一个中介小哥，好不容易找到一个好房源，出手就能挣2万，你愿意发出去吗？当然不愿意！所以当时的套路就是发布一个同小区不同楼的虚假信息，随着电话沟通、邀约等步骤逐渐锁定客户，觉得客户意向强，中介小哥就用一整套的说辞，如"虚假房源的钥匙不在啊""房主没联系上啊"等，然后告诉你："这边还有一个类似的房源，要不您去看看那套？"所以，虚假房源的根源是什么？是利益，是人性的弱点！

贝壳推出的ACN模式，在所有人觉得不可能解决问题的情况下，解决了行业多年的顽疾。它是怎么做到的？

我们把卖房的流程拆开，房源端：找房源、维护房源、房源勘探、房源委托、房源钥匙。客源端：找客户、首看、合作方、成交、金融服务。每个流程都是最细颗粒度，细到只能由一个人做，这样是为了方便后续的利益分配。

假设，扣除各项费用，这一单净赚10 000元，那么利益分配如下（见图5.3）：

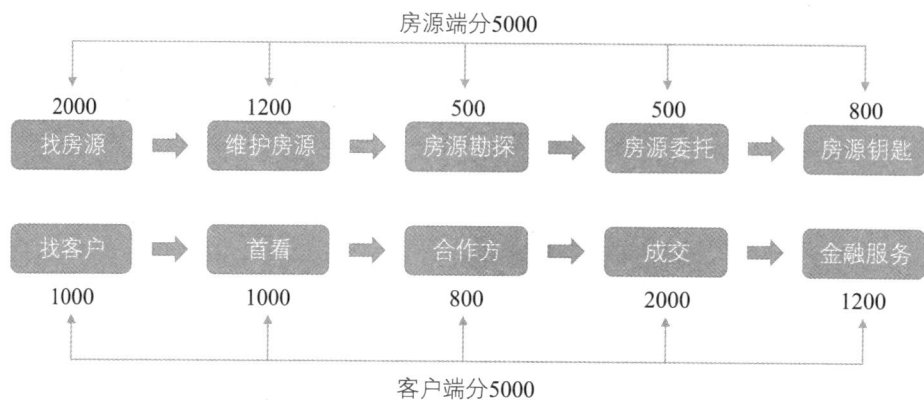

图5.3　利益分配

基本规则是房源端和客源端各分5000元，按照技术含量和重要程度将各个环节确定一个比例。如果你一个人全包，那么成交后10 000元都是你的，如果你只负责其中一个环节，那么成交后，你就只能拿到你负责的那部分的酬劳。

ACN模式的核心逻辑——拆流程、分利益。这个核心逻辑被设定好后，形成了全行业的影响力！因为这套模式可以突破公司的边界，每个环节都可以由不同公司的不同经纪人完成。从贝壳自己干，到全行业一起大协作，这对房产中介这个行业来说，真的不亚于当年福特发明的汽车生产流水线。

贝壳把ACN模式的规则制定好之后，就可以拉人进来一起玩，贝壳以链家、德佑为核心，到各地召集当地中介公司一起玩。在新的游戏规则下，原来是竞争对手的它们变成了同盟、合作伙伴！ACN模式消灭了恶性竞争，建立了行业级别的合作共赢，既利于客户，也利于中介本身，实现了真正的双赢、多赢。

这套模式能不能应用到企业内部呢？能不能用来降低企业内部的无效内耗，增进协同，让付出者获得合理的回报呢？完全有可能！

决策系统

企业的各类决策的背后，一方面，是商业的常识；另一方面，是企业的价值观、经营理念。在商业世界里，绝大多数事情很难有绝对的对错之分，当然涉及法律和商业道德底线的问题除外。因为我们无法准确评估做了A而没做B的沉没成本到底是多少，选择岔路口的背后是价值观、经营理念的指引。

华为有华为基本法，阿里巴巴有管理总纲。其实这些都是指导企业从上到下做出合适决策的一套原则性的指引。我们从《华为公司业务管理纲要》中做些摘录，大家可以感受一下。

充分理解、认真接受"为客户服务是公司存在的唯一理由"，要以此确定各级机构和各个流程的责任，从内到外、从头到尾、从上到下都要以这一条标准进行组织结构的整顿与建设。

我们认为，要研究新技术，但是不能技术唯上，而是研究客户需求，根据客户需求做产品，技术只是工具。

华为公司是以客户为中心的，不是以老板为中心的。如果以老板为中心，从上到下的阿谀、逢迎、吹牛、拍马之风、假话之风就会盛行。"只要说几句假话，老板高兴，我就有希望"，这个风气就是以老板为中心的；"我天天就让老板舒服，老板舒服了，我就可以被提拔了"，这个风气就是阿谀奉承之风。

正确理解以客户为中心，以客户为中心就是帮助客户商业成功。商业活动的基本规律是等价交换，华为为客户提供及时、准确、优质的服务，同时获取相应的合理回报。我们赚了客户的钱，就要努力为客户服务，进一步提高服务质量，客户就不会抛弃我们。

对华为公司来讲，要长期研究的问题是如何活下去，积极寻找活下去的理由和活下去的价值。活下去的基础是不断提升核心竞争力，核心竞争力提升的必然结果是公司的壮大发展。

回到具体的业务经营场景中，一个企业常常有一套自己的业务决策因子体系，这套业务决策因子体系要和企业的价值观、经营理念保持一致，否则就是说一套、做一套。每一套业务决策因子体系决定了这个企业关心什么样的数据，为什么样的指标努力。

以零售企业为例。实现业务营收至少有好几条路径。

$$业务营收＝流量×转化率×客单价×复购率$$

在这个路径上，流量、转化率、客单价、复购率就是四个核心的数据，要围绕着四个数据埋点、分析、优化。当然，这个公式也可以变化一下，也是对的，如：

$$业务营收＝客户数×客户终身价值$$

$$业务营收＝销售人数×人均客户维护量×客单价$$

$$业务营收＝渠道数量×渠道平均产出$$

不同数据指标的背后，是企业的业务路径分解。这个路径分解，就是企业最核心的决策。很多业务Leader之所以天天看数据、看报表，就是要时时动态微调路径上的各个要素，让整体结果达到最优。

行动系统

企业做了决策要行动，但是我们不能等行动一年之后再算总账，必须在行动中进行必要的数据监控，以便及时地调整。

现在很多企业提倡精益创业，精益创业的背后，如果没有数据作为支撑，企业很难真正精益起来。

最近流行的"增长黑客"，背后也是基于数据的行动迭代优化系统。

无法量化，就无法管理。这个理念在企业的行动系统管理中，可谓金玉良言。

光辉国际将组织敏捷性定义为不拘一格的系列工作和组织管理方式，组织敏捷性旨在提高创新和迭代的速度和有效性，以期更好地适应VUCA时代不断变化的环境。这不仅仅是迎合新的战略将组织结构转变，也是将变革贯穿于组织结构，以便适应持续的转型。

光辉国际认为，阻碍组织提升敏捷性的因素主要来自以下八个方面。

1. 组织与外部合作伙伴沟通的"关卡"重重，导致反应滞后。

2. 不同观点、思考角度的割裂。

3. 冗繁的层级拖延了决策的过程。

4. 对目标的理解分散、僵化，缺乏共同的方向感。

5. 管控模式不鼓励沟通。

6. 完美主义以及风险规避主义导致员工缺乏主导意识。

7. 尽量周全、细致的计划，惧怕过程中的变化。

8. 个人主义，以任务为导向，关注长期的利益，聚焦内部。

评价系统

在协同系统中，我们大篇幅地讲了评价的问题。但是我们仍然要将评价单独拿出来看，因为评价太重要了。

绩效评价是组织治理的核心环节，没有好的评价机制，就不可能激发员工的战斗力。大家都听过一句话：员工加入常常是因为这家公司，员工离开常常是因为自己的老板。传统的以直线上级评价为主的考评方式，会出现各种各样的主观偏差。

今天，很多企业都在做组织变革。无论是网状组织还是小组制组织，越来越多的企业发现，单维度的绩效考评越来越无力。很多企业都认为，每个人都要服务好自己的客户，包括企业组织的内部客户。但问题是，没有好的系统做支撑，就只能停留在口号阶段。

现在有些企业已经在这方面做了有益的探索。比如，员工间可以相互贴标签、相互点赞，也可以给认可的人送积分。这些在年终的时候会成为评价一个员工重要的维度。有些企业要求，某些层级以上的员工、某些岗位的员工的绩效评价采用360度评估的方式。今天，只要我们的管理理念能跟上，这些都可以实现。数据能力至少给我们提供了改变的可能性。

知识系统

看一个企业有没有能力厚度，说难也难，说简单也简单。如果几个关键岗位的人离职，企业的业务就"塌方"，那么显然这个企业的能力厚度有问题。真正有能力厚度的企业，不但良将如潮，更重要的是能把个人身上的经验内化成组织的经验，这才是根本。

组织学习从来不是一个新话题。组织内部分享、组织内部经验萃取，这些都是好方法。但是，过去存在的核心问题是，内部知识留存不易、流转不易。如果知识的载体是线下的一次分享或者某个课件、某个文档，那么有多少人可以看到它呢？它产生之后，通过什么介质在组织内部流通起来呢？我们说，文字的产生促进了人类文明的发展，到了今天，数字化的手段让更充分的知识流动成为可能。

当我和很多咨询类的外企高管交流时，我发现这些外企做得特别好的地方就是它们拥有强大的知识管理系统（Knowledge Management System，KMS）。任何一个项目，从项目成员、客户需求档案到关键交付件、项目里程碑、项目总结复盘等，都在系统上留有存档。而且，企业的制度、工作机制要求每个人必须把日常工作和知识管理系统结合起来，每个人、每个项目都要为企业的知识体系做出贡献。所以，当一个新人加入企业时，他能很快地学到企业的过往经验，并找到对的人请教问题，这无疑是数字化+管理机制的胜利。

到这里，我们不妨做把以上几个组织系统做个小结。

感知系统，对组织内外部的发展变化保持敏锐；

信息系统，让信息资源在组织内外部自由流淌；

协同系统，让组织避免内耗真正实现"力出一孔"；

决策系统，从经验到数据做对的事并把事做对；

行动系统，让组织本身变得敏捷并能够快速迭代；

评价系统，让贡献者获得合理回报产生正向循环；

知识系统，让组织积累能力厚度从当下走向未来。

组织能力的场景化拆解

因为经常和很多高管交流，我发现把组织能力这件事情讲清楚还是不太容易的。因为讲理论太过于晦涩。于是，我做了一个调整，把组织能力这样一个抽象的概念按照一些常见的场景做了拆解，我发现大家的理解程度明显提升不少。还是那句话，理论再好，别人听得懂才是王道。也希望这个场景拆解能够帮到大家。

人员招聘

一家企业必须有自己的人才理念，知道自己想要什么样的人，能用什么样的人。如果每家企业都想要招聘世界上最牛的人，不要当真，大概率是它没想清楚。一家企业的人才理念决定了它通过何种方式招聘，也决定了它能吸引什么样的人才。

阿里巴巴于1999年成立，当年的9月14日，阿里巴巴在杭州当地的《钱江晚报》登出了第一则招聘广告（见图5.4），广告中的企业简介颇为霸气——阿里巴巴是一家高速成长的高科技跨国企业，致力于为全球商人提供基于Internet的商务服务。跨国企业，简单的四个字体现了初创企业阿里巴巴的企业定位和宏伟目标。从招聘职位来看，阿里巴巴提供的职位有软件开发工程师、系统管理工程师、网页制作及平面设计、信息编辑、行政秘书等，并给出了3～10万元的年薪标准，这在当年已经算高薪了，表达了阿里巴巴对于人才的重视。广告中标明了那句经典的口号：If not now, When? If not me, Who?（此时此刻，非我莫属）

阿里巴巴早期的招聘形势真如广告上描绘得这么美好吗？在我的团队中，有一位在阿里巴巴工作近20年的伙伴。他给我讲述了他当年是如何加入阿里巴巴的。

图5.4 阿里巴巴在《钱江晚报》第一则招聘广告

一个下雨天，在临近下班的时候，他给女朋友送雨伞并接她下班。他女朋友工作的地方就是阿里巴巴早期的写字楼——华星科技大厦。他在下面等着有点无聊，被当时阿里巴巴的HR（阿里十八罗汉之一）发现了，HR问道："小伙子，我们公司在招聘，有没有兴趣进来聊聊？"我的伙伴没有拒绝，因为等人嘛，也没事干，聊聊就聊聊吧。于是聊了一个多小时，HR说："你第二天来上班吧。"于是，他就这样加入了阿里巴巴，很神奇吧。

早期的阿里巴巴内部有个说法：只要在杭州路上走的人，四肢健全、头脑正常，都被欢迎加入阿里巴巴。阿里巴巴的"中供铁军"曾经流传个段子：中供最喜欢招"苦大仇深"的人。什么意思？就是家庭背景一般，没有父辈资源可以依靠，只能靠自己努力为自己改写命运的人。早期的阿里巴巴默默无闻，能招到人就不错了，哪还有能力挑三拣四。阿里巴巴在相当长的一段时间的人才理念都是"平凡人做非凡事"。因为企业不够牛，找不到顶尖的人，所以必须依靠一群平凡人，一起努力，争取做出非凡的事业。

但是，这些年阿里巴巴的人才理念变了，叫作"非凡人平常心做非凡事"。这个转变很大，但是一点不奇怪。无论是电商、支付平台、云计算、智慧物流、达摩院，当阿里巴巴成为一家世界级的企业时，一定依靠的是世界级的人才。但是，这时候反而需要平常心，只有这样才能始终围绕客户需求，为客户创造价值。

人员招聘，是企业人才理念的最直接体验。在招聘中，我们的言谈、体验都是企业人才理念的窗口。最近我和很多HR聊天，我问："你们在抖音开直播招聘了吗？"很多人还是一脸错愕：要在抖音招聘？不应该在智联招聘、51job、猎聘、BOSS直聘、领英这些地方吗？

可是，今天你在抖音能搜出不少名企的招聘账号。为什么？人流在哪，招聘渠道就在哪。我们想招聘年轻人，年轻人常常刷抖音，我们不应该在抖音上影响他们吗？

我们习惯了一本正经地讲JD（Job Description，职位描述），习惯了一本正经地做企业介绍、薪资介绍、福利介绍。但是，今天的年轻人已经不喜欢这些了，他们喜欢轻松有趣的方式。我们不改，他们就会远离我们，我们的招聘就会越来越难做，我们就越来越找不到心仪的年轻人才。

你看，道理就是这么简单。你要知道企业最基础的细胞——人，你对人的期待要非常明确。然后，你的招聘动作才能做对、做好。

排兵布阵

10个人也好，100个人也好，企业不是把人招到就完事儿了，还要把人安排在合适的位置，做到人岗匹配。除此之外，企业要做排兵布阵，把一群人变成一个团队，变成一个能有效运转的组织机器。许多企业人很多，但是战斗力不强。很多企业人少，但是精干强悍。为什么？

给大家举个例子。500多年前的中国，也就是明朝时期，中国东南沿海深受倭寇的侵扰之苦。朝廷派了政府军去抗击倭寇，人数不少，但是屡战屡败。当时军队崇尚单兵武艺，能把武器挥舞如飞的士兵被认为是英雄好汉。各地的拳师、打手、盐枭、和尚以及苗人都被招聘入伍。等到他们被有组织性的倭寇屡屡击溃以后，大家才觉悟：一次战斗的成败并非完全决定于单兵武艺。

当局者决定让著名的戚继光领兵打仗。戚继光首先做的是知己知彼。东南沿海以丘陵沟壑地形为主，这意味着开展大规模的军队作战并不现实，发挥不出优势，必须开展灵活机动小组作战。倭寇擅长偷袭和夜袭，而且倭寇的个人单兵能力略强于明军，这意味着要提升小组的整体作战能力，避免过多的单兵相接。

于是，戚继光开始训练他的戚家军，摆出了大名鼎鼎的鸳鸯阵。这个鸳鸯阵可厉害了，以11人为一队，最前面为队长，次二人一人执长牌、一人执藤牌。长牌手执长盾牌遮挡倭寇的箭矢、长枪，藤牌手执轻便的藤盾并带有标枪、腰刀，长牌手和藤牌手主要掩护后队前进，藤牌手除了掩护还可与敌军近战。再二人为狼筅手，狼筅手执狼筅，狼筅是利用南方生长的毛竹，选其老而坚实者，将竹端斜削成尖状，又留四周尖锐的枝丫，每支狼筅长3米左右，狼筅手利用狼筅前端的利刃刺杀敌人以掩护盾牌手的推进和后面长枪手的进击。接着是四名手执长枪的长枪手，左右各二人，分别照应前面左右两边的盾牌手和狼筅手。再跟进的是两个手持镗钯的士兵，担任警戒、支援等工作。如敌人迂回攻击，短兵手执短刀冲上前劈杀敌人。各种兵器分工明确，每个人只需要精熟自己那一种操作，有效杀敌的关键在于整体配合，令行禁止。

更重要的是，鸳鸯阵可以根据情况和作战需要变纵队为横队，变一阵为左右两小阵或者左中右三小阵。当变成两小阵时称"两才阵"，左右盾牌手分别随左右狼筅手、长枪手和短兵手，护卫他们进攻；当变成三小阵时称"三才阵"，此时，狼筅手、长枪手和短兵手居中。盾牌手在左右两侧护卫。这种出现变化的阵法又称"变鸳鸯阵"。

此阵运用灵活机动，正好抑制住了倭寇优势的发挥。戚继光率领"戚家军"经过鸳鸯阵法的演练后，在与倭寇的作战中，每战皆捷。用4000士兵击溃了10万倭寇，创造了惊人的1∶40的伤亡比。

鸳鸯阵的案例告诉我们一个很深刻的道理：人多未必就能赢，关键是因地制宜，知己知彼，还要排兵布阵得当。

阿里巴巴在业务发展的过程中，也曾遇到过人员规模快速膨胀，但是业务发展速度跟不上的问题。马云曾专门带队拜访芬兰一家著名的游戏公司Supercell（超级细胞）。该公司开发创造了众多知名游戏，如《部落冲突》《卡通农场》《海岛奇兵》《皇室战争》《荒野乱斗》等。让马云和所有在场的阿里巴巴高管惊讶的是，这家实现了年税前利润15亿美元的公司，只有共计不到200名的员工。

一般来说，在这家号称世界上最成功的移动游戏公司中，2个员工或者5个员工，最多不超过7个员工就可以组成独立的开发团队，称为Cell（细胞），这也是公司名字Supercell的由来。团队自己决定做什么样的产品，然后以最快的时间推出产品的公测版，看看游戏是否受用户欢迎。如果用户不欢迎，他们就迅速放弃这个产品，再进行新的尝试，期间几乎没有管理角色的介入。团队研发产品失败后，不但不会受到惩罚，甚至会举办庆祝仪式以庆祝他们从失败中学到了东西。这样的模式使得Supercell成为年税前利润15亿美元的移动游戏公司。

成功背后的核心秘密在于，Supercell所有的游戏开发共用一个开发平台，比如，游戏中的人物模块、道具模块、等级模块、积分模块、荣誉模块等都是可以复用的。这样，基于不同的游戏故事脚本策划，可以用最短的时间上线测试一款新的产品。

拜访结束后，阿里巴巴开始大力推进"大中台，小前台"的业务转型。至今影响了国内相当多的企业。

今天，大家熟知的一些知名网游、手游也使用了类似的模式。起步期通常只有3个人：一个策划人员、一个美工人员、一个开发人员。上线测试后，再迭代增加人员投入。但是，即便是已经年赚几百亿元的游戏工作室，员工通常也不会超过百人。这个人效，按传统的企业逻辑是完全无法想象的。这背后，是排兵布阵的魅力。

今天，假如公司要实行新业务了，你是安排1000个士兵一起出发还是安排一个特种小分队先去探路呢？也许前面两个案例可以给你一些新的启发。

评价激励

一个公司业务能不能发展得好，一方面是方向、模式要对；另一方面是员工、组织能发挥出能量，评价激励就是能否发挥出能量的核心驱动要素。

1978年11月24日晚上，安徽省凤阳县凤梨公社小岗村西头，严立华家的茅屋里挤满了18位农民。关系全村命运的一次秘密会议此刻正在这里召开。这次会议的直接成果是诞生了一份不到百字的"包干保证书"。其中最主要的内容有三条：一是分田到户；二是不再伸手向国家要钱要粮；三是如果干部坐牢，队员保证把他们的小孩养活到18岁。会议上，队长严俊昌特别强调："我们分田到户，瞒上不瞒下，不准向任何人透露。"1978年，这个举动是"冒天下之大不韪"的，也是一个勇敢的甚至是伟大的壮举。这就是被后人记载史册的"大包干"。

1979年10月，小岗村打谷场上一片金黄，经计量，当年粮食总产量66吨，相当于全队1966年到1970年粮食产量的总和。同样的一片土地，同样的自然条件，同样的一群人，因为机制的改变，结果竟如此惊人。

每次我和高管们交流时，我都会讲到这个案例。我说，激励机制永远有不断改进的空间，我们先不要问员工为什么不努力，我们要问管理者自己，我们的激励机制是不是设计到位了。

阿里巴巴的中供铁军被人称道，其背后的一个制度可谓建立了奇功，也就是"金银铜牌"制度。很多公司的销售存在状态的起伏，这个月努力开单，多赚点，下个月躺平一下，再下个月再冲一冲。公司的奖金有阶梯提成，销售还会有意识做压单的动作，以便在下个月拿到更好的收入。阿里巴巴的制度是怎么设计的呢？上个月的业绩决定了你下个月的佣金系数，也就是这个月干得好，下个月提成点就高；下个月不努力，那抱歉了，你下个月的总体收入就少了，而且你下下个月的提成点也掉下去了。这种激励机制避免了销售故意压单的问题，还能不断激励他们连创新高。

你看，这就是组织评价激励机制的魅力。人还是那些人，事还是那些事，但是机制变了，整盘棋就活了。这既是管理的技术，也是管理的艺术。

当然，评价激励未必都是和物质直接挂钩的，特别是今天的时代，越来越多的知识型员工更看重组织对自己的重视、关怀、赋能，而非单纯的萝卜、大棒。

《贝佐斯传》一书中，有一个关于员工评价激励的细节描述。

以前的系统（绩效评估系统）要求每个员工彼此间要写冗长的评价并发送给各自的直接上司，直接上司会将这些评价整合在一起，再亲自和员工进行一对一谈话，这种方法往往导致这些谈话最终会聚焦在员工的缺点上。人力资源主管贝丝·加莱蒂说："我们在调查时发现，90%的亚马逊员工在经历绩效评估之后都会感到更加挫败，即使是那些最优秀的人。"

经过改进的评价激励系统要求同事和管理人员用60个单词描述员工的"超能力"，再用60个单词描述下一年的"成长想法"。加莱蒂说："这些都是从前瞻而积极的角度做出的评价。"

组织氛围

每家公司都有自己的味道。有些人说，走进一家公司转两圈，大概就知道这家公司是一家怎样的公司。这个味道，大概说的就是组织氛围。有些公司是严肃的、紧张的；有些公司是轻松的、活泼的；有些公司是井井有条的；有些公司是乱糟糟的。组织氛围没有好坏之分，但是在无形中影响着组织的方方面面。

20世纪20年代，美国西方电气公司下属的霍桑工厂是一个制造电话交换机的工厂，具有较完善的娱乐设施、医疗制度和养老金制度，但工人们愤愤不平，生产效率很不理想。为找出原因，哈佛大学的乔治·埃尔顿·梅奥教授应邀参加一项实验和研究。

其中最著名的就是霍桑实验中的照明实验。当时关于生产效率的主导理论是劳动医学中的观点，认为影响工人生产效率的是疲劳和单调感等。于是，当时的实验假设便是"增强照明度有助于减少疲劳，使生产效率提高"。可是具体的结果是，当实验组照明度增强时，实验组和控制组都增产；当实验组照明度减弱时，两组依然都增产。甚至实验组的照明度减弱至0.06烛光时，其产量亦无明显下降，直至照明减弱至如月光一般，实在看不清时，产量才急剧降下来。研究人员对此结果感到不可思议。

梅奥教授和女工们进行了深入的访谈，终于发现了问题的根源，核心有二。

第一，女工们长期以来对工厂的各项管理制度和方法存在许多不满，无处发泄，访谈计划的实行为她们提供了发泄机会。发泄过后她们认为声音被倾听，她们心情舒畅，士气提高，使产量得到提高。

第二，参加实验的光荣感。当实验开始时，6名参加实验的女工曾被召进部长办公室谈话，她们认为这是莫大的荣誉（当时主流的管理思想还是把人当成生产工具，科学管理以求不断追求效率提升）。这说明被重视的自豪感对人的积极性有明显的促进作用。

梅奥教授的霍桑实验之后，管理学界和企业界开始反思，"经济人"的假设是否是绝对正确的，大家开始了对于"社会人"的探讨，这也是后来"以人为本"的管理思想源头。

组织氛围的作用很多时候是无形的，但有时候会创造出意想不到的效果。

埃里克·施密特和乔纳森·罗森伯格所著的《谷歌的经营之道》中，有这样一则小故事。

在2002年一个周五的下午，早在他的公司成为家喻户晓的"Google一下"之前，拉里·佩奇走进办公楼餐厅，贴出了一些打印出来的出自谷歌AdWords（关键词广告）引擎的搜索结果。他在最上面用粗体的大字写道："这些广告真差劲。"

对大多数企业来说，这会被视为残忍之举——一个傲慢的高管因工作低劣而公开羞辱他的倒霉员工，但对谷歌来说不是这样的。事实上，佩奇与众不同的行为是一种自信的表现，他明确了一个天才工程师希望解决的难题。

到了周一一大早，一组工程师发出了一封附有解决方案的电子邮件，不仅解决了AdWords的问题，而且帮助谷歌变成了一个赚钱机器。这段插曲表明了谷歌是如何建设一种解决问题（而不是攻击人）的文化的。

书中写到，谷歌文化的背后，是四个关键假设。

第一，人们想把工作做好。

第二，只要吸引足够多的眼球，就可以让所有的漏洞浮现。

第三，人们在他们感兴趣的任务上表现最好。

第四，伟大的领导者具有使命感和目标感。

当佩奇在办公楼餐厅张贴这张告示时，他知道谷歌的组织氛围会发挥作用。他不必详细说明该做什么，因为他已经创建了一家有使命和目标的公司。他只需要说："这些广告真差劲。"

组织理念

如果说，组织氛围很多时候还是只可意会，不可言传的。那么，组织理念往往需要被有形化地呈现，形成一种组织内明确的指导性原则。

伟大的公司都会不断反思并总结自己的组织理念，从华为的华为基本法到阿里巴巴的管理总纲再到惠普的惠普之道，无不如此。这是公司之所以强大的很重要的根基。

但是，组织理念一定不能仅仅是书面上的文字，它一定要深入员工的骨髓，甚至可以让员工脱口而出，成为一家公司内部员工的言行举止。

网上曾流行一个小游戏：一句话，证明你是XX公司的人。我发现很多公司都有一些内部人才懂的"土话"。阿里巴巴的"新六脉神剑"的背后就有这样的故事。

2019年，经过14个月20多稿的修订，阿里巴巴新的文化价值观——"新六脉神剑"正式出炉。大家惊奇地发现，价值观居然是六句土话。

1. 客户第一，员工第二，股东第三。

2. 因为信任，所以简单。

3. 唯一不变的是变化。

4. 今天最好的表现是明天最低的要求。

5. 此时此刻，非我莫属。

6. 认真生活，快乐工作。

去过阿里巴巴参观交流的人，应该都从"阿里小二"的口中听过这些土话。但是，谁也没想到这些土话变成了阿里人的要诀，成为一家公司的指导方针。这就是真正意义的组织理念，无须解释，身体力行！

管理行动

一个组织要有一些特有的管理行动。比如，我曾经在大学期间，在英特尔公司做过近一年的实习生。尽管这么多年过去了，但是我依然对1-on-1的管理辅导动作历历在目、记忆犹新。什么叫1-on-1？就是英特尔公司所有的员工，哪怕是实习生都会和你的主管、你的跨部门伙伴每个月进行一次面对面的沟通，了解你的工作，了解你工作的难点、问题，包括了解你的状态、情绪等。通过这样的管理辅导动作建立的员工和主管之间定期的交流渠道，让我初入职场时获益匪浅。

阿里巴巴特别强调业务管理者在组织能力建设方面的作用，而不仅仅是HRBP的职责，业务管理者是组织能力建设的第一负责人。阿里巴巴在组织能力建设上有一个非常经典的"业务—组织—人才"循环模型（见图5.5）。

很多人乍一看是看不懂这张图的，觉得乱糟糟的。但是，如果你看了图中的阐释，你会发现，其实这张图就是业务、组织、人才三个维度相互呼应的循环。

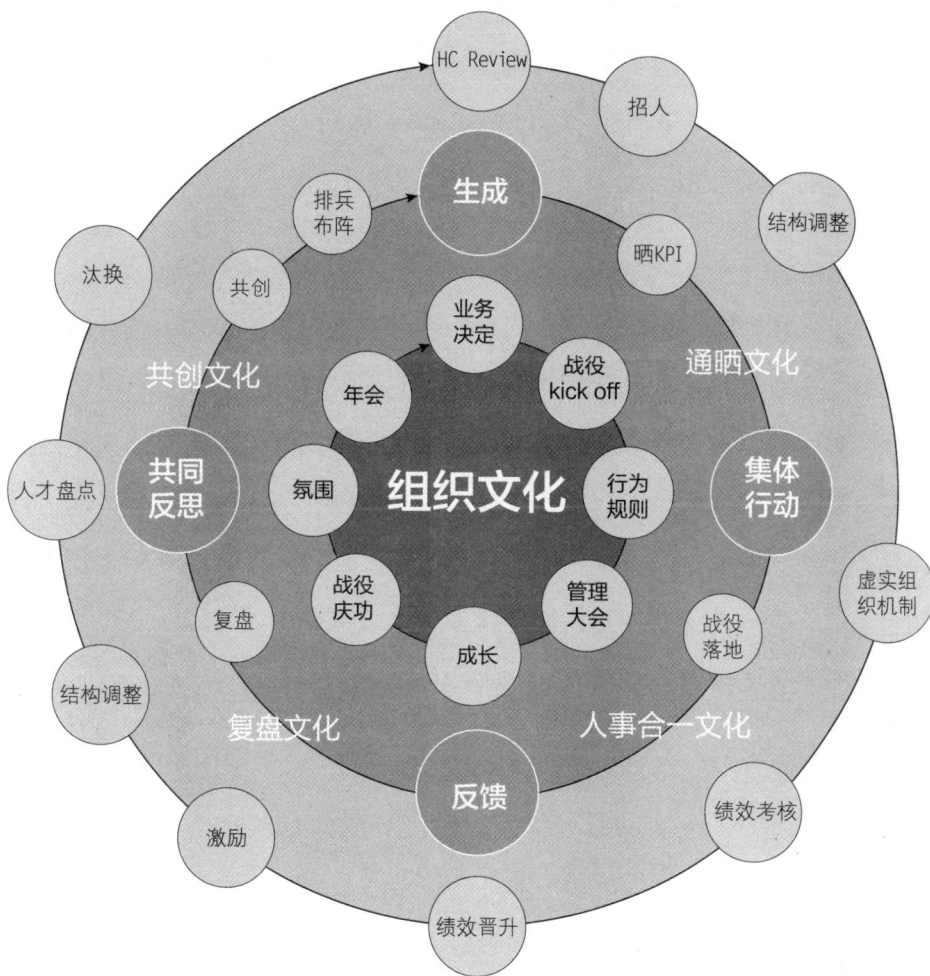

图5.5　一张图、一颗心、一场仗（阿里巴巴"业务—组织—人才"循环模型）

业务

基于战略、策略和目标，明确业务决定，并把业务过程拆分成若干的战役。每次战役之前的Kick-off（项目启动），就是一次明确目标、明确打法、凝聚士气的过程。业务过程要细化为若干的业务行为，要明确行为的规则体系。业务过程要有过程管理，不能不问过程只问结果。在业务推进中，要时刻关注组织能力的发育，既要业务数字，也要业务数字背后的能力厚度。对于阶段性的里程碑，要庆功、要表彰，要让组织内充满"赢"的团队氛围，要培养铁军们的自豪感、团队感、归属感。年会是一年一次的总结，更是一年一次的整装再出发，既要团建搞氛围，更要激发斗志，朝着更高的目标迈进。

组织

组织发展也要有目标。最大的目标就是支持业务目标的达成，就像生产关系之于生产力。业务目标要拆解成团队的KPI，这个拆解不是物理的拆解，很多时候应该是化学的拆解，要让团队成员知道团队整体如何达成目标，每个人如何贡献价值，而不是简单地摊派任务。团队要有行动，行动要有方法，要通过一次又一次的共创讨论，让行动策略明晰起来，要推动组织的车轮向前滚动。组织要跟踪业务的过程，要关注想法是否落地，过程中有没有要纠偏的地方，要验证我们的策略假设。

在业务过程中，高频、真实的反馈是核心。要重视内部360度的反馈，特别是我们的客户、我们的生态合作伙伴的反馈，要让真实的声音被听见。复盘不仅是阶段性的总结，更是一个过程，是一个直面问题、直面成绩，把结果提炼成方法、规律的过程；是一个带领团队通过反思不断成长的过程。部门、团队要不断共创，把新的经验、新的反馈不断引进，迭代我们的策略、行动。并且在过程中不断调整优化我们的排兵布阵，要让组织保持活力。

人才

人才工作的起点，是编制的制定。有人，才有事。我们要明确业务需要什么能力的人，组织需要什么味道的人，找到合适的人，把他吸引进来，当然这包括外招，也包括内部的轮岗。有了人，接下来要把人放在对的位置，要找到最能发挥他长处的位置。复杂的组织常常不是单条线管理的，那么人的虚实线汇报关系就是一个需要直面的挑战。既要发挥直线管理的快速响应力，也要鼓励跨部门的虚线合作，促进拉通和协同。每隔一段时间，公司要考核人才，考核包括考核结果，也包括考核过程和文化价值观。对于优秀的人才，要给予晋升机会，要给予职业发展，还要给予有竞争力的激励方案。从士兵到班长、排长再到连长、营长，人才成长一定伴随着组织结构不断地调优，这是组织和人才成长相辅相成的地方。我们要定期盘点人才，既要发现高潜力的人才，也要识别团队的中坚力量，更要识别团队中的大白兔，甚至野狗。团队必须保持精干，必须淘汰不合适的人，奖勤罚懒，为合适的人留出更大的空间。

一家公司如果能从业务、组织、人才三个层面出发，做好三方面环环嵌套的能力建设，这家企业一定会具备强大的组织能力，并焕发蓬勃的生机。

围绕业务—组织—人才循环模型，还有一系列的管理工具，它们有力地支撑了管理行动的落地，下面给大家做几个示例。

（一）共创会

一句话定义：围绕目标、策略，聚一群人群策群力。

关键点

（1）有哪些利益相关方？他们彼此的关系是什么？如何排列他们彼此的站位？

（2）谁需要参加这个共创会？

（3）参加人员以及主持人需要提前准备什么？

（4）会议的目标需要很明确。

（5）议程的设计需要根据现场情况及时调整。

（6）突破性的问题是什么？

（7）安排敢于指出问题的合适的人。

（8）不仅谈事情，还要谈感受。

（9）每个人都有表达的机会。

（二）晒目标

一句话定义：把大目标拆解到团队目标、个人KPI，Know How、Know Why等。

关键点

（1）业务Leader主导，而非陪HR玩。

（2）该深挖的深挖，该跳过的跳过。

（3）Leader要有Power。

（4）能看到大图，脱离本位看全局以及让自己在全局的位置上提升自己的格局、判断力。

（5）大场晒目标与小场晒目标的呼应；有的适合全局晒，有的适合局部晒；前台多去后台晒，上游多去下游晒。

（6）晒前的沟通互动更重要，而不是只寄希望于晒目标的30分钟。

（7）HR体系如何深刻理解背后出发点，并持续跟进形成闭环？

（8）业务Leader如何充分意识背后的出发点并足够重视？

（9）业务Leader的组织能力如何提升？

（10）如何应对目标不确定性的调整。

（三）复盘

一句话定义：事后总结经验教训，让每一次的经历成为下一次前进的阶梯。

关键点

（1）事先与业务Leader对焦，确定团队复盘的目标和关键议题，这是设计流程的关键点。

（2）核心是先回到业务整体，再进行聚焦，避免直接聚焦而丧失业务整体。

（3）借助复盘场域，激发团队力量，在组织能力上顺势下潜探询。

（4）提前布置，让参与复盘的同学可以事先有一些思考。

（5）设计复盘过程，关注背后的思考、客户的期望，精心做准备，时间、地点、参与者都很重要。

（6）实施复盘，阐述目的，引导流程和控场，深入挖掘。

（7）做复盘本身的沉淀，总结归档+推广、跟进+协调团队的行动，评估结果，也要评估过程质量。

组织变革与组织创新

几乎所有的企业都在聊组织变革和组织创新的问题，但是一聊到这事，似乎大家都觉得是个很空洞、很虚的问题，人们常常在会议上大讲特讲，但是实际落实到工作中该怎么样还怎么样。组织到底如何才能推动变革和创新呢，不妨先读一下下面的两个小故事，摘自《IDEO：设计改变一切》。

案例：美国银行与零头转存

美国银行来到IDEO（爱迪欧公司），要求帮助开发一种产品思路，既有助于维持现有客户，同时有助于带来新客户。设计团队想出了10个方案，但是其中的一个方案似乎特别突出：帮助客户增加储蓄的服务。这个方案的当务之急是理解人们普遍存在的行为，于是我们进入了人类学家的角色，出发前往实地：巴尔的摩、亚特兰大和旧金山，了解储蓄在普通美国人生活中的作用和意义。

我们发现，所有人都想多存点钱，可是只有少数人有办法把钱存起来。与此同时，许多人下意识采取的举动，指出了一个很有希望的方向。比如，有些人习惯性地多缴些水电费，他们要么是因为不喜欢找零钱，要么是为了确保不会因为迟缴费而被收取滞纳金。有些人喜欢"看不见的储蓄"，他们习惯每晚把多余的零钱扔进一个罐子里。项目团队由此推断，也许有可能找出建立在这些行为线索之上的方法，鼓励人们储蓄。

在进行了无数次的重复验证和模型制作后，美国银行于2005年10月推出了一项服务，叫作"零头转存"。这项服务自动将借记卡购物金额调高成最接近的整数，并把差额转入顾客的储蓄账户。现在，当找早上在毕兹咖啡店买一杯拿铁并用借记卡支付3.5美元时，如果我用4美元现金付账，那剩余50美分就应当是找给我的零钱，50美分的零钱就会自动存入我的储蓄账户。在喝咖啡的同时，我的储蓄额度在迅速地自动增加。我并不是唯一觉得这种储蓄方法简便易行的人。在推出后的第一年，"零头转存"就吸引了250万名顾客，这些顾客办理了超过70万个支票账户和100万个储蓄账户。

用来解说复合利息的学究训诫或者关于金钱真正有价值的道德说教，估计很难在大范围内改变大手大脚消费者的储蓄习惯。然而，通过把新服务嫁接到顾客已有的行为之上，IDEO公司设计出的这种服务既让人因熟悉而放心，又因足够新颖吸引来新顾客。不知不觉地，美国银行顾客的储蓄额就达到了前所未有的水平，而且他们自己可能从不认为能做到这一点。

> ## 案例：美国能源部

美国能源部习惯首先假定人们已经在关心能源效率，于是把资源投入到研发项目中，认为这些项目成果——节能新技术将会满足人们的需求。IDEO团队开展了一个阶段的深入细致的实地调研，在此调研中，他们对莫比尔、达拉斯、菲尼克斯、波士顿、朱诺和底特律等城市的消费者进行了抽样调查，并得出了一个不同寻常的结论：**人们并不关心能源效率。这并不意味着人们是无知、喜欢浪费或不负责任的，它表明"能源效率"是一个抽象概念，最好能把它转化为一种手段来实现人们真正关心的目标：舒适、样式、所在社区。**这一发现促使设计团队向美国能源部提出建议，将关注的焦点从找到工程解决方案以满足人们假定的需求，转向寻找办法，在实际的价值层面和生活中有意义的关键点上鼓励人们提高能源效率。以下设计方案是建立在这些研究发现基础之上的：时髦但热效能高的窗帘、销售展示区采用的节能照明设备，考虑到人们在诸如购买新房或者更新设施这种变动时刻更容易接受新信息的特点，就在此时为他们提供相关信息和具有教育功能的工具。

读完这两个故事，大家有什么体会？在企业中，绝大多数的员工、干部心里并不抗拒变革和创新，因为这是趋势，没人想否定这些趋势。但是问题往往出现在"和我有什么关系""我应该怎么做""这些改变会不会给我带来不便"这些困惑中。如果我们从这个视角出发，也许能找到组织变革与组织创新不一样的思路。

当我在阿里巴巴时，我一直在做生态中商家的赋能工作，无论是淘宝、天猫还是支付宝，既要帮助商家解决业务发展问题，也要帮助商家解决内部的组织能力建设问题。通过大量的走访、调研，我发现了大家在组织变革与组织创新中的一些常见问题，也提炼出一些我的基本看法。

（一）大企业为何步履沉重

看了很多企业的案例，我发现，大企业效率下降不是没有原因的。除了文化、激情这些软性的东西，大企业发现问题、定义问题、分析问题、解决问题的能力变弱了。这是基本功，也是常识。但就像前霍尼韦尔CEO高德威所著的《长期主义》中写到的一样：我们都以为这是常识，但是人们常常忽略常识。

大企业常常发现不了问题，因为过往的成功让大家对很多事情熟视无睹，认为这些事情是理所当然的。"不识庐山真面目，只缘身在此山中"说的就是这个道理。当然，不排除傲慢的成分。很多时候，企业为什么要引入新鲜血液，引入外部视角，聘请外部顾问，就是要跳出企业本身，换个视角看问题。

很多问题是大而空泛的，比如，企业缺少创新能力，这是个笼统的讲法，一个人只要不瞎不聋大概都明白。那么，什么叫缺少创新能力？这个问题表现在哪些地方？哪些情况说明企业缺乏创新能力？很多企业到这一步就卡壳了，因为大家喜欢说感觉，不喜欢说事情，不喜欢说具体的现象。任何一个管理大师都很难解决一个"感觉上"的问题。只有把问题定义清楚，把模糊变成具体，把感性变成理性，才有可能解决它。

企业会不会分析问题呢？我们常常理所当然地认为，世界500强企业的高层管理者，他们站得高，看得远，很有洞察能力。其实未必。就像《长期主义》中说的，高层管理者在很多时候形成了一种靠直觉做判断的傲慢，他们脱离实际，基于实际和战略分析问题的能力不断退化。分析问题的能力是所有企业管理者的必备能力，需要不断锤炼打磨。企业如何形成战略；高层管理者如何理解战略；如何理解业务和战略之间的关系；如何理解业务动作和业务目标之间的策略关系；如何理解组织和业务的关系；如何理解组织和员工的关系，这些都是分析能力的重要组成部分。分析问题，首先要有扎下去的态度，其次才是应用技术、方法、工具。现在我们往往是技术、方法、工具都不缺，就是缺扎下去的态度。

接下来，就是最后的临门一脚：我们如何解决问题。企业的目标要赚10个亿，分给10个团队，每个团队有1个亿的目标。这不叫解决问题，这叫搞摊派。企业有个大型的复杂项目，下面有3个子项目，我是PMO（Project Management Office，项目管理办公室）管理者，我把任务分到3个子PM（Project Management，项目管理）团队头上，只等收结果，这也不叫解决问题，这叫懒政。什么叫解决问题？就是和相关人一起，分析问题的解决策略，搞清楚业务的价值路径，定好阶段性的里程碑，定好时间的节点，并提供资源支持，这叫解决问题。还是上面的例子，PMO管理者要带着子PM团队一起，开会也好，开工作坊也好，把这些话题聊清楚，一次不行两次，两次不行三次，自己做不行就请外部顾问一起做，直到弄清楚为止，这叫解决问题的态度。很多企业的高层管理者，一没这个意愿，二没这个能力，只会发号施令，实在令人扼腕。

所以，企业里面的问题有没有解法？我们认为基本都有解法，至少都有干预空间。但是，核心关键还是：不想做事，面前都是阻碍；想做事，就有破题的方法。

（二）何为组织创新

美籍奥地利政治经济学家约瑟夫·熊彼特在其知名的创新理论中提出，创新就是"建立一种新的生产函数"，即"生产要素的重新组合"，就是把一种从来没有的关于生产要素和生产条件的"新组合"引入生产体系中，以实现对生产要素或者生产条件的"新组合"。

组织效能，如果用函数表示可能是怎样的呢？我觉得至少包括几个要素：问题挑战、解决方案、执行能力。

企业能否找到问题，提出问题，清晰地表达问题，就问题达成共识是第一步，也是最重要的一步。很多企业不是没有问题意识，而是没有定义问题的能力。如果在问题的定义上匆匆忙忙，在问题的解决上就有可能南辕北辙。

遇到问题，不同企业的解答各不相同。有的依赖机制；有的依赖技术；有的依赖组织设计；有的依赖领导人；有的依赖内部能力；有的依赖外部顾问。"一招鲜""三板斧"对于今天来说越来越没有说服力。因为企业的系统越来越复杂，必须有顶层设计，也必须有策略分解能力。

执行能力在过去常常被过分放大了。执行需要知识、需要技能、需要工具支撑，还需要激励机制配套。执行不是打鸡血，执行有很多关键节点。

回到组织创新的话题，其实并不神秘。三个要素有各种排列组合的可能性。管理的美好、管理的创造性，其实正在于此。

（三）如何打造企业自己的管理自信和文化自信

虽然我的主业是培训赋能，但是在我的实践中，我发现从企业的培训设计大概可以反推一家企业的"性格"。如果一家企业的培训主要靠外部课程，那么我们可以大概率推测这家企业缺了点管理自信；如果一家企业的培训以自己生产为主，那么我们可以大概率推测这家企业有比较成熟的体系，有较强的自豪感。

所有的细节都会反映一家企业的个性或者一家企业的发展阶段。我走访了很多企业，我觉得中国的企业在做大做强的过程中一定要补上自己的方法论这堂课，这样才更可能在迈向全球化的过程中实现产品输出，实现理念输出。

企业不是成了世界500强才开始总结自己，而是从创业的第一天开始不断总结自己的经验得失，因为这是企业最宝贵的东西。一个员工为什么加入这家企业，合作伙伴为什么与这家企业合作，消费者为什么信赖这家企业，背后看不见的东西才是一家企业最宝贵的东西。

管理自信和文化自信最重要的载体就是企业的故事和案例。没有发现美的眼睛，就看不到我们身边闪光的珍珠；没有提炼总结的能力，就会把好东西讲成流水账。总结企业历史、总结企业经验从来不是一件简单的事情。但是它非常有意义，以至于我们把它放到了太重要而紧急不起来的位置。所以，一拖再拖，激情变成平静，激荡回忆变成模糊琐事。

每个热气腾腾的当下，就是最好的时间。企业要掌握自己的脉搏，迈出自己的脚步。

6

第六章

数字化人才战略

随着数字化时代的发展，人力资源愈发成为企业最宝贵的资产，得人才者得天下！很多企业喊出了"人才战略"的口号，但是，什么是人才战略，如何实现人才战略的宏伟蓝图是需要我们认真思考、认真设计的一道题。

2022年初，华为轮值董事长郭平在华为心声社区发表了题为"前行不辍，未来可期"的新年致辞，其中写道：

开放吸纳全球优秀人才，充分激发内部人才潜力。开展顶尖竞赛，广纳天下英才，补齐和提升软件、算法、算力等关键领域人才。我们鼓励有志者投身科学，探索不确定性问题；激励优秀人才上一线，解决具体技术和商业问题。在激励政策上以责任结果为导向，但不以成败论英雄。营造开放的思想氛围，促进多基因文化，既要用好行业老专家，也要培养优秀年轻人，管理者和专家要主动和新员工多喝咖啡，帮助他们开阔眼界。我们要优化专家委员会运作，让专家在一线作战中拥有决策权，在作战中产生价值；要保持专业人员队伍的相对稳定，让积极肯干的老员工持续发光发热。我们通过为客户创造价值获取合理回报，给一流的人才一流的待遇，持续创新突破，为社会多做贡献。

以上这段话怎么解读呢？我们从人才战略的几个构面做个拆解。

1. 吸纳人才，要内外并举，形式灵活。

开放吸纳全球优秀人才，充分激发内部人才潜力。开展顶尖竞赛，广纳天下英才，补齐和提升软件、算法、算力等关键领域人才。

2. 使用人才，要围绕客户，围绕未来做人力配置。

我们鼓励有志者投身科学，探索不确定性问题；激励优秀人才上一线，解决具体技术和商业问题。

3. 激励人才，要基于结果，但不唯结果。

在激励政策上以责任结果为导向，但不以成败论英雄。我们通过为客户创造价值获取合理回报，给一流的人才一流的待遇。

4. 发展人才，要营造多元环境，促进融合。

营造开放的思想氛围，促进多基因文化，既要用好行业老专家，也要培养优秀年轻人，管理者和专家要主动和新员工多喝咖啡，帮助他们开阔眼界。

5. 保留人才，要让人才有成就感、价值感。

我们要优化专家委员会运作，让专家在一线作战中拥有决策权，在作战中产生价值；要保持专业人员队伍的相对稳定，让积极肯干的老员工持续发光发热。

人才战略，常常要和组织战略一起看。因为组织是人的集合，这个集合不仅是物理集合，更是化学集合、生物集合。简单来说，颗粒度越大，越倾向于组织话题。颗粒度越小，越倾向于人才话题。两个话题间相互嵌套，但又各有侧重。

接下来，我们重点围绕人才发展这个核心话题，澄清几个问题。

人群分层

在企业中，我们必须做人群分层。因为我们大概率不可能服务全球80亿人，中国有14亿人，我们要找到我们的客户群，并围绕他们的需求设计我们产品和服务的价值主张。对于企业内部的人才，我们也必须做分层，只有这样，才可能做到有的放矢。

在人群分层中有几个关键词汇，我们要做个澄清。

关键人群

很多企业把关键人群讲烂了，好像只要有人，他们就是关键人群。这样做的后果是重点变得越加不突出，让人摸不到头脑、抓不住重点。就像我们讲战略一样，如果什么都是"战略性"的，也就意味着没有什么是真正重要的。关键人群，有两个重要评判标准。

第一，关键人群一定是围绕战略主轴的。如果一家企业的战略是科技领先，那么，关键人群一定是科技人才。如果一家企业的战略是客户体验第一，那么，离客户最近、为客户体验这个目标贡献最多的就是关键人群。

第二，关键人群是企业核心竞争力的关键组成部分，也就是说，关键人群要在市场上具备一定的稀缺性。如果一家企业的关键人群在人才市场上有比较充足的供应，那么，大概率说明这家企业的竞争壁垒还不够高，核心竞争优势还不够突出。要在核心领域构建能力的压强，就要依托关键人群。

很多企业看不清楚关键人群的原因是企业对自己的战略不清楚，对自己的核心竞争力不清楚。追本溯源，这些底层问题看清楚了，我们对于人才的讨论才有意义。如有必要，大家可以重温下前面讲顶层设计的部分。

重点人群

根据普适的二八原则，一个企业的重点人群不应占比过高，从经验值的角度讲，20%左右的占比是比较合适的。占比过高，就没了重点，失去了焦点。

什么是重点人群？每家企业的定义截然不同。有的按层级分：高管、高管后备；有的按岗位分：技术研发岗、大客户销售岗。有的以关键人群为圆心，将关键人群的后备及上下游的相邻岗位定为重点人群；还有的企业把中青年的高潜力人才定为重点人群。

大家都知道阿里巴巴很重视HR，但是HR中的政委显然是HR体系的重点人群。因为政委是HR职能与业务部门之间最重要的桥梁，所以，做政委的同学就是重点人群。

重点人群一旦定下来，所有的资源，包括招聘、任用、发展、激励都要适当往重点人群倾斜。美的集团近几年有个理念：向软性人才、国际化人才倾斜。在部分岗位控编甚至缩编的情况下，这些重点人群的规模依然保持正常甚至需要扩大，这就是典型的"有所为，有所不为"的重点人群策略。

关注人群

关注人群的占比要比重点人群大，可能占到一半甚至三分之二。大家要理解一个问题，除了关键人群、重点人群，一般的岗位在社会上并不缺乏供给，但是，企业要平衡它的流失成本、招聘成本、培养成本、沉没成本。保留并发展合格甚至优秀的员工，从经济的角度是最划算的做法。

比如，生产中的基层管理者——班组长、新晋升的团队Leader、刚开始承担项目管理职责的项目经理，这些都是典型的关注人群，因为他们的好坏不仅影响他们自己的绩效，也影响周边人的绩效。

当然，还有一类识别关注人群的方法，叫作人力数据检核法。如果一类人群的人力管理指标，如流失率、敬业度、绩效评分等和其他人群存在显著差异，则需要我们将这类人群列入关注人群，并针对性地推进、改进相应的措施。

有的企业的管理文化是以内培为主，外招为辅，特别是很多世界500强企业。对于这样的企业，应届的管培生就是典型的关注人群。

当然，关注人群与重点人群在很大程度上一定是有包含关系的，而且它们是相对的概念，不是绝对的概念。但是，这样分类的好处是，我们明确了优先级，避免了平均用力。

全员

企业的以人为本常常体现在它对所有人提供了怎样的基础服务。比如，无论层级高低、岗位分布如何，每个人入职阿里巴巴3个月内都必须参加"百年阿里"的培训。每个人每一餐的餐补都是13元；每个人想要停车都要在系统抽签；每个人逢年过节都会收到一样的礼物；每个人内推成功获得的奖金都是一样的；每个人都必须参加年度的商业行为准则考试……在企业中，一定有很多东西对于所有人都是一样的，这是一家企业归属感、认同感很重要的一部分。

针对全员，我们常讲两件事。

第一，提供完善的人力基础设施服务，要加强SSC（Share Service Center，共享服务中心）的能力，让事务性的工作体验简单、高效。

第二，明确并践行一致性的企业理念，如尽可能明确企业内的用人理念、成功标准、职业发展通道等。

分层培养

做好人群分层之后，我们就可以有的放矢地进行人才发展。数字化时代给很多看上去的传统岗位提出新的挑战，人才发展方法不断迭代升级。限于篇幅，我围绕一些关键、重点岗位的人才培养和大家做个分享。

如何培养数字化时代的营销人才

数字化时代，很多东西没变，很多东西变了。比如，营销人才的培养方式不能沿袭旧思路，必须有些新变化。

今天，营销工作的本质并没有变：发现客户需求，并通过产品或者服务满足客户甚至超出客户需求。但是，营销工作有了新的要求。

比如，在如何发现客户的需求方面，过去常见的方法有问卷、街头陌生拦截、焦点小组讨论、入户调查等。通过这些方式收集的数据在没有数字化的时候，只能靠小样本推测大样本的可能性。但是今天，借助于数字化的手段，我们有了大数据甚至全数据，我们可以构建真正意义的全量客户样本分析。更重要的是，今天的数据是活的，是不断变化的，而不是横截面的死数据，这让我们的分析不但全面，而且新鲜。

过去，营销的同学和产品企划的同学、研发体系的同学、生产制造的同学甚至销售渠道的同学都是割裂的，各管一块、各自作战的情况非常常见。我们讲了好久业务全价值链视角，但是它不容易实现。为什么？除了主观的了解意愿、开会拉通等管理手段，现实中各个环节都有自己的系统，系统和系统不打通，数据口径不一致，自然没办法从数据看到价值链的全貌。看都看不到，何谈各个环节间的数据相互驱动。因此我们停留在了口号上。

产品从企业或者工厂发出，经过多少个步骤流转到消费者手中，这在过去一直是个谜。在自营模式下，从总部到自营区域、省份、市、县、乡，再到门店，最后到商品出清，有多个链路。在渠道模式下，从总部到渠道，再到渠道的下沉渠道，最后到成交，这个过程涉及的数据不但不清楚，关键还不能回流，何谈管控。如果在自营模式+渠道模式下，这个链路就更复杂了。所以，在经验化管理的时代，不是我们不想看数据，而是我们做不到看数据。但是今天，情况已经慢慢扭转。数据连通、ONE-ID等已成大趋势。这时候，数据中台建设、数据分析能力、数据决策能力凸显为主要矛盾。

在前面举的例子中，你会发现，营销工作的基本价值链没变，但是数字化提供了完全不同的想象空间和新的实现路径。

除此之外，数字化给了我们新的"武器"。比如，数字化精准营销，今天精准营销的精细度已经可以精准到街道、小区、甚至个人。比如，数字化会员运营，过去靠人肉运营，想做运营却有心无力，所以更多的是理念。但是今天，私域为什么能落地，因为我们有数字化解决方案，我们有这个新的能力。

所以，数字化的营销人才培养，必须基于营销本身，也必须跳出来，看数字化创造了什么新变化。唯有这样，才能不唯数字论，也能基于业务助力业务。

如何培养数字化时代的研发人才

很多做领导力培训、业务培训的同学，遇到对研发人才的培训就有点发怵。其实没什么特殊的地方，只要掌握了基本规律，则一通百通。

做项目的第一步：问问项目目标，问问管理意图。

对于研发人才的培养，如果培养目标是垂直的研发专业本身，大概率研发团队内部就搞定了，很少会交给IIR或者企业大学做。研发人才的培养通常以培养项目的方式做，不是出于研发专业本身做。我们要扎到场景里找问题。

比如，你所在的企业遇到过这样的问题吗？产品开发出来了，销售数据不给力，于是市场部门的人说产品研发得太烂；渠道部门的人说产品颜值太低；制造部门的人说产品对现有生产线的能力要求太高；客服部门的人说产品说明书不详细导致被客户骂；安装部门的人说产品配件缺东少西。难道这些锅都该研发部门背吗？当然不是。不过，这就是研发部门工作的常态。从这个场景出发，你会发现，其实这个培养项目要解决的是在全价值链视角下的沟通、拉通、协作的问题。

再比如，企业的研发团队流失率很高，特别是博士、博士后扎堆的团队，还有985、海归云集的团队。很多时候，研发团队并不好带，因为新人不屑于老人的技术水平，老人抱怨新人不服管，队伍中个个是龙，研发结果却是个虫。在这种场景下，研发团队问题的本质是管理问题、领导力问题。当然也包括愿景问题、使命问题、价值观问题和团队文化。

其实，培养项目的目标并不难找，可以问问项目的发起人，问问他发起项目的原因；到目标人群中多走走，大概就能理解这背后的管理意图。我们千万不要想当然，要把每一个需求都当成一次全新的解题。

从我实操的经验看，对研发人才的培养，尤其要关注以下几个地方。

第一，用户视角，用户视角，用户视角……重要的事情不止说三遍。太多企业的研发部门离用户太远了。别相信市场部门、客服部门的二手信息，很多时候这些二手信息是有毒的，研发部门必须学会自己洞察用户需求。

第二，全价值链。只知道钻研自己的技术，看不到全局的研发人员的行为太可怕了，这种行为太容易钻到自己的小世界了。我们在真实的商业世界里做研发，必须服务业务、服务商业目的。

第三，用深度和新鲜度降维打击。研发高手很容易自视甚高，克服之道，无外两招。要么在他知道的领域看得比他更深，用深度搞定他；要么引入新鲜、跨界的内容，让他看到他不知道的世界。研发人员的本质是高度自驱的，被刺激到位了，我们的目的就达到了。很多企业推动研发的履带式发展，研发一代产品，储备下一代的技术，再向前做基础研究或者前瞻研究，这个过程中会出现很多有深度、有价值的话题。

第四，连接。研发人员的特质导致了内秀型的人员比较多，他们日常的交际范围常常很窄。我们要帮助他们走出来、交朋友，给他们机会走上舞台，给他们曝光的机会。研发人员都有一个极客梦，我们要不断地放大它。

当然，还有交叉地带的话题。如研发管理、技术管理、知识管理、项目管理等，这些也可以补充在我们的培养项目中。

回归那个原点，所有的培训都是管理干预手段。好课程太多了，但不是把所有的好课程一股脑塞给学员。一次定点爆破一个要塞就很棒了。成功的第一次，常常会带来第二次、第三次、第四次。不急于一次搞定，要相信连锁反应的力量。

如何培养数字化时代的制造人才

制造体系的人才有非常多可以对标的国内外最佳实践，制造体系的知识体系非常成熟，日韩系、欧美系都有很多可借鉴的地方。制造体系的知识体系看上去很完备，但不意味着制造人才很好培养，很多时候，培养制造人才反而是企业的瓶颈。

今天我们说的制造和之前的制造相比存在很多区别。首先是观念的精益深入，每一年都有精益的空间、精益的可能性。所以，虽然制造的理论是经典的，但是制造的实践是与时俱进的。其次，信息化、自动化、数字化、智能化的制造给今天的制造人才提出了新的要求。比如，现在对制造老总的要求和十年前可能会有很大不同，因为制造体系的生产线升级了，变得数字化了，对于生产线工人的要求变了，生产、制造、品质、物流、供应链等很多环节都变了。最后，产和销的关系是持续动态变化的，以销定产、以产定销都不是绝对的，但大的趋势是以客户的个性化需求为中心驱动生产制造。制造人才必须和企业战略紧密咬合，构建新时代的制造竞争力。

所以，今天如何培养制造人才，要回到企业的客户需求中，回到企业的战略中，回到企业的商业模式设计中，这样才能更好地看清楚如何培养制造人才。从我的实践中看，我常建议做个制造人才的分层。

对于在生产线的一线人员，要以技能培训为主，同时辅以对产品的认识，对客户的认知，对企业文化的认同。我们必须让一线人员知道自己在为一座宏伟的圣殿努力，而不只是眼前的几层砖墙。一线员工的流动率高，很多时候就是因为意义感严重不足，特别是渐成社会主流的95后、00后。

对于在制造体系的专业人员，要做垂直的专业培训，同时做好两个关注。一是关注制造业务整体，关注制造体系中环节和环节之间的相互协作和相互制约关系；二是关注人，特别要关注制造生产线一线人员的成长和归属感，要把人放在心上。现在制造体系普遍强业务弱管理，我们在这方面必须多加强化。

对于在制造体系的中高层管理人员，可以从三个方面出发。第一，企业经营的全价值链视角，我们要把此方面放到第一优先级。很多制造老总散发着"包工头"的气息，他们想的是如何完成任务，而不思考任务本身的对与错、优与劣。制造与研发、市场、售后服务必须形成完整闭环，要相互反馈、相互连接，不能只是单纯的串联关系。第二，制造体系必须关注客户，必须有自己对客户需求的洞察和理解。很多制造体系的人，把产品功能当作客户需求，把质量合格率当作客户满意，这是错误的想法。没有对客户需求的洞察，就没有对产品的热爱，也就没有制造体系发自内心的自豪感，这些都是一脉相承的。第三，如果有条件，一定要向外看，看本行业国内外的最佳实践，看跨行业的最佳实践，制造体系的"烟囱效应"很明显，故步自封只能越来越落后，制造人才必须不断受刺激，才能不断激发成长的动力。

观察一个企业的人才厚度、人才健康度的很重要切入口就是这个企业核心业务的一号位的成长路径。如果一号位都是从市场岗位成长起来的，说明这家企业重市场弱其他；如果一号位都是从研发体系成长起来的，说明这家企业重研发弱其他；如果一号位是从各个岗位成长起来的，那说明这个企业的是很有人才厚度的，而且实现了真正的良将如潮。制造人才要有成为CEO的进取心，制造人才向前看、向全看，我们就有机会实现自我的突破。

如何培养数字化时代的数智人才

每家企业都想要培养自己的数智人才。但是，哪些人是数智人才我们常常界定不清，再谈如何培养数智人才就更难了。我们如何分析这件事情呢？我们看个真实的例子。

某行业领军企业业务规模庞大，产品线众多，拥有自有生产线，也拥有委托生产线；品牌有贴牌，也有自有品牌；销售模式有自营模式，也有渠道模式。这样犬牙交错的格局导致企业内部业务系统林立，作为管理者常常无法看到全盘情况，并需要大量的人肉数据处理工作。在业务线联动、协同的过程中也出现了各种问题，对业务发展形成了严重的掣肘。

所以，企业发起了数智化战役。首先，从战略出发，确立数智化为企业核心战略支柱之一。在策略上，明确基于业务流程优化、业务高效协同为目标的数智化战役。接下来，分解若干子项目。梳理业务价值链，明确业务逻辑，明确每个业务节点的负责人，统一业务语言，统一财务口径。然后IT、数智化部门进入，基于整体业务逻辑做系统架构设计，按业务价值链模块将系统架构设计分拆到各个业务系统，明确整体业务项目及子业务项目。将系统分段上线，逐步替换现有系统，并最终实现整体切换。业务流程和业务管理同步做管理动作优化、培训赋能，以及修订制度。最终，数智化实现了非常好的业务效果，有力地支撑了企业更上一层楼。

通过以上这个案例，我们看看企业到底对数智人才的期待是什么。

第一，数智化的落脚点必须强有力地支撑业务发展，不能被动地等着接需求。衡量数智化工作好坏的技术领先性、过程效率一定是次要指标，业务支撑指标一定是主要指标。所以，对于数智人才来说，不了解业务全价值链，不了解商业本身，大概率做不好数智化。

第二，数智人才要帮助业务人员厘清思路。我经历过很多次数智化人员与业务人员的共同讨论。我发现，业务人员很容易陷在自己的惯性里，而数智人员，因为站在外面，而且因为看得多，很多时候能提出很好的问题和建议。数智人才要有可进可退的能力，不但能接住、理解业务的需求，必要的时候还能充当教练、引导者的角色，和业务一起把问题搞清楚。

第三，数智人才实现工作目标需要大量的拉通、协同。需要在产品与开发、产品与业务、产品与产品、业务与业务、业务与HR、财务等之间做大量的协调沟通。没有跨部门沟通的能力，是很难做好数智化推动的。

第四，数智人才要具备项目管理能力，特别是复杂、长周期项目的项目管理能力。大系统下有小系统，系统里面有模块，模块里面有逻辑，数智人才只有协调好千军万马，才能打好全盘战争。

前面四个要点其实都是偏软性的能力，和数字化、计算机、开发、物联网、商业智能等硬性能力是不同的。但是，今天企业的数智人才必须具备"软硬兼施"的能力。

数智人才当然还要做好自己专业领域的垂直纵深。做实验研究，开展学校和企业合作、国内外企业和企业合作，实行产学研结合都是可行的方法。在专业能力的垂直纵深上是没有止境的。前沿的东西我们必须看到，但是我们做的东西必须保持"适度"，否则就可能出现功能过度、技术过度的问题，脱离了业务的发展要求。

小结一下，狭义的数智人才就是传统的计算机人才、开发人才、商业智能人才等，围绕业务需求提供数字化、智能化的能力，侧重业务的数字化。而广义的数智化人才可能出现在业务部门和数智化部门的接口，或者就在业务部门，他既理解业务，也理解数智化，进一步推动了企业的数智业务化。

如何培养数字化时代的青年人才

很多企业重视青年人，所以在培训体系中特意设计了青训班、青干班。这个出发点是不错的。不同的企业，设计思路千差万别。很多人问："到底这类培养项目怎么做？"我们不妨从头理理思路。

青训班、青干班的目的是什么？回答清楚这个问题，明确定位是重中之重。

有些企业没有明确的目的，要说有，就是显示出对青年的重视。好吧，这也是个目的。只要把人组织起来，上什么课反而不重要，因为在这个目的下，形式大于内容。

有些企业是奔着挑选人才去的，从培养项目中观察有潜力的苗子，选拔高潜质的人才。如果奔着这个目的，就少安排些讲授的内容，多让学员有表达、展现的机会，创造尽可能多的观察点。

有些企业是奔着建立人才梯队去的，按照一定条件把人挑出来之后，希望通过好好培养加速这些人的职业发展，以后勇担重任。如果是这样，教学设计就又不一样了。我辅导过的几个项目就是如此，这种教学设计通常需要从战略、全业务价值链入手建立全局观。从企业内部案例、内部经验出发，培养青年的认知深度；通过外部走访、跨界走访打开青年新的思维模式。同时，创造各种连接，促进内部的网络形成。

有些企业是奔着解决问题去的，企业中有些积重难返的问题，老人做往往容易开倒车。怎么办？搞一批青年一起学习，一起研究，看能不能提供新视角、新解法。在这个目的下，培训其实就是一个行动学习项目，选题和选人很重要。

在不同目的下，哪怕项目都叫一个名字，但是教学设计一定是不同的。今天，数字化的背景又给项目提出什么样的新挑战呢？我认为新挑战分三个阶段。

第一个阶段，让青年学习数字化，把数字化作为一个知识、技能教给青年。

第二个阶段，让青年学习+数字化，传统业务+数字化，做强制关联，刻意练习。

第三个阶段，让青年学习数字化+，基于对数字化理解的加深，重新思考业务的局部，甚至业务的全价值链。

对于青年人才，我常常直接跳到第二个、第三个阶段，因为青年人才已经是数字化时代的原住民，多些信任，多些赋能，他们往往能绽放出光彩夺目的思想火花。

如何培养数字化时代的管理人才

之前很多年，我把精力都放在业务人才和业务管理者的培养上，最近回过头看传统意义的领导力培养，发现它们之间有很多可以相互借鉴的地方。

很多管理者的培养遵循传统的经典模式，从领导力模型出发，做人才测评、人才盘点，然后用领导力培训承接，似乎无太大问题。但问题是，为何收效甚微。

首先，我们要有一个基本概念，要在业务场景和管理场景下谈领导力，离开场景，领导力就容易走向空泛、概念化的一端。比如，一家初创公司、一家发展期公司、一家成熟期公司，它们对领导力的期待是不一样的；一个ToC的业务、一个ToB的业务，它们通常对领导力的要求是不一样的；线下ToC的业务、线上ToC的业务、线上线下混合的ToC的业务，它们对领导力的要求也是不一样的。如果公司的业务比较单一还好，用一套模式可以打天下。如果公司的业务比较多元，就必须考虑业务的特质性。

数字化时代对管理人才提出了新的要求。很多公司除了引入一两门数字化思维的课程，其他还是熟悉的配方，自然也是熟悉的味道，了无新意。其实，今天的管理人才培养充满很多新的挑战。

第一，数字化使公司的战略、商业模式在重构，我们必须带着管理人才重新理解公司的愿景、使命、价值观、战略定位、商业模式，必须形成新的"一张图"。领导力培训的起点，必须从这里开始。

第二，理解变与不变，特别是业务的变与不变、组织设计的变与不变，从业务场景、组织场景中寻找对当下有意义的课题。

第三，强制关联，刻意练习。先从+数字化开始，逐步过渡到数字化+，要让管理人才逐步打开数字化的新视角，一定要把新知识和工作结合起来，并建立行动承诺。

第四，内部复盘，挖掘内部案例，讲好内部故事，塑造公司管理自信。数字化不应该让公司萌生焦虑、萌生自卑。反过来，管理人才应该从公司走过的路中，挖掘公司成功应变、成功转型的宝贵经验，帮助公司从成功走向成功。

第五，回归原点，从人出发。数字化时代，效率提升，模式优化，很多人都本能地把数字化和业务场景做关联。其实，数字化的核心是人，为客户提供更好的价值和体验，让员工有更强烈的归属感和自豪感。今天的领导力，讲人太少，讲术太多，这和时代的真意背道而驰。

我一直对数字化时代的管理人才寄予厚望。我相信他们会在新的土壤下生长出来，能不受过往藩篱的束缚，保有热切、好奇之心，创造不断的惊喜。

新职业与新岗位

中国有句老话：三百六十行，行行出状元。但是，我们国内的岗位设置，真的只有360个岗位吗？显然不是。相信现在很多大型企业内部的岗位设置已经不止360个了。岗位是什么，是社会专业分工的结果。社会向前发展变化，专业分工必然不断随之变化，岗位也一定是个动态发展的过程。

有哪些岗位是你儿时的记忆，现在却找不到踪影？比如，办公室打字员、手工考勤员，不是打字、考勤这些工作内容不在了，准确地说，是这些工作被技术取代了。有人开玩笑说："现在连小偷都少很多了，因为电子支付方式使带钱包的人越来越少了。"你看，这就是社会前进的影子。通过职业、岗位的变迁，我们能更好地了解时代的发展。同时，我们必须思考有哪些职业、岗位可能在未来出现，从企业的视角如何做好提前的布局。

随着数字经济的日新月异，每一年都会生长出新的经济、产业、商业形态，进而产生了很多新的职业。这是社会发展的必然结果。

新职业，是指经济社会发展中已经存在一定规模的从业人员，具有相对独立成熟的职业技能。

新职业具有几个特性：目的性，即有人专职从事此业赖以谋生；社会性，即为他人提供产品或者服务；规范性，即合乎法律规范；群体性，即一般要求人数有不少于5000的从业人员。新职业还有稳定性和独特技术性。

新职业的界定包括两类：

（一）全新职业：随经济社会发展和技术进步而形成的新的社会群体性工作。

（二）更新职业：原有职业内涵因技术更新产生较大变化，从业方式与原有职业相比已发生质的变化。

自2015年版《中华人民共和国职业分类大典》颁布以来，共发布了四批新职业。

第一批：13个

1. 人工智能工程技术人员

2. 物联网工程技术人员

3. 大数据工程技术人员

4. 云计算工程技术人员

5. 数字化管理师

6. 建筑信息模型技术员

7. 电子竞技运营师

8. 电子竞技员

9. 无人机驾驶员

10. 农业经理人

11. 物联网安装调试员

12. 工业机器人系统操作员

13. 工业机器人系统运维员

第二批：16个

1. 智能制造工程技术人员

2. 工业互联网工程技术人员

3. 虚拟现实工程技术人员

4. 连锁经营管理师

5. 供应链管理师

6. 网约配送员

7. 人工智能训练师

8. 电气电子产品环保检测员

9. 全媒体运营师

10. 健康照护师

11. 呼吸治疗师

12. 出生缺陷防控咨询师

13. 康复辅助技术咨询师

14. 无人机装调检修工

15. 铁路综合维修工

16. 装配式建筑施工员

第三批：9个

1. 区块链工程技术人员

2. 城市管理网格员

3. 互联网营销师

4. 信息安全测试员

5. 区块链应用操作员

6. 在线学习服务师

7. 社群健康助理员

8. 老年人能力评估师

9. 增材制造设备操作员

第四批：18个

1. 集成电路工程技术人员

2. 企业合规师

3. 公司金融顾问

4. 易货师

5. 二手车经纪人

6. 汽车救援员

7. 调饮师

8. 食品安全管理师

9. 服务机器人应用技术员

10. 电子数据取证分析师

11. 职业培训师

12. 密码技术应用员

13. 建筑幕墙设计师

14. 碳排放管理员

15. 管廊运维员

16. 酒体设计师

17. 智能硬件装调员

18. 工业视觉系统运维员

看完这四批新职业，相信大家会有一个明显的感觉，在数字经济飞速发展的时代，越来越多围绕产业数字化和数字产业化的新岗位正在快速涌现，这已经是一个毋庸置疑的大趋势。接下来的问题是，我们的企业是否做好了准备，是否提前储备了人才，是否提前储备了人才培养的能力。

在2016、2017年兴起"新零售"之后，所有企业都在满世界地寻找新零售人才，结果根本找不到。为什么？线上型企业觉得新零售人才应该在线下，他最好既懂线下业务也懂线上业务；线下型企业觉得新零售人才应该在线上，他最好既懂线上业务也懂线下业务；平台型企业觉得新零售人才应该在品牌商，他最好既懂品牌也懂平台；品牌型企业觉得新零售人才应该在平台，他最好既懂平台也懂品牌。企业能不能去国外找新零售人才呢，结果发现国外的新零售还没国内发展得快。大家找来找去发现压根儿没有这样的人。因为新零售人才是个全新的物种。

怎么办？企业只能自己培养。把线上、线下、平台、品牌、技术、经营等相关的人统统投放到新零售的业务战场，在战场上培养人才。当然，公司的CEO、HR要做好穿线的人，要做好顶层设计。最后，优先跑出来的就是新零售人才。我了解到一家企业，它的新零售主将是原来HR部门的一把手，现在他成了新零售业务部门的一把手。我觉得没什么奇怪的，因为新职业，一切皆有可能。

今天，企业再寻找新零售人才已经不算是件难事了。因为在短短几年时间内，新零售部门已经成为很多企业的标配。请记住，就是这几年的工夫。但是，如果你想等待，等到其他企业试验好了，新零售部门成立起来了，你再去挖这些企业新零售业务部门的人，这个时候，业务的风口大概率已经过去了。时代红利不会等着你，没有人能吃新零售的现成饭，每个人都得靠自己。

这几年，新能源汽车是个大风口，很多人跟我探讨："安老师，互联网汽车人才在哪里？"说实话，我第一反应就是：这不就是新零售人才的翻版吗？"蔚小理"这样的新势力想去传统车厂挖人，传统车厂想去新势力车厂挖人。整车厂想去互联网公司挖人，互联网公司想去整车厂挖人。你看，找来找去，发现压根儿没有一个全能型的"互联网汽车人才"。

怎么办？只能靠企业组织设计的力量，把具有相关能力的人聚在一起，通过不断打仗，锤炼这套能力，然后培养出这样的人才。这就是数字经济时代的新范式。没有现场解法，需要自己熔炼。

当然，因为我们看的行业、企业比较多，我们会不断总结培养新职业人才的方法。大家如有兴趣，可以看下一章的案例部分，非常具有典型性。

当我和快消行业的人聊天时，我会问："未来几年，快消行业需要什么样的人才，会出现什么样的岗位，你们准备好了吗？"当我和零售、服装、地产、消费电子、食品、医药、金融、餐饮、文旅等行业的人聊天时，我也会抛出这个问题。每个行业都在经历寻找新职业人才而不得的苦恼，你绝对不是个案。所以，放平心态，总结方法，提早出发。

人才发展策略

前面做了一些不同岗位人群的培养思路的讲解，接下来，我总结提炼下人才发展的策略核心是什么。

任正非是国内公认的对于人才发展非常重视的企业家。他曾经多次对华为大学，也就是华为的人才培养部门提出明确的指示。我做了一些节选摘录，大家不妨先以华为作为案例，思考华为的人才发展策略是什么。

2006 年 11 月 20 日，任正非在华为大学和党委领导座谈会上提道：

人的奋斗精神是不能丢失的，这方面，干部将是决定因素。

华为大学能不能把"将军的摇篮"这句口号公开喊出来，这将给教学极大压力，给学生极大压力。我们执行"830"计划，最大的困难是缺少带兵的人，缺少优秀的拥有成功实践经验的干部。这些人在学习与实践中会逐步成长为各级管理骨干，我们称为'将军'。

华为大学在这个历史时期应负有很大的使命。我们要研究一下，黄埔军校、抗日军政大学、西点军校为什么出了这么多将军。为什么我们担负不起这个历史使命？黄埔军校培养了林彪、徐向前、陈赓……一大批高级将领，你们分析一下，黄埔军校为什么能够培养出这样的学生？抗日军政大学为什么能培养出一大批走在抗日前线的将领？抗日军政大学毕业的20 万学生对中国的革命和建设起了多大作用……现在，我们也要"北伐"

了，为什么我们担负不起这个历史使命？担负不起这个责任？我们需要研究我们的教学方法。

华为大学要对选拔出来的一批特优秀的干部进行素质培养，使这些"土八路"能使用导弹，驾驶坦克、巡洋舰……你们的任务是相辅相成的，都是为了培养干部。"否决权"和"弹劾权"是非常大的权力。你们怎么用好这个权力，怎么培养干部。

我们的各级干部都要练就200米近战的硬功夫，要敢于刺刀见红。

现在，我们不缺像项羽之类的勇猛之士，但为什么不能产生真正的将军？因为我们不给这些草莽英雄制度化、规范化的作业方法的教育。这些教学不是从任何西方课本中下载的，而是结合我司的实践，活学活用，急用先学。系统全面的教育要与解决现实问题结合起来。

我认为，所有的教学案例都来自华为和社会的真实案例，本本主义的案例一个也不要。真实案例虽然不可能成为很好的教学教材，至少它是实用的，是成功的。所以，你可以照着这个方法做，如果还差些东西，你可以进行补充。

你们是否能够喊出你们的口号"这里是将军的摇篮"？如果不能，你们就脱离了这个时代，就像在世外桃源一样，没有和现在形势的紧迫感结合起来，你们的重要作用便没有得到公司各个部门的认同，这一点对你们很重要。

我们要"北伐"了，你们不为我们培养出将军怎么行？这个问题你们要好好想一想。

2011年1月4日，任正非在华为大学干部高级管理研讨班上提道：

恭喜大家成为华为大学第一届自费大学生，我们要继续推行这种路线，在公司内部，除了交学费，大家还要停产停薪学习，教材还要卖高价，你想读书你就来，不想读书就不要来。交学费不吃亏，为什么不吃亏呢？因为学好了，能力就提升了，出绩效和被提拔的机会就多了；即使没学好被淘汰了，说不定现在退一步，将来进两步。所以，投资是值得的。华为大学以后的收费标准可能会越来越高，交学费、停薪就是让你有些痛，痛了你才会努力。

我们的学习是启发式的学习，这里没有老师上课，只有"吵架"，吵完一个月就各奔前程，不知道最后谁是将军，谁是列兵。相信真理一定会萌芽，相信随着时间的久远，会有香醇的酒酿成。

我认为干部后备队的培养学习，可以分四个阶段。

第一个阶段先从启发式学习开始，先读好教材，最好每天都有一次考试促进学员的通读……

第二个阶段自己演讲，演讲的内容不能是学了哪个理论就背哪个理论，这种演讲是垃圾。要讲你在实践中做了哪些工作，是否符合这个工作的价值观，只要是你自己动脑筋讲的，我认为都是合格者，不合格者是那些不动脑筋混着的，喊口号、拍马屁最响的，这些就是不合格份子……

第三个阶段是大辩论，把观点和故事都讲出来……大辩论中如果有反对的观点，这个观点我认为是干部动脑筋想出的，是有水平的，我们要授予管理老师权力，让反对者过关。我们华为公司允许有反对者，相反对于支持者的观点，我们恰恰要看他是否真正认识到规律性的东西，还是只是陈词滥调、是被动接收的。

第四个阶段，在第三个阶段你展开了个人观点，吸收了别人好的地方，了解了别人差的地方，就开始写论文和答辩了。你的论文必须是非理论性的，只要是理论性的论文就是零分。你的论文要讲你的实践，你是否实践过，你实践的例子是什么。

华为大学将来会有几个系，你们就是后备干部系，以后如果有同学会，同学会可以庆祝哪个人当了将军、陆战队长、重装旅主管、优秀专家。没当上的也不要生气，虽然你减少了报酬，减少了股票，但是你消耗的成本变少了，并增加了公司的成本竞争力，是很光荣的。大家通过同学会可以经常互相鼓励。

2020年2月14日，任正非在"华为大学要成为公司能力提升的使能器"邮件的按语：

华为大学要办得不像大学，因为它实质是一个培训机构，培训的对象是已经受过高等教育并在实践中取得成绩的员工。华为大学除了像时间管理、沟通管理、项目管理、团队管理、绩效管理等这类课程有独立性，像个正规大学一样外，华为大学本身不是独立机构，没有独立性，它是贴在公司业务管理队伍需求上的一个附属机构，尽可能地满足业务部门的需求。华为大学的员工也像作战部队一样，打起背包、背上铁锹，一起与业务部门同一战壕奋斗。

读完任正非的几次批示、点评，我们可以从公司一号位的角度思考，公司到底需要什么样的人才，到底应该构建什么样的人才发展策略。结合我服务多个行业的实践，我将人才发展策略归纳为以下几个方面。

第一，人才发展策略是公司顶层设计、业务战略、组织战略的自然延伸，它不能独立存在，必须先回答清楚这三个问题，再谈人才发展策略问题。

第二，人才发展策略要有自己的顶层设计。这个顶层设计要回答"我们是谁？""我们服务谁？""我们的使命、愿景、战略是什么？"的问题。

我们是谁？人才发展策略的主体是人力资源的人才发展团队，是所有各级的管理者，还是谁？

我们服务谁？我们的服务对象是全员，还是部分岗位的部分人群；我们的服务范围只是企业内部，还是企业内部和外部的生态合作伙伴？

我们的使命是什么？是让每个人成为更好的自己，让优秀的人脱颖而出，还是让企业成为一所终身学习的大学，人才发展策略要有自己的使命定向。

我们的愿景是什么？是成为一个专业的人力资源人才发展团队，一个公司优秀人才培养的摇篮，一所具备行业优秀人才的黄埔军校，还是一所具备社会影响力的培训团队（企业大学）？

我们的战略是什么？我们是以最快的速度实现全员的培训覆盖，集中精力解决关键人才发展的问题，还是以数字化的方式实现人才发展的数字化？人才发展策略要回答"我们要什么，有什么，能放弃什么"的问题。

第三，围绕实战做实训，是人才发展的核心工作。实战既包括公司业务的实战，也包括公司组织管理的实战。实训就是最大化地还原实战的场景，用实战的经验、案例赋能人、团队的能力，让所训即所战，也就是平时多流汗，战时少流血。

第四，场景化案例开发能力是人才发展策略的核心能力。在公司的场景中，说教是苍白的，观点是无力的，只有源自公司一线场景的案例才是最适用，也是最有实战价值的经验教训。人才发展团队要善于建立收集问题、场景的管道、通路，要有科学的方法萃取提炼问题、案例，还要有与时俱进的教学设计能力传递、呈现案例。这不单是培训工作，也是管理工作。

第五，创建学以致用的工作环境和支持机制是人才发展策略的核心挑战。就像任正非讲的一样：知不是目的，行才是。案例不但要读懂、学会，还要能讲出来，要辩论得透彻，更重要的是有所实践，内化形成自己身上的经验。但是，很多公司把组织的内部管理与人才发展培养分割开，这样做的后果就是打井打了50米，却留下了50米的遗憾。

《IDEO：设计改变一切》中有一个美泰公司的案例，这个案例是今天很多企业做人才发展策略的一个缩影：口号喊得很响，工作做得很用力，但为什么回到了原点？

案例：美泰公司与"鸭嘴兽"项目

身为美泰公司女童部的资深副总，罗斯意识到，美泰各部门之间很难进行沟通与合作。为了解决这个问题，她创立了为期12周、代号"鸭嘴兽"的实验项目，来自公司各部门的参与者需要搬到另一个区域，目标是创造出打破常规的新产品思路。罗斯告诉《快公司》杂志："其他公司有臭鼬计划，而我们有鸭嘴兽。我查了鸭嘴兽的定义，它是不同物种的罕见组合。"

的确，美泰公司各"物种"间的差别，几乎不可能再大了：人们来自金融、营销、工程和设计等各领域。该项目对参与者的唯一要求就是参与者全职参与鸭嘴兽项目12周。因为许多参与者以前从未参与过新产品的研发，也没几个人接受过任何形式的创新培训，所以项目的最初两周被用来举办"创造力新兵训练营"。在此期间，他们听各领域专家讲解从儿童成长到集体心理学的各类内容，并接触了一系列新技巧，包括即兴表演、头脑风暴和模型制作。在接下来的10周时间里，他们探索女童玩具的新方向，并提出一系列新颖的产品概念。最终，他们做好准备，将创意提交给管理层。

该项目创造了一个空间，对公司所有的规则都提出了挑战。罗斯定期召集新团队，使他们置身于一个特别设计的环境中，在这里，人们可以进行各种实验，而在日常工作中这是办不到的。正如罗斯所料，许多鸭嘴兽项目的毕业生在回到他们所在的部门后，决心采用学到的实践方法和观念。然而，这些毕业生发现，回到所在部门后，他们所面对的效率至上的文化氛围总是会使创新变得很困难。相当一部分人变得很沮丧，有些人最终离开了这家公司。

综合性人才发展手段

关于人才发展的培养，大家不要想当然地认为等于培训。就像我在本书中反复提到的一样，我们用的是赋能而非仅仅培训的方式来推动人才发展的工作。因为人的发展是全方位的，手段也是全方位的。就像经典的"70-20-10"法则一样，人的发展，10%是知识类型的，靠学习、授课、培训解决；20%是交流类型的，靠不断和社会连接、人与人之间的交流获得；而最重要的70%是实践类型的，靠不断的实践，不断的干中学实现成长。

根据过往我服务的诸多行业和企业，我总结了人才发展的30种手段，希望能帮助大家对于人才发展有个综合的视角。

学习类手段（Education）（见表6.1）

表 6.1　人才发展学习类手段

序号	方式	释义	适用人群	目标效用
1	课程学习 Training	参与公司内外部培训、继续教育（MBA、EMBA、证书学习考试）等	全员	获取经营、管理等方面的认知、知识和技能
2	逆向赋能 Sharing	由客户、经销商、商业伙伴来分享最佳实践、思考与观察等	全员	通过外部视角，特别是客户视角、用户视角，打开认知，并获取相关行业或者专业知识
3	沙盘模拟 Simulation	参与模拟商业运营价值链的模拟沙盘"游戏"	中基层员工	深化商业知识，并获取对企业运营的全局认知理解
4	研习社 Group Learing	非正式组织的专业研习社（如 AI 俱乐部、硬件俱乐部等）持续性探讨专业中的实际难题，探索解决方案或者路径	中基层员工	在研讨碰撞中提升专业知识和技能
5	专题研究 Research	对商业历史、宏观趋势、军事历史等方面进行探究，再映射到对企业发展的反思和启发	高层管理者	沉淀多维度的知识并提升对企业发展局势的认知和理解
6	战队对抗 Debate	基于具体业务或者管理议题，组成不同看法的战队互相辩论，逐步明确对问题的可行解法的思路	中高层管理者	辩论碰撞中深化对业务和管理知识的理解，且打磨沟通表达的技能
7	务虚研讨 Discussion	针对业务趋势、规划和战略方向，进行深入研讨，探索方案或者路径	高层管理者	通过研讨探究路径，拓宽对业务发展的认知宽度，并深化对其的理解深度
8	交流互访 Visit	（1）外部走访：与外部对标企业或者机构交流，学习最佳实践 （2）内部互访：事业部门之间彼此交流最佳经营/管理实践，相互借鉴启发	全员	通过内外部碰撞获取启发，打开不同认知视角
9	实地考察 Enquiry	实地走进目标场景，获取一线实际的体感，促发对问题的进一步发现与反思	全员	获取一线实践反馈信息，深化对业务问题的认知

启发类手段（Enlightening）（见表6.2）

表 6.2　人才发展启发类手段

序号	方式	释义	适用人群	目标效用
10	伙伴计划 Buddy	选取新员工的同级作为伙伴，给予新环境中工作与生活的指引，并作为新员工的"倾诉对象"，帮助建立归属感	新员工	建立对企业战略、组织、人文等方面的理解，加速新员工的融入
11	导师辅导 Mentor	类同于师徒制，传道解惑，帮助员工解决工作上的难题与挑战	中基层员工	获取导师知识、技能、经验的传授
12	教练引导 Coach	区别于导师辅导，教练引导员工自我反思，启发自我探索解决问题路径	中高层管理者	通过启发自我探索解决问题路径，强化看待问题的认知深度和广度
13	他人反馈 Feedback	获取包括管理层、直接上级、同级、下级等利益相关者的 360 反馈	全员	深化自我认知及反思
14	测评反馈 Assessment	参与专项能力、潜力等测评，获取专业解读老师的测评反馈，实现更全面的自我洞察	全员	
15	影子计划 Shadow	跟随某一关键岗位或者角色的在任者，走进其工作场景，实地体验和学习	中基层员工	学习管理者看业务/管理问题的视角、做事方式、思维方式，深化商业知识积累，提升认知水平
16	参与会议 Involving	参与或者旁听重要业务决策会议，近距离学习一手的管理者看业务/管理问题的视角和业务规划	中基层员工	
17	标杆访谈 Interview	访谈标杆人物的工作经验、做事方式、认知问题的视角；访谈挖掘企业内部的标杆事件，形成案例产出，赋能于己，同时赋能他人	全员	
18	逆向导师 Exchange	与管理者交流分享一线/有经验员工关注的问题和思考方式，促进彼此的认知和理解	基层员工	强化对不同层级人群的理解与认知，同时学习管理层的思维视角
19	担任讲师 Impart	沉淀萃取自身经验并转换成知识和技能，传授于他人	全员	在磨课中深化和沉淀自身经验的知识和技能，促进深度自我反思

实践类手段（Experience）（见表6.3）

表6.3　人才发展实践类手段

序号	方式	释义	适用人群	目标效用
20	岗位轮换 Rotation	轮岗，任职不同岗位。情景包括但不限于： （1）跨职能：尤其是贴近市场一线的作战岗位与综合管理岗位之间 （2）跨业务线：业务岗和综合职能岗位之间 （3）跨单位：单位与单位之间、总部与单位之间 （4）跨地域：尤其是偏向有困难有挑战的战场	全员	促发多视角、多维度地理解业务，建立复合业务／管理能力
21	岗位对调 Swap	业务联系紧密的相关职能关键岗位（如产品经理与工程经理）互换，让员工学会站在不同视角或者立场看业务全局	中高层管理者	站在对方视角看待业务，深化对业务的认知理解，并学习新的知识和技能
22	岗位竞聘 Application	公开竞聘目标岗位，在岗位上历练，在战场上成长	中基层员工	在目标岗位获取知识、技能和不同业务视角的认知
23	国际外派 Dispatch	外派海外，承担指定岗位职责	中基层员工	获取跨国家、跨文化视角及相关业务知识与技能
24	横向兼任 Additional	系除主责岗位，兼任其他关键岗位或者角色	中高层管理者	建立复合的业务／管理能力
25	轮值担责 Interim	适用于管理班子重要角色，管理者轮流承担，沉淀最佳业务／管理实践，并有利于组织选拔更为匹配的人才	高层管理者	沉淀知识和技能，并站在管理者角度看业务／管理全局和问题
26	助理角色 Deputy	担任关键岗位的副手，协助其完成业务管理职责，可以是"影子计划"的进阶	中基层员工	建立管理层视角，看待业务／管理全局和问题
27	单位／职能接口人 Interface	与其他职能、单位对接的联络官	基层员工	建立全局看问题的视角，理解上下游部门之间如何思考问题

数字化增长引擎

序号	方式	释义	适用人群	目标效用
28	委员会发起人 Initiator	拉通集团内的相似岗位，实现跨 BU（Business Unit，子公司）的交流、联动，包括任职标准、胜任力等，拉平水位线	中高层管理者	建立更高局面看问题的视角
29	产学研结合 Integration	不断引入学术、研究方面的成果，探索产学研结合最佳实践	中高层管理者	在探索和实践中建立对外部趋势和内部状况的全局视角，并深化专业知识
30	任务学习 Action	如集团性重点项目（重点战役），是行动学习的进阶实践，通过解决实际的业务或者管理问题，提升工作能力	全员	在解决实际业务问题中，磨炼提升业务知识和技能

这些综合性的人才发展手段，不应仅仅是HR的专业、专利。所有的管理者都是人才发展的第一负责人，我们应该对这些手段烂熟于心，并熟练应用。

7

第七章

数字化软实力

当我们从宏观趋势，到产业生态，再到企业的顶层设计、业务战略、技术战略、组织战略和人才战略，我们已经把数字经济时代企业管理、企业运营的主体逻辑讲完了，这是纵向的主线索。但是，还有隐秘的两条线贯穿其中，支撑起企业的灵魂骨架，一条是数字化领导力，一条是数字化赋能，两条线就像DNA的双螺旋一样，贯穿了企业数字化发展的始终。

数字化领导力

关于数字化领导力，现在聊起来常常有两个极端。一个极端强调领导力的基本内核，认为数字化是领导力需要适应的一个新场景。另一个极端认为数字化很大程度上改变甚至可能重构领导力的逻辑体系。一端强调领导力的普适性，一端强调数字化的时代冲击，各有道理，没有绝对的对错。

如果抱着严谨的研究问题的态度看"数字化领导力"这个话题，我们应该如何思考呢？我认为要看以下几件事情。

首先，找到数字化的标杆企业或者标杆企业的数字化业务，这个是前提，是背景。

其次，找到优秀的领导者带领业务或者公司在数字化的转型期取得公认的卓越成就。

再次，我们用专业科学的方式总结优秀领导者身上的领导力特质。

最后，在不同的优秀领导者之间交叉校验，我们总结的优秀领导者的特质是否具备可验证性。

和大家分享一些伟大领导者的故事，然后我们再一起总结一下什么是数字化领导力。

贝佐斯

杰夫·贝佐斯与亚马逊影业的高管在讨论什么是好的故事剧本时，有时候会痛斥亚马逊影业的高管，因为贝佐斯觉得这群专业的家伙并不懂什么是好故事。在一次会议中，贝佐斯总结说："看，我知道好故事是什么样的。这不难，所有成功作品都有一些共同点。"然后，他熟练地展示了他极为擅长的、每天都要表演多次的跨学科才能，将复杂问题简化为最本质的命题，开始对好故事的构成要素进行提炼总结。

- 经历成长和蜕变的英雄主人公

- 强大的对手

- 愿望实现（例如，主人公具有隐藏的能力——超能力或者魔法。）

- 道德选择

- 世界的多样性（不同的地理环境）

- 想了解未知情节的迫切（悬念）

- 文明的重大危机（对人类的威胁，如外星人入侵或者毁灭性大灾难。）

- 幽默

- 背叛

- 积极情绪（爱、喜悦、希望）

- 消极情绪（失落、悲伤）

- 暴力

之后，亚马逊影业的高管需要向贝佐斯定期汇报所有项目的开发进展，附件中的表格要清晰描述每个作品对上述故事元素的使用情况。如果缺少某个元素，他们就必须解释原因。但是，不要让外界知道这份表格的存在。亚马逊不应该告诉一个成功作者什么才是好故事，出色的作品应该打破这样的规则，而不是照本宣科。

当别人读这些经典著作（科幻作品）时，也许只是想象一下另一种可能的世界，但贝佐斯似乎将这些看作描绘现实的蓝图，它绘画着激动人心的未来。作为科幻小说迷，贝佐斯强迫他的团队大胆想象，突破既有技术的界限。

虽然贝佐斯相当关注亚马逊其他产品的用户反馈，但不认为倾听这些意见能够带来戏剧性的伟大发明，只有天马行空的"乱想"才能实现颠覆性的突破。几年后，他在致股东的信中写道："推动历史的东西，用户不需要知道。我们必须代表他们发明，我们必须靠自己的想象力探索一切的可能性。"

纳德拉

微软由比尔·盖茨创建，现在微软CEO、董事长的指挥棒交到了萨提亚·纳德拉的手中。

2014年2月，纳德拉上任微软CEO后的第一批行动就是要求公司高管阅读马歇尔·罗森伯格所著的《非暴力沟通》，这是一本促使人们情意相通、和谐相处的书。这一行动表明，纳德拉计划以不同于微软著名的前任CEO比尔·盖茨和史蒂夫·鲍尔默的方式管理公司，并解决微软长期以来激烈的企业内斗的名声问题。他激励公司的12.4万名员工接受他所谓的"学习一切"的好奇心，这反过来激发开发者、客户以及投资者认为：微软正以一种全新的、更现代的方式与他们打交道。

在某个周五的早上8点，这个时间意味着微软高级领导团队的成员们正赶往纳德拉办公室的会议室开会，当成员们涌进来的时候，纳德拉穿着一件黑色的微软AI学校的T恤，坐在桌子中间的一个座位上，拿着一盘葡萄和菠萝。

这次会议起源于由纳德拉创立的一个名为"神奇的研究员"的定期会议，它展示了微软正在进行的一些鼓舞人心的事情。在6月下旬的某一天，伊斯坦布尔的微软土耳其分公司的工程师们通过视频会议修复了他们为视障人士设计的一款应用的原型。

在这样一个振奋人心的开端之后，每周的例会有时长达7个小时。纳德拉在整个过程中征求大家的意见并积极地提供反馈，当他与某人的观点一致时，他会用牙齿咬住咖啡纸杯，以便解放自己的双手来不停地做手势表达观点。

这种会议给人们带来的轻松感可以看作一次变革，这种变革始于微软的员工们在合作时的全力以赴。这种轻松感在以前的微软中是很难想象的。做充分的准备，等待被测试你的答案是否正确，这种状态让微软的高层和员工普遍觉得紧张。

云和企业部门业务主管斯科特·格斯里表示："如今我们已能够承认其他人做得可能比我们更好，而过去我们被告知不能这样说。这就是微软已经发生的变化。"

已在微软任职14年的HR部门负责人凯瑟琳·霍根表示："微软内部以前有一种根深蒂固的心态，需要知道一切而且要看上去很聪明的样子。微软内部以前会搞竞争，其实它需要向外部世界开放。"

纳德拉的做法是温和的，他认为人类天生就有同情心，这不仅对创造和谐的工作环境有益处，而且对制造能引起共鸣的产品至关重要。"你必须能够说清楚这个人从哪里来？"纳德拉说，"是什么让他们如此？为什么他们对正在发生的事情感到兴奋或者沮丧？"

微软负责辅助功能开发的珍妮·蕾-芙乐莉说："我发现纳德拉是一个学习者，他有很强的好奇心；他也是一个倾听者，但在必要的时候非常果断，他以一种合作的方式推动事情发展。"

乔布斯

关于乔布斯与苹果公司的书和故事太多了，我们只取其中最经典的一例。

发布于1997年的广告片"Think Different"被誉为苹果历史上最伟大的广告，广告中没有展示或者提及任何苹果产品，只是向甘地、毕加索、爱迪生、卓别林、爱因斯坦、约翰·列侬、马丁·路德·金、鲍勃·迪伦等一系列具有反叛和革新精神的天才和伟人致敬。那一年，曾被苹果踢出局的乔布斯重掌苹果，他让迷失的苹果重新找到了自己的灵魂；让理想主义而不是金钱成为苹果的信条；让创造完美、追求极致成为苹果的宗教；让无数的粉丝再一次相信，世界因我们而不同。

以下，是广告片"Think Different"的台词原文：

Here's to the crazy ones. The misfits, the rebels, the troublemakers, the round pegs in the square holes. The ones who see things differently, they're not fond of rules and they have no respect for the status-quo. You can quote them, disagree with them, glorify or vilify them. About the only thing you can't do is ignore them, because they change things, they push the human race forward. And while some may see them as the crazy ones, we see genius. Because the people who are crazy enough to think they can change the world, are the ones who do.

向这些疯狂的家伙们致敬。他们特立独行，他们桀骜不驯，他们惹是生非，他们格格不入。他们用与众不同的眼光看待事物，他们不喜欢墨守成规，他们也不愿安于现状。你可以赞美他们，引用他们，反对他们，质疑他们，颂扬他们，诋毁他们。但唯独不能漠视他们，因为他们改变了寻常事物，他们让人类跨越了一大步。或许他们是别人眼里的疯子，但他们是我们眼中的天才。因为只有那些疯狂到以为自己能够改变世界的人，才能真正地改变世界。

西尔塔宁伙伴公司首席创意官罗伯·西尔塔宁在《财富》杂志刊文，回顾了20多年前他与乔布斯是如何创造出"Think Different"的广告创意的，文章还有个有趣的片段。

乔布斯在（听创意提案的）整个过程中非常安静，但是他很感兴趣，现在该是他发言的时候了。他环顾了充满整个房间的"Think Different"的广告牌，然后说："这是伟大的创意，这的确是伟大的……但我不能做这样的广告。人们已经认定我是个自大狂了，如果再把苹果的 Logo 放在这些天才人物的上面，媒体一定会对我冷嘲热讽的。"整个会议室鸦雀无声。"Think Different"是我们准备的唯一一则广告，我想，这下我们完蛋了。然后，乔布斯停顿了一下，环顾四周，几乎自言自语地大声说："我在做什么？这是我们应该做的事情，这是伟大的广告，我们明天谈谈吧。"就在几秒钟之内，在我们每个人的眼前，他来了个180度的大转弯。

马斯克

被誉为钢铁侠的埃隆·里夫·马斯克，是特斯拉、SpaceX（太空探索技术公司）、太阳城三家公司的掌舵者。他的传奇经历成为商界讨论的热点。

2008年，金融市场遭遇风暴般的血洗，马斯克的特斯拉研发成本严重超支，难以找到投资人。叠加SpaceX连续三次的火箭发射失败，巨大的绝望笼罩着整个公司，来自各界的嘲讽与奚落数不胜数。

SpaceX陷入了绝境，马斯克变卖了自己的迈凯伦跑车和其他资产，堵上了全部身家，甚至做好了搬到妻子和父母的地下室居住的打算。他的资金只能支持最后一次的火箭发射，这是真正的背水一战。同年6月，妻子与他办理了离婚手续。这一下，马斯克连妻子和父母的地下室都住不了了。

然而，就在马斯克的特斯拉和SpaceX命悬一线之际，SpaceX的第四次火箭试飞成功了！特斯拉在"破产"前的几个小时，投资人试图通过不断拖延时间让特斯拉破产，马斯克对投资人声称从NASA那里借到4000万美元完成这轮融资，在马斯克的软硬兼施下，投资人最终签署了投资协议，凑齐了新一轮的融资。另一边，同年12月，SpaceX也收到了来自NASA的16亿美元，顺利成为国际空间站的供应商，成功渡过危机。

熬过最艰难的时刻，马斯克声名鹊起。抛开某些运气成分，马斯克惊人的意志力、临危不乱的心理素质、果断的决策、清晰的思路、强大的舆论引导能力和游说能力，以及无与伦比的执行力，都在特斯拉和SpaceX起死回生的过程中，起到了重要作用。

随后，在马斯克的积极运作下，特斯拉在纳斯达克上市，2010年6月，特斯拉上市首日，开盘价已达19美元，收盘价23.89亿美元，募集资金2.26亿美元。至此，特斯拉终于过上了"不差钱"的日子。

关于马斯克和特斯拉，有一个小故事至今令人啧啧称奇。21世纪初，特斯拉开始设计豪华车型Model S，马斯克坚持要求这款车要有两个与车体齐平的门把手。车主走到车旁，门把手接收到电子钥匙的信号，要像变魔法一样自动滑出。一位前高管说："全体管理人员一致认为，这个关于门把手的想法太荒唐。"它需要极其复杂的设计，解决的却是别人认为根本不是问题的问题。但无论管理人员如何坚决反对，马斯克就是不听。甚至在这款车面世以后，门把手有时仍然会制造麻烦。2015年，《消费者报道》月刊曾想发表一篇关于Model S的测评文章，却不得不推迟，因为"那高级的伸缩门把手拒绝让我们上车"。

但马斯克是对的。伸缩门把手迅速成为一种标志性的特征，现在是每辆新型特斯拉的标配。那位前高管说："它在人车之间几乎创造出一种情感上的依恋，一种你属于未来的感觉。这就是马斯克的天才之处。他知道人们想要什么，在人们自己知道以前就知道了。"这是熟悉的模式：马斯克要求做出某种不可能实现的东西，同事们反对，马斯克坚持，然后创新便以难以置信的速度发生。《消费者报道》在测评这款车时称："它在我们试验中的表现比史上其他任何车型都优秀。"更重要的是，特斯拉推动了整个汽车业研发电动汽车。今天，通用、福特、宝马、大众和尼桑等许多汽车公司都生产了电动汽车。

数字化领导力的9个核心共同点

我们回顾了贝佐斯、纳德拉、乔布斯、马斯克的四个故事片段，几位都取得了非凡的成就，但风格迥异，似乎总结提炼他们的共性特点是很难的事情。但是，如果我们沉下心，我们会发现，似乎又有一些共同点浮出水面。

1. 强烈的好奇心。他们不墨守成规，不认为事情是理所当然、理应如此的，他们敢于提出新的设想，并敢于探索实践。有的人认为，领导者的好奇心会让企业分散注意力，失去焦点。但真实的情况是，领导者失去好奇心才是企业的灾难。

2. 梦想做伟大的事情，并致力于此，敢于用新的目标（即便乍一看不靠谱）来引领团队。没有人天生伟大，但是也没有人阻止我们成为伟大的人。有些领导者只满足于成为优秀的管理者，有些领导者则希望改变世界，成为世界的推动者。当然，两种想法没有对错之分，你的立意、出发点越高，就越有可能创造非凡的影响。

3. 透过复杂现象找到问题的基本规律。伟大的领导者都是解题高手，他们面对纷繁复杂的问题，不会报之以纷繁复杂的应对手段。他们的出手看似平淡无奇，但是往往切中要害，他们能够把主要矛盾挖掘出来，并用朴素、普适的方法解决。

4. 对于变化、变革，他们并不感到恐惧，他们以开放的心态拥抱变化，绝大多数时候，他们本身就是变化、变革的发起者。他们认为，变化、变革是新机会的来源，他们的着眼点是未来更大的格局，而不是当下。

5. 他们所有工作的中心是客户，客户需求、客户利益、客户价值，而不是自己的企业、自己的竞争对手。永远围绕客户走，不断创造新的客户价值是这些领导者的坚强信念，为了达到这个目的，他们甚至会采取很多看起来损伤公司短期利益的、不理性的管理方式。但是时间证明，以客户为中心，是最明智的投资决策。

6. 对于人才、创意，保持开放的包容心态。无论是纳德拉这样温和的"翩翩君子"，还是乔布斯、贝佐斯这样暴躁的"暴君"，他们的外在表现也许很夸张，但是骨子里确实对优秀甚至卓越人才是欣赏和渴求的。他们并不是武断地自以为是，而是通过这种方式表达对优秀人才、卓越人才的一种欣赏。

7. 科技的狂徒、数字化的死忠粉。这些领导者从来不怀疑科技对于社会的改变，他们的着眼点不是靠勤奋、人力来解决问题，而是好的产品、服务、模式。他们相信，科技、数字化的发展能够让产品、服务、模式不断产生新的可能性，并实现价值创造的跨越式发展。

8. 战略定力和战略坚持。关于未来商业世界的发展总有不同的视角、声音、看法，但是伟大的领导者对于未来有着自己坚定的判断，即便是听起来就像科幻小说一样的未来。但是结果证明，因为相信，所以看见，这并不是一句口号，而是商业世界最真实的存在。想到才有机会做到，坚持才能看见结果。

9. 从成功走向成功。这些卓越的领导者无疑都带领企业取得了非凡的成功。向前追溯，这些人早期就取得了或大或小的成功，当然也伴随着不少的挫折、挑战。用"从成功走向成功"来形容，其实是对领导力非常大的挑战。因为很多领导者的成功，可以归因于能力，也可以归因于运气。但是，持续成功的背后，是领导者自我强大的信念体系、逻辑体系。他们能从自己的过往中汲取养分，但又保持向前看、开放看的自驱状态。

伟大的企业各有成功之处，但是，如果我们能不断追问成功背后的底层逻辑，则更有机会在新的领域，复制他们的成功。

接下来，我们从偏抽象的领导力内涵出发，落地到企业的管理行动，看看领导力和管理行动之间如何建立分解的支撑体系，并形成闭环。以下摘录了亚马逊的十四项领导力原则，大家可以进一步体会。

从数字化领导力到数字化管理行动

亚马逊十四项领导力原则

（一）客户至上 Customer Obsession

领导者从客户入手，从客户的角度出发。他们努力地工作以赢得并维系客户对他们的信任。虽然领导者会关注竞争对手，但是他们更关注客户。

——杰夫·贝佐斯

Leaders start with the customer and work backwards. They work vigorously to earn and keep customer trust. Although leaders pay attention to competitors，they obsess over customers.

——Jeff Bezos

（二）主人翁精神 Ownership

领导者是主人翁。他们会从长远的角度考虑，不会为了短期业绩而牺牲长期价值。他们不仅仅代表自己的团队行事，而且代表整个公司行事。他们绝不会说"那不是我的工作"。

——杰夫·贝佐斯

Leaders are owners. They think long term and don't sacrifice long-term value for short-term results. They act on behalf of the entire company，beyond just their own team. They never say "that's not my job".

——Jeff Bezos

（三）创新与简化 Invent & Simplify

领导者期望并要求自己的团队进行创新和发明，并始终寻求简化工作的方法。他们了解外界动态，从各处寻找新的创意，并且不局限于"非我发明"的观念。当他们开展一项新工作时，他们要接受被长期误解的可能。成功的关键是保持简单，为此，需要不断创新。

——杰夫·贝佐斯

Leaders expect and require innovation and invention from their teams and always find ways to simplify. They are externally aware，look for new ideas from everywhere，and are not limited by "not invented here." As we do new things，we accept that we may be misunderstood for long periods of time.

——Jeff Bezos

（四）正确决策 Are Right and A Lot

领导者在大多数情况下都能做出正确的决定。他们拥有卓越的业务判断能力和敏锐的直觉。这项原则应该被理解为"领导者要正确决策"。它的意思不仅是不犯或者少犯错误，而且在必要时能够并且愿意有180度的态度转变。

——杰夫·贝佐斯

Leaders are right a lot. They have strong business judgment and good instincts.

——Jeff Bezos

（五）好奇求知 Learn and Be Curious

领导者从不停止学习，并不断寻找机会提升自己。领导者对各种可能性充满好奇并赋予行动加以探索。

——杰夫·贝佐斯

Leaders are never done learning and always seek to improve themselves. They are curious about new possibilities and act to explore them.

——Jeff Bezos

（六）选贤育能 Hire and Develop the Best

领导者不断提升招聘和晋升员工的标准。他们表彰杰出的人才，并在组织中通过轮岗磨砺他们。青出于蓝，冰源于水，领导者培养的也是领导者，而且他们严肃地对待自己育才树人的职责。

——杰夫·贝佐斯

Leaders raise the performance bar with every hire and promotion. They recognize exceptional talent and willingly move them throughout the organization. Leaders develop leaders and take seriously their role in coaching others.

——Jeff Bezos

（七）最高标准 Insist on the Highest Standards

领导者有着近乎严苛的标准——这些标准在很多人看来可能高得不可理喻。领导者不断提高标准，激励自己的团队提供优质产品、服务和流程。领导者要确保任何问题不会蔓延，及时彻底地解决问题并确保问题不再出现。

——杰夫·贝佐斯

Leaders have relentlessly high standards —— many people may think these standards are unreasonably high. Leaders are continually raising the bar and driving their teams to deliver high quality products，services，and processes. Leaders ensure that defects do not get sent down the line and that problems are fixed so they stay fixed.

——Jeff Bezos

（八）大局观 Think big

局限性的思考只能带来局限性的结果。领导者大胆提出并阐明大局策略，由此激发出良好的成果。他们从不同角度考虑问题，并广泛寻找服务客户的方式。

——杰夫·贝佐斯

Thinking small is a self-fulfilling prophecy. Leaders create and communicate a bold direction that inspires results. They think differently and look around corners for ways to serve customers.

——Jeff Bezos

（九）积极行动 Bias for Action

速度对业务的影响至关重要。很多决策和行动都可以改变，因此不需要进行过于广泛的推敲。我们提倡在深思熟虑的前提下进行冒险。

——杰夫·贝佐斯

Speed matters in business. Many decisions and actions are reversible and do not need extensive study. We value calculated risk taking.

——Jeff Bezos

（十）勤俭节约 Frugality

力争以更少的投入实现更大的产出。勤俭节约可以让我们开动脑筋、自给自足并不断创新。增加人力、预算以及固定支出并不会为你赢得额外加分。

——杰夫·贝佐斯

Accomplish more with less. Constraints breed resourcefulness，self-sufficiency and invention. There are no extra points for growing headcount，budget size or fixed expense.

——Jeff Bezos

（十一）赢得信任 Earn Trust of Others

领导者专注倾听、坦诚沟通、尊重他人。领导者敢于自我批评，即便这样做会令自己尴尬或者难堪。他们并不认为自己或者其团队总是对的。领导者会以最佳领导者、最佳团队为标准要求自己及其团队。

——杰夫·贝佐斯

Leaders listen attentively，speak candidly，and treat others respectfully. They are vocally self-critical，even when doing so is awkward or embarrassing. Leaders do not believe themselves or their team's body odor smells of perfume. They benchmark themselves and their teams against the best.

——Jeff Bezos

（十二）刨根问底 Dive Deep

领导者会深入各个环节，随时掌控细节，并经常进行审核，不遗漏任何工作。数据才是最重要的，当数据和感觉不一致时，可以质疑，但要相信数据。

——杰夫·贝佐斯

Leaders operate at all levels，stay connected to the details，audit frequently，and are skeptical when metrics and anecdote differ. No task is beneath them.

——Jeff Bezos

（十三）敢于谏言；服从大局 Have Backbone；Disagree and Commit

领导者必须能够不卑不亢地质疑他们无法苟同的决策，哪怕这样做让人心烦意乱、筋疲力尽。领导者要坚定信念、矢志不移。他们不会为了保持一团和气而屈就、妥协。一旦做出决定，他们就会全身心地致力于实现目标。他们愿意支持不受欢迎或者难获理解的意见。

——杰夫·贝佐斯

Leaders are obligated to respectfully challenge decisions when they disagree，even when doing so is uncomfortable or exhausting. Leaders have conviction and are tenacious. They do not compromise for the sake of social cohesion. Once a decision is determined，they commit wholly.

——Jeff Bezos

（十四）达成业绩 Deliver Results

领导者会关注其业务的关键决定条件，确保工作质量并及时完成工作。尽管会遭受挫折，领导者依然勇于面对挑战，从不气馁。永远不要轻易屈从或者妥协任何事情，直到获得最好的结果。

——杰夫·贝佐斯

Leaders focus on the key inputs for their business and deliver them with the right quality and in a timely fashion. Despite setbacks，they rise to the occasion and never settle.

——Jeff Bezos

以上就是亚马逊的十四项领导力原则，它被亚马逊员工视作工作中的行为指南，特别是在模糊的、以前未遇到的场景中如何做出正确的动作。

公司的管理就是这样，我们不可能预想到所有的场景，所以比制度、流程更重要的是我们要告诉所有人，我们如何思考问题，我们如何做出行动，什么是可接受的，什么是不可接受的。当数字化领导力内化到公司的日常管理中时，那么这家公司才可能真正在数字化的道路上形成全员合力，形成不可阻挡的势能。

数字化赋能

在第二次世界大战期间，德军飞行员埃里希·哈特曼是一名王牌飞行员，他一生击落了352架敌机，这个数字空前绝后。但是德军没有把他撤回后方，让他培养飞行员，后来他牺牲了，德军万分遗憾，德军飞行员在后期出现巨大断档。美军的制度则不同，最优秀的王牌飞行员理查德·邦不过击落了30架敌机，是所有王牌飞行员中击落数量最少的。但美国军队的制度规定，任何空军飞行员取得一定成绩之后，就可以退役还乡，成为航空飞行学校的教官，培养飞行员，所以美军飞行员人才蔚然成林。

西方很多管理学者都提到一个共同的观点：21世纪是赋能驱动企业发展的时代。如果一家企业具备持续自我赋能的能力，那这其中以HR培训团队、培训中心（原企业大学）为代表的赋能力量和赋能能力将成为企业非常重要的一股软实力。

但是，在数字化发展的背景下，企业大学自己的团队要怎么带动，怎么管理，怎么培训，很少有人能将其拿出来讲讲。我将过往这些年在淘宝、天猫、支付宝做数字化赋能、带领数字化赋能团队的管理经验整理出来，给现在和未来的企业大学校长们，做个参考。

一、务虚力

企业大学要时不时开务虚会。务虚不是说大话、唱高调，而是不断把一些根本的问题讨论清楚。

企业大学的愿景、使命、价值观；我们在目标学员心中的心智、定位、标签；别人信任我们、选择我们的理由；我们"赢"的策略，这些都是根本的问题。我认为，企业大学这个团队一定是被愿景、使命驱动的，而不是被KPI驱动的。务虚会的目的就是把大家不断统一在一张大图上，为一个梦想奋斗。

很多干部太"务实"，我认为也不一定是一件好事情。太"务实"的背后，是对未来、全局缺少思考，是对由人构成的团队缺少有温度的体察。党员干部经常要开务虚会、民主生活会，我觉得这些都值得我们借鉴。

很多时候，企业大学走着走着就会忘记为什么要出发，这个团队好像成了数量指标的奴隶。有时候，你很清楚做和不做很多事情的区别不大。这时候，我觉得就是开务虚会的时候。不忘初心，不忘使命，才会激情澎湃地干事业。

好的企业大学，一定不要把自己干成井井有条、按部就班的职能团队。如果不能改变身边的世界，不能让世界因为我们而不同，那么，我们和平凡的咸鱼还有什么区别呢？

二、务实力

说完了务虚力，接着说说务实力。最近大家都看到了网上批判互联网大厂的"八股文"。其实这些批判的词语有错吗？我认为没有错。词语都是中性的，只是被玩坏了而已。

在企业大学里面，确实有些人是靠讲故事、讲概念活着的。他们有一个又一个的想法，"我认为""我想""我计划"，然后呢？没有然后。满嘴的大图却干不好一个具体的项目。企业大学往前走，需要团队有务实完成工作、务实拿出结果的能力。

什么叫务实力？就是把想法落地的能力，也就是虚事实做的能力。

具体来说，分为几个方面：达成目标的策略、路径，企业大学要先想清楚战略、战术；目标拆解既包括时间维度的拆解，也包括人员方面的拆解；在局部战区观看战役情况是不是和我们预设得一样，如果一样，就大力复制战略、战术，如果不一样，就赶紧分析原因，赶紧调整。

一个团队的Leader要不断反思目标定得合不合理，并在实践中及时校正。其他人不要琢磨合不合理的问题，要一股脑地想办法实现目标。在团队中人人都是大脑，这个团队就散掉了。大家要有各自的站位，要明白自己站位上务实的含义是什么。

务实的近义词，我认为是目标感。定了一个目标，一定要拼尽全力地拿到结果，不到最后一秒不言放弃。有些团队、有些人，刚刚出发就在为完不成目标准备借口、准备理由。这就是务实力差的表现。

三、需求感知力

有句话我觉得说得特别好：消费者说出来的需求当然要满足，但是消费者没说出来的需求更有价值。大家体会一下这句话的力道。

做培训有个伪命题，叫作培训需求调研。这个提倡是对的，但是企业大学最容易实施不好。

需求是调研出来的吗？有可能。前提是被调研的人、被调研的对象了解自己的业务，知道自己的问题，也知道企业大学能做什么。这个时候，大家在一个水平界面沟通，调研是有质量、有价值的。

但问题是，前提真的存在吗？在很多企业的很多部门中，我认为未必。业务人员没想清楚、业务模式不成熟的情况太常见了。至于业务Leader不理解、不认可培训的价值也再常见不过了。这时候，所谓的需求调研，只能得到浮于表面的东西。

需求感知力是什么，说得玄乎点，是从企业方方面面的信息中捕捉到培训切入点的能力。就像足球运动员一样，有些人的感觉就是很好，能提前预判，还能踩准点，在合适的时间，出现在合适的位置。

从务实的角度说，需求感知力要求我们有自己的判断力。我们要建立自己的信息收集管道（人、组织、渠道、媒介），有自己的信息加工方法，还要有自己的信息判断模型。我们得出的需求判断，可能和调研结果一致，也可能不一致。这种不一致，可能是消费者说出来和没说出来的区别，可能在最后被验证是一致的，也可能在最后被验证是不一致的。

企业大学总要做出自己的判断。企业大学和人一样，你总在归纳总结，你就永远提不出好的观点。只有你开始尝试提出观点，开始用实践验证观点，你才可能逐渐成长。

四、商业理解力

这几年让我倍感欣慰的是，在企业大学这个领域，大家的关注点逐步从"人"迁移到"业务"。CSTD（Chinese Society Talent Development，中国人才发展平台）的学习设计大赛特意开辟了业务赋能场域，其实是非常好的信号。

企业大学想要贡献战略价值，就一定离不开在真刀真枪的业务战场上发挥自己的作用。对业务战场的解构和对人才能力的结构其实不是一个方向的事情。

所以，如果企业大学要在业务赋能上发力，首先要建立的就是解构商业、解构业务的能力。

如何解构商业、解构业务？本质就三个问题。第一个问题，我的客户是谁，是B端客户还是C端客户，客户的需求、痛点、爽点到底是什么；第二个问题，我如何创造我的价值，我的价值体现在产品方面、服务方面还是其他方面；第三个问题，我如何传递我的价值，通过渠道、线下门店、线上商城，还是新媒体平台或者其他平台。所有关于解构商业、解构业务的问题，本质都是在不断锤炼对这三个问题的解答。

对于任何一个商业目标、业务目标，我们一定要分析它的实现路径。是路径1+路径2+路径3的结果还是路径1×路径2×路径3的结果？或者是其他路径？通常来说，业务目标达成的背后都有一个业务的转化漏斗，这个漏斗的效率决定了我们达成目标的可能性。

商业理解力不要求你有直接做业务的能力，至少你要看清楚业务。只有看清楚，才知道从哪里下手，在哪里着笔，才知道什么事情是真正重要的，什么事情只是细枝末节。

五、组织理解力

我一直认为，企业大学要服务于几重目的，按重要性排序：第一，服务于战略目标，重点是达成业务目标；第二，服务于组织管理目标，促进组织发展；第三，围绕员工个体，做人才能力提升。

和管理层的管理者沟通得多了，你会发现，很多时候业务问题的背后是组织问题，组织问题的背后是业务问题。

我们看一个例子。原来，企业生产制造部门的一个工厂，一条生产线生产一种产品。现在，为了应对客户多变的需求，生产制造部门需要推动柔性生产，推动生产线的混流。这是业务策略上的一个重要变革。关于推动生产线的混流，组织内部有不同的声音：有人坚决支持，有人坚决反对。那么，要想推动业务变革，就必须解决组织内部的分歧。这时候，达成共识就成为组织能力建设最核心、最要紧的问题。这个业务变革的背后会影响到哪些人群？比较典型的是做排产计划的人群，他们的工作内容、工作职责、对应的工作能力可能都要升级。

我们再看一个例子。一家企业过去卖产品，现在想做自己的会员运营，做自己的私域运营。这个想法是什么？是一项新业务。那么，这个新业务可以自己独立做好吗？显然不能。这个新业务需要联动销售部门、售后部门、产品开发部门等。做好这件事情，需要大量的组织内部拉通协同的工作。这个新业务对应的核心组织能力的挑战是什么？是跨部门协作。所以，在这个新业务下，提升跨部门协作的组织能力就要凸显出来。在这个新业务下，什么人群成为最关键的人群？可能是会员运营经理，也可能是会员运营这个项目的管理者。那么，他需要做哪种赋能？显然需要根据企业内外部的情况重新设计。

如何理解一个组织呢？如何从组织问题中找到培训赋能的切入口，让企业大学发挥关键作用呢？我觉得有几件事情要琢磨明白。

第一，组织的历史。组织今天的问题、未来的问题，在一定程度上都会是组织历史的延续。如果不能很好地理解组织的历史，就没办法很好地预测组织的未来。

第二，了解CEO和高管团队。火车跑得快，全靠车头带。火车跑得慢，核心是车头慢了。CEO的背景，他的初心、观点、倾向，都会影响这个组织的气质。

第三，和组织中不同角色的人保持信息管道的连通。新人、老人、业务的人、职能的人、基层的人、中层的人、高层的人，我们收到的信息越多元，越能做出好的判断。

第四，拆解组织的组织管理动作，分析动作背后的管理意图。比如，常见的六个盒子就是一个基础的模型工具。

我研究过不少企业，我认为组织问题是个大问题。最简单的例子：信息不拉通就没有信任，没有信任就没有协同，没有协同就没办法搞定复杂的业务。乍一看是业务问题，其实组织问题是关键。一层层洋葱拨开了，你就有机会以企业大学的身份干预、施加影响。

六、体验感知力

我们有时间要多去一线看看、听听、接接地气。很多管理者做管理做久了，就有点不接地气了，说白了，就是不知人间冷暖。所以，很多时候管理者业务判断的初心是好的，但是不符合实际。

企业大学的一切业务判断不能只基于战略分解和业务需求调研，更重要的是到一线，到员工现场，到客户现场，与大家一起战斗，一起感知。

感知既需要方法，又不需要特别的方法，重要的是真正的体验感知力。比如，团队间的跨部门沟通，你不需要做复杂的调研，只要听几次跨部门的业务会就能感知到。再比如，业务策略分解得是否清晰到位，你不需要做复杂的功课，只要听听员工的述职，听听员工的工作汇报，就能大致了解。企业的业务有没有问题、客户是否满意，不要光看数据判断，要走到客户一线，听听客户的声音，这是最真实的反馈。当你感知到了，你就应该想办法解决它，以培训的方式或者其他的方式。

企业大学不能把客户感知力、业务感知力当成一阵风式的运动。要把感知力当成一件常抓不懈的事情。它会给我们很多业务判断的直觉，让我们从错乱复杂的局面中找到真正重要的切入口。

七、需求挖掘力

很多企业大学不太会做培训的需求调研，这个情况是蛮普遍的。需求调研不能与发问卷、做访谈画等号。

什么是聊需求？"聊"字很关键。如果在很正式、很严肃、很紧张的状态下，通常很难聊出需求。为什么？因为人们要伪装在壳里获得他们认为的安全感。聊的要义在于创造一个安全轻松的氛围，让彼此真实的想法流露出来。

企业大学的同学在聊需求之前要设计好开场白、话术，让问题的痕迹越少越好，看似聊到哪算哪，其实都在我们的大框架里面，这是好的聊需求的现象。每次聊需求，最好2-3个人一起，每次轮流主谈，然后大家相互复盘，相互看见，总结好的访谈方法。

有时候，需求是需要被启发的，这时候就需要我们有一些"引子"，最常见的就是别人的故事。因此，我们聊需求的同学脑子里有没有故事，能不能根据情况适时地抖点包袱出来是很重要的。所以，企业大学内部要做复盘，要做各个项目的复盘，大家一起参与，我聊的时候，可以讲你的包袱，你聊的时候，可以讲我的包袱，就是这样。

我从来不认为哪个团队是没有培训需求的。就像绝大部分人都想发财、都想减肥一样，培训学习是个朴素普适的需求，我们要把这个需求激发出来，这需要我们打磨需求的能力。

八、快仗突破力

需求这个东西，是有时效性和保质期的。今天的痛点在一周后可能就不是痛点了。今天的爽点在一周后可能就不是爽点了。当不在那个时间节点时，我们做再多都是徒劳的。所以，企业大学要抓两类需求。一类是大需求，也就是在一定时期内通常不会变的需求，比如数字化、变革、转型；另一类是快需求，踩准点，快速切入，速战速决。

我常和团队说我们要有打快仗的能力。什么意思？就是当有需求、有期待的时候，快速出击，用培训产品解决明确具体的问题，积小胜至大胜。很多企业大学研发一门课程可能需要几周甚至几个月的时间。我对团队的要求是能快则快，最好立刻就能交付。这背后有两个前提。

第一个前提，在正确的时间节点交付一个30分的产品，比在错误的时间节点交付80分的产品更重要。先将产品运转起来，你就有机会实践想法、收集反馈、迭代优化。反之，不能及时迈出第一步，一切都是纸上谈兵。

第二个前提，不断提升快的能力。在淘宝生态赋能团队（原淘宝大学）、支付宝生态赋能团队（原支付宝大学），我们不断建设中台能力，其中的核心是模块化、标准化，既包括知识点、也包括产品研发。只有这样，当需求来的时候你才能接得住、接得稳、接得快。

当企业大学不断提升打快仗的能力时，打快仗的能力就像一个阀门一样，把企业大学的很多经络都打开了，师资运营也好，课程研发也好，项目管理也好，一切业务都将资源调集起来为赋能战役服务。团队打仗打得多了，企业就越来越有经验，越做越好。

九、项目管理力

在我的团队，PM（Project Manager，项目经理）是个高频出现的词。这个项目你是PM，你负责召集人手，把控项目节奏，为项目负责。下个项目，可能另一位同学是PM，你是配合的角色。

很多培训工作，一个人很难搞定。对接需求、项目设计、课程研发、调配师资、跟踪招生进度、现场交付实施，这些都需要人手。这是从团队、人手的视角看。

作为一个PM，我认为必须掌握以下三个能力。

第一，会讲故事。业务团队为什么要和你一起做一个项目，你的团队同学为什么要配合你？你的项目有什么不一样的价值？作为项目经理，你要把项目的意义讲得让每个人都热血沸腾，这是你争取支持的第一步。

第二，会协调人手，做虚拟管理。这些临时召集的人手为什么要全情投入配合你呢？因为你平时帮他，他还人情给你？因为你处事公平，和你工作不烦心？因为你把荣誉分享给团队，让别人有机会站在镁光灯下？因为你善于带教别人，跟你一起做能学到东西？PM要想清楚自己何以"管理"，要有自己的管理之道。

第三，会管理项目里程碑，有效管理项目节奏。每个人都期待项目如期开始，如期结束。但是在项目开展过程中，各种问题都会导致项目延期。别人有借口的时候，PM不能有借口，必须全力以赴，想尽办法达成规定目标和规定里程碑。PM要为结果负责，没有结果，再多的团队努力也是白费的。

项目管理能力是团队同学积累自己在企业内外部口碑的关键。每一个项目，都是在为自己的信任账户储值。有些同学从一个虚拟项目的PM成为一个现实项目的PM，又成为业务团队的PM，在这样的过程中，项目历练发挥了很大作用。

十、细节洞察力

我的团队在做复盘的时候，我常常会扮演一个"挑刺儿"的角色。因为复盘不单是表扬、庆功，还是一个团队集体学习的过程。

当然，这个"挑刺儿"的行为必须有理有据，让大家信服。比如，有一次我随机抽查我们的一个项目，一个不错的会议室，一些高端的学员，很好的场地布置。但是，会议室里居然没放垃圾桶，我顺手拍了张会议室角落有几张纸屑的照片，发到了群里。大家一开始没反应过来，还在问："这是哪里？"，我说："就是我们自己的培训会议室。"团队学员便马上处理了这个问题，在之后的复盘中，我特意提到有关细节处理的问题，之后就几乎看不到类似问题了。

还有一次，我走进一个教室，在课前七八分钟的时候，教室里已经有三分之二左右的学员，但是，屏幕上没有宣传片的播放，教室里也没有轻音乐的播放。我拍了张教室的照片，录了一段音，并配上"开课前，教室，聊赖，尴尬"几个字发到了部门群里。等到课间我又去了一次，发现教学气氛马上活跃起来了，之后就几乎没出现过类似问题了。

纸屑、没音乐都算不上大事儿。但是，这种对细节的体感是很重要的。学员对我们的印象是由很多细节拼凑而成的。我们做的大量努力很可能就毁在了这些不经意的小细节上。

我经常和团队说："做培训，一定要细腻。因为我们做的就是精神消费的工作。体验，无处不在。"

十一、体验设计力

培训的本质是什么，我认为从相当大的程度上讲，培训就是一种精神消费。我们不要上来就谈育人，能把培训本身做成一次精彩的精神消费，就已经非常不易了。

好的精神消费是一种什么体验？我认为，最简单的一个指标就是培训后能有被人回忆起来的锚点。如一个精彩的故事、一个与众不同的体验项目、一段耳目一新的音乐；再如有趣的同学、激烈的争吵、精彩的竞赛。和平平淡淡、一眼望见全部的培训相比，这些都是好的体验设计。

那么，这些体验是自然而然的结果吗？一定不是。所有好的精神体验，我认为都是有意识设计的结果。所以，在讨论一个项目设计的时候，要多问问在这个项目中，我们要给学员创造的体验是什么。这个体验需要什么样的教学设计，需要什么样的环节承载。培训结束后，要复盘我们预期的体验是否达成，是否还有新的体验，新的体验的触发点是什么。团队的这种训练多了，团队就会变得感性起来，就会有感知学员情绪的能力，有设计体验的能力。

十二、创意激发力

培训工作本身的创新，说容易也容易，说难也难。创新有两个主要的方向。一个是做培训的专业纵深，这个比较难，而且越做越难。另一个是做跨界的培训创新，融合非培训元素，这个看上去容易些，其实也不容易，难在要打破思维的惯性。

一个企业大学，如果想常做常新，就要把创新当成一个管理手段，而不是一段时间后的工作归纳。团队要鼓励大家提出好的创意，并做创意"嫁接"，积小创意，成大创意。

比如，在我们自己的脑暴会上，我们会一遍又一遍地学习奥斯本检核表法的九个问题。然后，以此为基础进行思维发散，大家相互激发，相互嫁接，形成一个又一个稀奇古怪的想法。一个团队应该以创新创意为荣，以墨守成规为耻。当然，创新可能出错，不过错了又怎样，只要我们跑得快，我们就有机会快速改正，做得更好。怕出错的人和团队，是不可能做出有意思的产品的。

我特别喜欢宝丽来发明拍立得的故事。宝丽来拍立得相机的发明灵感源自一个三岁孩童的"天真问题"。发明家艾德温·兰德的女儿迫不及待地想看父亲刚刚拍的照片，当他解释照片必须等到冲洗之后才能看到时，小女孩大声反问道："为什么照片一定要等？"经无数次证明，只要敢想，关于"Why not"的问题就有机会变成现实。

十三、培训专业力

我认为，很多企业大学的专业功底不太扎实。很多企业大学天天培训别人，但是在自我培训的专业度建设上还存在不少问题。

比如，很多工作只是表面上在进行，扒开一看里面却很粗糙，如最基本的需求调研工作、课程开发工作、经验萃取工作、项目设计工作、案例开发工作等。很多企业大学里面的专家，说穿了，其实就是培训管理者，准确地说是培训事物管理者，离真正的专家还差得很远。

什么是专家？在中国的大学里，没有培训这个专业。但是，这不影响我们在工作中建立这套专业体系。

怎么建立？用最笨的办法。每次项目结束，我们要好好复盘，从学员的角度、KPI的角度、培训自身的角度，我们要总结经验，也要自我批判，要求自己每次都比上一次改进一点点。只要坚持这样做，就能越来越专业。

当越来越多的工作可以被外包时，我们要想想我们真正的、不可替代的东西是什么。要有危机感，更要有行动力。

十四、市场传播力

培训工作很多时候和文化工作有异曲同工之处。传播是其中的一个重要环节。

很多做培训的同学不善于做传播。传播点不仅是培训之后的工作总结，一则新闻，它有非常多可能的切入口。

比如，发生在学员身上的故事、发生在课堂中的趣闻；再比如我们的讲师、我们研讨的成果等。传播点要么在于新鲜事，要么在于与平时反差比较大的事，一般来说，有这两个特质的切入口，都有可能成为传播点。

很多时候，不是等我们做完了项目再去琢磨什么点可以传播。相反，我们要在项目开始之前，就思考传播点。传播点要和我们的项目设计、教学设计挂钩，让实的东西和虚的东西匹配起来。在立项之初，不妨就在传播问题上多问团队几个"为什么"。往往会有意想不到的效果。

十五、阵地经营力

对于做培训的人来说，比较初级的段位是基于一个一个的项目工作；比较资深的段位是常常围绕一个阵地的经营工作。这两者的区别是很大的。

我们做一个项目，要有明确的开头，也要有明确的结尾，做一件，算一件。一年之后回看这些项目，就像多段短跑一样。而经营要有全局的规划，知道先做什么，后做什么，什么时候该快，什么时候该慢，想清楚什么因，可能得到什么果。

举个最典型的例子：在线学习平台的运营。很多公司运营不好的原因就是把它当成了一个项目工作。但实质上，它是个典型的阵地经营工作。

我们培养企业大学的同学来，通常先把他们安排到项目中锻炼锻炼，锻炼他们打快仗、拿结果的能力。过一段时间，再把他们安排到阵地型的工作中，磨炼他们的性子，提升他们的大局观、布局能力。只有这样，同学们才能真正成长起来，成为独当一面的好手。

十六、学习运营力

很多做培训的同学满足于排课表、找老师、组织会务流程。其实，这些都是表面功夫，离真正的学习运营还差得很远。

运营工作的核心主线是什么？说穿了，就是输入和输出的管理问题。

在学习领域中，什么是输入？讲师讲课当然算一种输入，除此之外还有什么呢？学员之间可能相互输入吗？除了讲师、学员，是否还有第三方的输入来源呢？除了语言的输入，是否还有非语言的输入呢？

那么，什么是输出？很多的学习项目差不多是零输出。因为没有任何的项目设计，讲师讲完就结束了，没有任何有形化、可追踪的输出物。输出可以是学员的讨论，学员分享的故事、案例，大家形成的行动学习成果，学习项目本身的经验教训。此外，输出还可以是我们观察出的潜力人才、我们发现的好的管理改进建议、我们做出的某个管理决定……

我认为，学习项目完全可以千人千面，每个PM都可以玩出自己的感觉。问题是，你要用心运营它，而不是把它当成一个麻木的流水线。

十七、客户成功力

在学习运营体系中，我认为重中之重是客户成功体系。学习运营做得再好，都抵不过源源不断的成功客户。客户成功才是有效培训最好的证明，别无其他。

这个道理其实不难理解。但是，绝大多数企业做得不好的原因我认为有以下几个因素。

第一，没有客户的管理系统。客户的评价、考核、跟踪，这些都没有系统做支撑，全靠人工进行，自然就无法落地。

第二，比系统更重要的是绝大多数企业没有客户跟踪的机制设计。比如，客户训后1个月、3个月、1年、3年的跟踪回访机制。这个不能靠热情，要靠制度设计和组织设计。

第三，没有客户成功管理的专业能力。提炼客户成功故事不是"姓谁名谁，某年某月参加了我们某个项目"这么简单。不是所有的客户故事都会成为我们的CS（Customer Success，客户成功）案例，它要具备一定的故事性、传播性，故事中还要有一定的挑战性、曲折性的元素。而且，当我们需要的时候，我们还能还原这个CS故事的各个侧面。这些CS故事不一定都需要我们自己辛辛苦苦地采集，也可以用去中心化的方式呈现，这是运营的另外一个维度。

客户成功力，再怎么强调都不过分。当我们对学员的故事如数家珍，我们就不拘泥于培训本身，而站在了培训的肩膀之上。

十八、跨界学习力

做培训的人经常讨论"工学矛盾"。有人说："为什么不能工作即学习,学习即工作呢?既然工作和生活要平衡,为什么不能工作即生活,生活即工作呢?既然严肃工作和轻松娱乐要相得益彰,为什么工作和娱乐不能相互融合呢?"

有人说:"不行,这两件事情泾渭分明。"也有人说:"没什么不可以,Why not?"我的意见是:没什么不可以,而且理应如此。

今天,无论是哪个行业,跨界、混搭都是很重要的创新方式,我认为企业学习也不例外。今天,只有把学习当成业务,把学习当成商业,把学习当成娱乐才可能做出创新,才可能做出让学员更有代入感的培训。

比如,培训的设计要更贴合业务场景,甚至直接可以用在业务场景中;培训的运营要有商业运营的思路和方法,也要解决招生、转化、复购等问题,走出职能工作的老路;培训的体验设计要向娱乐产品看起,降低门槛,营造丰富体验,同时关注口碑、关注粉丝。

在移动互联网刚刚兴起的时候,很多企业喜欢做一件事情:一群高管聚在一起,聊聊最近各自都玩了什么新的App,社交、游戏、音视频、学习、健身、工具等app都可以,聊聊体验怎么样,大家相互评论。今天的企业培训也要如此,要经常聊聊培训外的事儿,然后把这些"不相关"的东西带进来,让新的化学反应发生。

十九、多元招聘力

我曾经和我的团队探讨,我说:"未来的企业大学,一定和今天的不一样。今天的企业大学,主要工作还是培训。但是未来的企业大学,学习产品形态一定是多元的、丰富多彩的、活色生香的。这就意味着,未来的企业大学需要的人和今天企业大学已经有的人,一定是不一样的。"

那么，是让现有的人有所转变吗？也不是不行。但是，更核心的是找到更合适的人。今天，我们还很难说清楚我们到底需要什么样的人，确切的JD和JCM（Job Characteristic Model，职位特征模型）是什么，但是我们可以按照我们的感觉，"掺"一些背景迥异的人进来，试试有没有化学反应。

我曾经招聘过军人转业、画廊卖画、做车友会、手工雕核桃等各种有趣的人，都干得不错。我主要观察这个人身上有没有能让我们眼前一亮的可能性。有些人天生对流性事物敏感；有些人天生喜欢折腾；有些人天生就有奇奇怪怪的想法和创意。如果你欣赏这些特质，不妨放大你筛人的漏斗，让他们有机会进到你选人的池子里。

"人无常师，水无常形。兵无常势，文无定法。"未来，企业大学的人应该长得不一样。拥有影响别人的能力的人，都是好的候选人。

二十、故事沟通力

这几年，我的团队在我的带动下，让故事成了我们之间的一个高频词。无论做什么，首先讲讲故事，大家听听是不是让人心动。如果我们连故事都讲不好，就先不要开展培训，等把故事想清楚了，讲精彩了再开始开展。

对于合作伙伴来说，我们的故事也很重要。合作伙伴为什么要和你合作？为什么要投入资源，为什么要投入人力？他们能获得什么？ROI（Return on Investment，投资回报率）如何？做了这件事情于公于私有什么获益，未来还有什么可能性？这些都是要考虑在内的。

想要讲好故事，我认为有三个要素很重要。第一是痛点，要让大家感同身受；第二是爽点，要让大家有画面感，认为未来可期；第三是转折，好故事不是一眼看到底的，一定要有起伏波折。这三个要素结合在一起，通常就是一个不错的故事。

好故事的背后需要有让自己兴奋的能力。这种兴奋的能力自然也会传染别人，影响别人。

二十一、快速试错力

在创新的企业大环境下，核心的工作方法是什么？我认为无他，就是快速试错。

具体来说，就是接受、消化各种信息的输入，构建各种假设，然后通过快速试跑，来验证、否定或者修正我们的假设。从被验证的假设出发，复制并扩大战果。

现在很多企业大学，包括很多业务团队的问题是验证假设的速度太慢。这导致我们的决策成本变高，变得慎之又慎；也导致我们的行动越发谨慎、束手束脚，形成恶性循环。

今天，我认为"想清楚80%再做"这个想法的本身是有问题的。事情不是靠想就能想清楚的，而是靠做想清楚的。再好的想法在执行中也会有各种想不到的问题，这就要靠执行人的灵活应对，然后丰满我们的想法。这才是真正的知行合一。

企业大学也是如此。先快速地跑起来，跑起来就有机会修正路线，就有机会变道超车，就有机会驶达目的地。

二十二、理论提炼力

一个企业大学有没有自己的专业厚度的其中一个很重要的表现就是是否能提炼一套自己的方法论体系。事情做得多，只代表经验多，不代表下次靠经验能再做好一个项目。从1到N，这个"1"就是提炼的方法论，就是企业大学自己的理论。

在管理学上，对于不同层次的管理者，技能的要求是不同的。最高层的管理者最重要的技能要求是概念技能。我想，这种分层思想对于企业大学的不同发展成熟阶段也是适用的。

如何提炼自己的理论体系呢？我认为以下几件事情很重要。

第一，要复盘。把做过的事情翻来覆去地好好琢磨，把个性的东西去掉，把共性的东西提炼出来。

第二，要验证。通过一次经验总结的东西不一定经得起推敲，要在下一个、下下个项目中再次验证。只有被重复验证的经验才是规律。

第三，要多讲。我们只有反复地讲理论，在各种场合讲，对着不同人讲，才可能真正成为一个团队的方法论，而不只是一个个文档，一行行文字。

二十三、术语理解力

不同的企业有自己的术语体系。有些术语看上去大家都懂，其实未必，很可能一个人一个理解。如果企业大学要赋能业务，就要真正搞懂这些术语，并从其中挖掘出业务的真正关注点。

组织变大，"语言翻译"工作一定很重要。比如，阿里巴巴就有自己的"阿里百科"，其帮助新人快速理解这个组织的沟通语言、沟通方法，这其实是非常务实的做法。还原到业务场景中，业务同学对术语的理解、我们的客户对术语的理解、我们的消费者对术语的理解都是新人可以发挥价值的空间。

术语这个东西特别有意思，它和理论模型有时候很类似，既能被总结提炼，也能被演绎延伸。有时候我们总结过度了，就要演绎；有时候我们演绎过度了，就要总结。

二十四、行业研究力

从培训团队到企业大学，再到行业大学甚至社会大学，对一个团队来说，自身的能力是逐步升维的，其中特别重要的是形成自己的行业研究能力。

比如，大家熟知的高校中的教学和科研是两个并重的主线，科研的分量甚至略重于教学。

企业大学经常自比大学，但是常常是瘸腿的大学。只重教学、不重科研这是非常不可取的。没有研究能力往往意味着教学能力缺少厚度，这不是靠教学设计技巧能够弥补的。

行业研究能力要求企业大学必须有开阔的视野。不仅能够钻到业务中了解业务，还能跳出本企业，站在价值链上下游，从行业的全局视角、竞争视角、演进视角看问题，不但明白B端客户的立场，也明白C端客户的诉求，还能够理解各种行业三方机构的价值。

行业研究力的构建可以从小的点状问题开始，然后由点及线、由线及面、由面及体。我们通常比较忌讳一开始就做大而全的规划，因为研究、教学、落地往往是相生相伴的生长实践，而不是纸上的规划逻辑。

二十五、问题定义力

我经常看不同业务领域的学习项目设计案例，我发现，随着这些年培训的普及，培训经理对丁学习项目设计的方法、套路已经很纯熟了，做了很多精心的学习设计，也有不错的学习体验。但是，问题定义得不清楚这种现象依然非常常见。

比如，一个针对中层管理者发展的项目，我们的同学把能力模型讲得很溜，课程设计得也很专业。但是，中层管理者是一群什么样的人，他们的画像、日常工作职责、问题挑战，包括他们的喜怒哀乐很少被我们的同学提及。其背后的原因是我们没有深入到目标人群中了解人群。就像我们做产品一样，我们对目标用户的理解只是描述性的用户统计，没有深入用户的生活一线是不可能做出打动人心的产品的。

我们深入探讨一下。A企业的中层管理者发展的项目，和B企业、C企业的项目应该长得一样吗？一定不一样！企业背景（行业、业务、价值链环节）千差万别，企业背景的千差万别决定了中层管理者这个群体需要被赋能的靶点也是千差万别的。通用化的培训赋能越来越失效，脱离了企业背景就不是培训赋能，而是一次学习福利。

我们再聚焦一下，这个项目为什么是正确、重要、紧急的？当前开启这个项目的扳机是什么？一定是某些甚至某一个非常具体的场景化问题。那么，我们的项目就要始终咬定这个靶点。

不定义清楚问题，必然导致学习项目设计沦为正确但不重要的锦上花，这是其次。浪费了企业员工宝贵的时间和精力更为可惜。

挺进业务无人区

在进入案例之前，和大家分享一篇清朝彭端淑的文章《为学一首示子侄》，特别值得所有朝着数字化方向转型的企业和管理者借鉴。

天下事有难易乎？为之，则难者亦易矣；不为，则易者亦难矣。人之为学有难易乎？学之，则难者亦易矣；不学，则易者亦难矣。

吾资之昏，不逮人也，吾材之庸，不逮人也；旦旦而学之，久而不怠焉，迄乎成，而亦不知其昏与庸也。吾资之聪，倍人也，吾材之敏，倍人也；屏弃而不用，其与昏与庸无以异也。圣人之道，卒于鲁也传之。然则昏庸聪敏之用，岂有常哉？

蜀之鄙有二僧：其一贫，其一富。贫者语于富者曰："吾欲之南海，何如？"富者曰："子何恃而往？"曰："吾一瓶一钵足矣。"富者曰："吾数年来欲买舟而下，犹未能也。子何恃而往！"越明年，贫者自南海还，以告富者，富者有惭色。

西蜀之去南海，不知几千里也，僧富者不能至而贫者至焉。人之立志，顾不如蜀鄙之僧哉？是故聪与敏，可恃而不可恃也；自恃其聪与敏而不学者，自败者也。昏与庸，可限而不可限也；不自限其昏与庸，而力学不倦者，自力者也。

在2016—2019年间，我带领团队在做数字化内容营销生态的赋能，希望从这个案例回顾中，大家可以对本书前面提到的所有关键逻辑、关键内容做个通盘回顾，并且对于数字化的未来，升腾起更大的决心与信心。

2016年是中国电商内容营销的元年，直播、短视频、图文这类的内容形态是否具备带货的商业价值，电商平台刚刚开始做尝试与判断。当时在淘宝中很"弱小"的团队——淘宝内容生态队找到了淘宝生态赋能团队（原淘宝大学），希望我们能在淘宝内容生态这个业务的初创伊始，一起来看看是否能通过培训赋能的方式，加快这个新业务的发展。

说实话，当时在是否要承接这个需求方面，我们也很犹豫。因为淘宝生态赋能团队（原淘宝大学）的工作量着实不小，我们有面向腰部商家的培训业务，有面向新手、中小商家的在线培训业务，有面向大店铺、品牌商的品牌内训业务，还有海外、县域的电商培训业务。人手有限，本身工作量已经很饱和了。但是，我们并没有以自己的喜好做判断，也没有以自己的工作量是否能承受得住做判断。我们和任何一个业务部门一样，开始做自己的战略分析。

当时，我们问了自己几个问题。

第一个问题，内容营销是不是一个大的时代趋势。从单纯的文字，到图文结合、短视频、实时直播，再到既可看又可互动的实时直播，从内容只是内容，到内容引导消费意向、内容带动商业成交，我们通过自己的校友网络、专家智库、内外调研之后，深刻认同这是一个未来的大趋势。既然是大趋势，就值得我们投入更多的精力研究它、关注它。

第二个问题，内容生态是否与淘宝生态赋能团队（原淘宝大学）要做的生态赋能属于一个大方向。所谓生态赋能，就是站在阿里巴巴平台的视角看这个商业生态中的参与者，并通过培训赋能的方式，让参与者获得更好的发展，以此带动平台的繁荣。那么，内容生态对生态赋能的价值有多少呢？

电商领域的生态，说简单也简单，说复杂也复杂（见图7.1）。

限于篇幅，我们只分析最基本的三个角色：买家、卖家和平台。我们要思考，内容生态的构建，也就是内容达人（包括图文达人、短视频达人、直播达人）的进入和发展，对于整个生态的影响是怎样的。

对于买家来说，在淘宝超过10亿件的商品中，找到自己需要、想要的产品，肯定是有点小痛苦的。现在，有买家信赖的达人给出针对性的消费建议，而且以轻松有趣的方式，对买家来说是个正向的创造价值的过程。

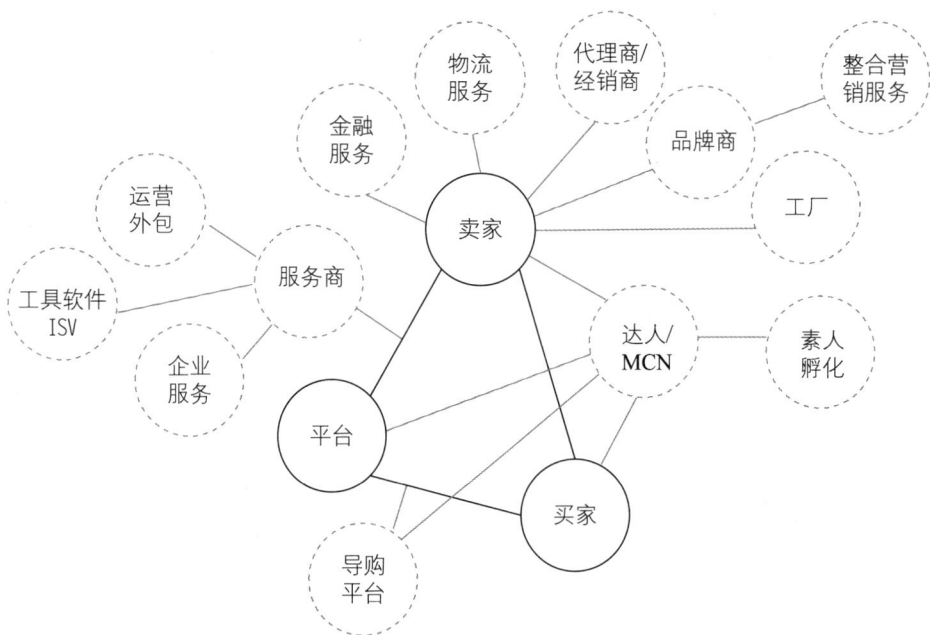

图7.1　电商领域生态示意图

对于卖家来说，传统的营销方式就是线上投直通车、钻石展位、淘宝客这些。现在，内容达人的助理除了投放商品的展示型广告，还开辟了内容型广告的新增量。另外，内容型广告带货的ROI，也就是投产比的杠杆比传统展示型广告要高出不少。所以，于卖家也是加分项。

那么，对于阿里巴巴这样的平台呢？互联网之间PK到最后，PK的核心是消费者的注意力和停留时间。消费者停留时间越久，往往越有黏性，平台越有机会实现商业机会的转化。消费者从浏览商品、浏览货架型App到发布消费内容资讯、参与社群互动、体验潮牌尖货，显然能帮助平台实现更好的商业回报。

从电商领域生态的角度分析之后，我们愈发觉得内容生态这件事情值得做。面向未来，我们应该及早参与到这个战局之中。因为，我们的使命就是让天下没有难做的生意，我们淘宝生态赋能团队（原淘宝大学）的愿景就是成为生态赋能的网络化驱动器。我们的使命和愿景在淘宝生态赋能团队（原淘宝大学）15年的发展中一直如此。

我们把要什么想清楚了，那我们有什么呢？2016年，内容营销还是一个很新的词，很多人听都没听说过，更别提内容营销的培训老师和培训课程了。我们做培训赋能，总得有课程、有老师吧，什么都没有，怎么做？

但是，这样的情况我们过往经历得太多了，我们认为，能做。因为商业赋能的本质就是"无中生有"，翻译一下，就是从商业实践中汲取好的经验，然后用好的经验激发更多的经验，以此实现赋能驱动业务发展的飞轮。

所以，我们的战略是什么？简单来说，就是相信商业实践的价值，通过聚集一群人，萃取一线的商业智慧，用产品化、商业化的方式实现更高效的赋能交付，帮助更多的学员，实现他们在企业中的业务发展。

在这里，给大家举一个特别小的案例。

当时，我们经常找机会和内容达人泡在一起，聊聊他们正在做的事情，挖掘他们的困惑和需求点。有一次，图文达人们聊到一件事情，说："我们特别羡慕那些能写出10w+阅读量的爆文，人家怎么这么厉害呢。"可是，你说写文章这件事情，好像一时半会儿也教不了，要不人人都成作家了。但是再仔细思考下，10w+阅读量的前提是，读者看到标题后有兴趣点击进去，至于看完心里觉得：文章写得太好了，我要转发一下！那是第二步的事情。所以，要先解决写标题的问题。

如何写出让人有点击冲动的标题呢？我们组织了几次共创会，让大家把最近自己读到的10w+阅读量的爆文标题写在白板上，然后我们一起分析：这些10w+阅读量的标题背后，有没有什么共性的规律？

比如，大家看看下面的这些题目。

- 我变美了，但是男朋友和我分手了

- 你不知道的×××事件的内幕

- 做直播一个月和一年的区别

- 带你看看单亲妈妈如何带娃

- 再不学习，还有50天就过年了

- 手把手教会你一个高视频播放量的秘诀

- ×××力推的口红，到底值不值

- 我花了20w上热门，结果……

- 开场白怎么写才能吸引人

类似的标题，大家应该看过不少吧。但是，标题背后共性的规律是什么呢？做培训的核心能力就是对碎片化经验的结构化萃取能力。经过讨论，我们总结了一系列写标题的方法。

常识反差法：我变美了，但是男朋友和我分手了

揭秘爆料法：你不知道的×××事件的内幕

数字对比法：做直播一个月和一年的区别

情感唤起法：带你看看单亲妈妈如何带娃

时间紧迫法：再不学习，还有50天就过年了

预期收益法：手把手教会你一个高视频播放量

大咖背书法：×××力推的口红，到底值不值

悬念制造法： 我花了20W上热门，结果……

自问自答法： 开场白怎么写才能吸引人

大家发现没有，其实所有的好实践背后，我们都可以总结出好方法。我们看得多了，听得多了，讨论得多了，就能发现很多书本上没有的草根智慧。这些草根智慧，就是商业赋能中最有魅力的部分。

如果大家看了上面的内容，那么请你按照常识反差法写一个标题，我相信，大概率你可以写出个类似感觉的标题，一定比我们之前拍脑子写的标题要好。这就是源自实践做赋能的好处：场景中的可还原性极强，真正做到可落地，学以致用。

所以，我们的业务战略是什么？用拆解价值链的方式，可以分成以下几个部分。

第一，连接目标学员。不断连接商业领域的实践者，一方面，获取他们的问题、场景、感兴趣的话题；另一方面，不断通过他们汇聚优秀的经验、案例、故事。商业赋能领域的学员往往是老师，老师往往也是学员，二者可看作"产销者"的混合体。

第二，把经验转化为教学内容。分享经验当然是好的，但是经验太过于碎片化，受众整体接收、系统思考的挑战就会变大。而且受限于演讲者的演讲技巧，很多好的内容被掩盖在拙劣的表达之下，被埋没了。我们要把这些碎片化、表达不流畅的经验变成体系化、系统化的知识，并保留他们原有的实战性的原汁原味。

第三，用好的教学设计承载好的教学内容。光靠讲授教学内容的方式，一方面过于单调；另一方面失去了商业赋能的本色。好的商业赋能一定是围绕问题、围绕场景、围绕客户的，而不是围绕知识本身的。我们要让知识直接服务于商业赋能，而不能奢望学员自己的举一反三。

第四，把教学内容、教学设计转化为教学产品。课程当然是教学产品的主要形态，但不是唯一形态。比如，知识卡片、知识咨询、故事、案例、规则、作战地图、考试题库，都是教学产品的形态和范畴。

第五，用好的商业模式把好产品推广出去。无论是淘宝生态赋能团队（原淘宝大学）还是支付宝生态赋能团队（原支付宝大学），我们虽然做的是生态赋能，希望实现良好的社会效果，但是，这不意味着我们公益地、免费地做这样的事情，因为这种做法不持久，也不符合市场的普遍规律。我们要思考我们的客户分层、我们的价值主张、我们和客户的关系、我们如何触达并影响客户、我们定什么样的产品价格、我们提供什么样的服务，我们要让学员觉得物有所值、物超所值，我们才能有机会长久地把生态赋能这件事情做下去。

第六，持续做好学员运营。在商业赋能中，学员，也就是我们赋能的商家，是我们最最重要的人群。我们要和他们建立持续的紧密关系，不单是销售关系、师生关系，还有陪伴关系、孵化关系、共创关系，我们和学员的连接越紧密，我们越有可能听到有价值的输入，也越有可能实现复购、转介绍等高价值的商业回报。这有助于我们回到最开始的事情上，形成更大的闭环，开启新的飞轮。

时间不等人，我们接到淘宝内容生态团队的需求后，很快就推出了达人培训的第一个主播班、短视频班、图文班。我们看看初期的主播班长什么样子（见图7.2）。

你没看错，两天一夜的时间，我们安排了20多位分享嘉宾。商学院邀请一位教授上课，讲两天，而我们用两天的时间邀请20多位分享嘉宾。大家觉得这个培训班的质量怎么样？有点培训常识的人肯定觉得不怎么样，对吧？

主题	日期	时间	课程	内容-课程模块	嘉宾	备注
淘宝达人学院*2期达人训练营-红人专场课程模块-全体学员参加	9月22日	9:00-9:30	报道	暖场		
		9:30-10:10	开场破冰	学员连接		
		10:10-10:40	平台	淘宝达人学院介绍	七天	淘宝达人学院
		10:40-11:10	平台	淘宝达人平台整体介绍及最新趋势	远凡	达人平台小二
		11:10-12:10	内容运营-定位	红人定位	尔东蕾	酷传科技COO、前天猫原创负责人、IP孵化打造达人
			午休			
		13:30-14:00	作业呈现	学员作业呈现	七天	
		14:00-18:00	内容运营	红人内容如何制作	屠栩胤	缇苏电商联合创始人
				红人的内容制作分享	林海燕	品牌主理人、搭配师、设计师、电台主播、电视编导、2015年美丽说KA商家配饰第一名、自营饰品、女装类目，电商运营实操经验6年
				呈现形式-图文如何制作	郭果果mint	淘宝和天猫直播达人；国际芳疗师；小红书、蘑菇街等平台护肤红人；各大品牌在线合作评测
				淘宝平台渠道简析	姜云宝	淘宝大学无线认证讲师，手淘达人全渠道粉丝80w+，同时为多家天猫TOP店铺做培训或顾问服务
			平台	直播平台的最新玩法和趋势	古默	淘宝直播主播
			内容运营	如何做好一场直播	墨风	网红网合伙人
		18:00-19:00	晚休用餐			
		19:00-21:30	内容运营	图片调色+微博小技巧	王好好	调色达人、男装原创设计师调色达人
				红人的营销策划	子龙	雁阵内容官，擅长营销策划
	9月23日	9:00-12:00	粉丝运营	粉丝运营	周易	NALA网红电商负责人
				如何吸粉	高侦唐	微博自媒体达人、《精品购物指南》前编辑、淘宝网红、直播达人
		12:00-13:00	午休用餐			
		13:30-17:30	粉丝运营商业变现	维护粉丝	黄博	中国年度新锐电商人物、年度十大新媒体营销人物、年度十大网红推手等奖项得主
				红人粉丝维护	妖精美妈	时尚辣妈
				从迪斯尼到余潇潇	紫灵	美空网网红电商负责人
				滕雨佳的红人店铺	朱静静	蜜海网络科技有限公司CEO
				杨羽凡的背后	夏先生	杭州九夏电商和九陌文创的总经理，传统服装供应链出身，精通微博的营销以及粉丝经济的维护和变现
		17:30-18:00	毕业典礼		七天	达人学院
		18:00-19:00	晚休用餐			
		19:00-21:00		学员交流沟通		学员深度交互学习连接

图7.2 达人培训初期主播班

这个培训班对外收费3980元，如果是你，你会报名吗？我在很多演讲的场合提过这个问题。愿意报名的人数，常常不超过1/5。但是，我想认真告诉大家的是，我们推出的内容达人的培训班，无论是主播班、短视频班还是图文班，在差不多两年的时间里，平均报名率是300%~500%，有非常多的人排着队，想进却进不来。

怎么样，吓到你了吗？

说实话，吓到我了。这个现象给我上了一课，商家、达人，或者创业者、企业老板、企业创始人、企业CEO、CXO（Chief Experience Officer，电商企业首席惊喜官）、中高层管理者，他们到底出于什么目的学习。过去，我们常常认为大家愿意为好的课程、好的老师付费。后来我发现，我们只看到了问题的一面，问题的另一面是他们愿意为新的机会、新的可能性付费。当一波潜在的风口即将到来时，提前获取先机（不管是信息先机还是技能先机，也不管课程的质量如何）本身，就是一个目的。这个结论，在之后我们做新零售赋能、数字化转型赋能的过程中，不断被反复验证。这也是商业赋能的魅力，只要社会还在向前发展，就永远有新的商业赋能需求和新的商业赋能机会。

我们看了看当时早期课表中的课程，里面的内容基本谈不上是课程，最多就是我们帮助好的实践者体系化、系统化地打磨了一下他的课程内容，让他的课程内容更有逻辑，重点更突出。即便课程质量谈不上完美，但是我们只要出发了，课程就有机会不断被丰富完善，这是一条金科玉律。

当然，学员光听分享，总会感到有点枯燥。所以，我们做了很有意思的教学设计。在两天一夜的"一夜"中，我们邀请了最早一起投身做内容达人的同学来给大家做实景教学。他们直接把直播间搬到了教室，把教室当成了他们的直播带货背景。学员呢，站在几米开外围成一圈，大家站着看四五个小时，每个人都看得、听得很认真，还拿出小本本在记笔记。

这里面有个很重要的点要提醒大家。只要是老师说出来的内容，大概率都是经过提炼的内容，即便老师讲得很生动，有时候你还会难以理解。但是，实景教学的好处是，你亲眼看着，亲耳听着对方怎么介绍商品，怎么和粉丝互动，怎么做成交转化。别人的话术，你可以记录下来，拿回来就用。

当然，我们深知一个道理，在新的商业形态刚出现时，没有人是绝对的老师，关键是快速地从商业实践中汲取新知并反哺到培训课程中。我们在课堂之外会带领学员相互走访，到学员所在的工作室、机构参观交流。我们兴奋地发现，很多学员在课堂中表现平平，但是在私下的交流互动中常常能讲出很多干货，抛出很多有趣的案例，并且金句频出。每次遇到这样的学员，我们都会非常兴奋地把他们挖掘出来，并把他们发展成我们之后的讲师。从培养一次短分享开始，一点一点把他们培养成能讲半天课程，甚至一天课程的讲师。

正如商业发展的曲线一样，在经历早期对新商业机会感兴趣的天使用户之后，我们必须面临教育市场中的广泛人群。天使用户愿意听取新的可能性，愿意为新的可能性买单。但是广泛人群确实需要不断被影响，不断被说服，不断被教育。这就促使我们思考如何升级迭代打法的问题。

我印象很深刻的是，在2016年前后，我跟很多卖家、商家讲内容营销是个趋势，很多人做出撇撇嘴，不屑一顾的表情："安老师，我们不像那些卖衣物、化妆品、纸尿裤的企业，我们的行业太特殊了，我们的企业太特别了。"好吧，"我们的行业太特殊了，我们的企业太特别了"这句话我听得耳朵都快出茧子了。当别人不相信的时候，你给他讲再多的道理、知识、技巧有用吗？没有用。我估计大家所在的企业在推进组织变革的时候也会遇到类似的问题，"领导，你说得对，但是我不信"。

怎么办？讲故事！

我们在淘宝生态赋能团队（原淘宝大学）有个专门的小团队，叫作客户成功团队，专门收集学员的成功案例。比如，当时我们经常和卖家、商家讲的故事有两个，一个是"珍珠哥"的故事，另一个是"狗不理包子"的故事。

"珍珠哥"原名詹鑫达，家住浙江绍兴诸暨，诸暨是著名的珍珠之乡。他家和当地很多人家一样养蚌，做珍珠饰品生意。他上了我们的达人培训主播班之后，深受启发，打算改用直播带货的形式卖蚌。怎么做呢？消费者买了他家的蚌，由"珍珠哥""珍珠嫂""珍珠妹妹""珍珠妈妈"在直播间轮流开蚌。一刀下去，"哇，好多大珍珠"；一刀下去，"额，干瘪的小珍珠"。怎么样，有没有开盲盒的感觉？从卖珍珠饰品到直播开蚌，"珍珠哥"一家过去一年淘宝店的500万生意到直播后半年变成3000万生意。这是多么神奇的一件事。

"狗不理包子"是天津老字号，名气大得很，但是它的电商做得不怎么样，远不如同城的"桂发祥大麻花"做得好。"狗不理包子"的电商总监也参加了我们的达人培训主播班，他在动脑筋怎样才能在线上把包子卖好。在没有预算经费的情况下，他灵机一动，给班上的直播达人们每人送了一盒狗不理包子，拜托大家在直播时的中午、晚上能够现场品尝一下狗不理的包子。很多粉丝看到主播吃包子，馋得直流口水，纷纷问在哪能买到狗不理包子。就这样，狗不理旗舰店和直播间迎来了不少流量，转化了不少生意订单。

每次我们把这两个故事一讲，我发现学员的眼睛都亮了。"哇塞，还能这么搞啊。原来直播啥都能卖啊。"只有想不到，没有做不到。我们发现人们的思想变得有多快，从2016年卖家、商家的不屑一顾到现在的万物皆可播，人人皆主播。就连挖掘机都能在直播间卖，还有什么是卖不了的。

当然，后来根据需要我们把学员的成功案例做了延展，如分行业、分产品类别等。我们发现，讲故事、讲案例是最好的赋能。只要目标受众听懂了，听兴奋了，他们自己就会迸发出强大的学习动机，他们自己就会花心思、花精力把一件事情搞懂。其实，我们讲授的知识、技巧就是水到渠成的事情。所以，大家在推动自己企业的转型、变革的时候，一定记住，先把故事讲好，把人讲兴奋比怎么做更重要，哪怕要花上很多的时间。

配合一线经验和学员的成功案例，我们的培训班开着开着就越来越成体系，每门课越来越有逻辑，面授基本上了轨道。但是，我们毕竟赋能的是生态，线下的受众面还是有限的，怎么办？我们必须开辟线上的赋能战场。

在这里，我们必须采用数字化的方式。初期，我们把线下课程做了全程录制，然后剪辑成一系列短小的微课。后来我们发现这样的效果不好，因为线上、线下是完全不同的学习场景。于是，我们为线上课程重新打造了一套课程体系。接着，我们和整个内容生态团队做了进一步绑定，把整个达人的准入、级别与达人学员的培训课程做了强制关联。所有的学员必须通过对应的学习、考试完成相应的任务，才能获得对应的资格、权益，这样我们就实现了生态赋能与生态业务的相互支撑。在这里，我们双方都投入了不少数字化的资源、能力，结果证明，在数字化方面的投入是杠杆很高的一件事情，值得干！

淘宝生态赋能团队（原淘宝大学）和淘宝内容生态团队不是简单地提需求、接需求的关系。随着大家的磨合，我们必须建立一套更完善的合作机制、组织设计来保证我们的合作走向深入。

首先是平台运营的合作。淘宝生态赋能团队（原淘宝大学）把收集的一线实践，大家的问题、困惑、槽点定期反馈给淘宝内容生态团队，帮助他们完善平台规则。同时，淘宝内容生态团队也会给淘宝生态赋能团队（原淘宝大学）的团队赋能，输入他们设计业务规则背后的逻辑，让达人和商家更好地理解内容生态的玩法。

其次是招生的协作。淘宝生态赋能团队（原淘宝大学）会通过自己的电销渠道做招生，淘宝内容生态团队也会在相关的业务后台、入口给我们留出专门的首页位置，保证我们的曝光。我们的自主招生扩大了生态达人的来源，扩大了生态达人的触及面，淘宝内容生态团队也帮助我们实现了官方背书和官方流量，两者相互借力。

最后是业务运营的协作。达人培养终归要落脚在帮助商家卖更多的货上，让平台产生更多的GMV。所以，商家和达人之间的对接非常重要。

从2016年开始，我们会定期联合主办商家&达人业务对接会。对，你没看错，业务对接会。我们的业务对接会特别像创业项目给VC（Venture Capital，风险投资）的路演。我们邀请了达人学员，也邀请了很多品牌商家。我们的达人学员在会上介绍："我是谁谁谁，我的专业领域是什么，我擅长做什么品类，我的人性IP是什么。"在统一的介绍结束之后，就是达人和商家之间一对一的线下交流。我们通过对接会促成了非常多的合作，让达人找到了更多的品牌商家，也让品牌商家与更多的达人合作，这是真正的一举两得。

当然，很多人会说我们不务正业。一个做培训赋能的，居然搞起了业务对接会。但是，我们打心底里认为，帮助学员成功是最重要的，培训赋能只是一个过程，如果可以，我们愿意"扶君上马，再送一程"。

除了业务对接会，我们还会利用淘宝生态赋能团队（原淘宝大学），包括阿里巴巴的很多活动，如超级公开课、颁奖盛典等争取给我们的达人学员上台分享、授奖等曝光的机会，让他们被更多的人知道。我们坚信，学员先赢，我们再赢！

随着淘宝内容生态业务的发展，我们被市场推着又开发了很多新的培训项目，如直播机构的总裁班，这是因为达人生态的机构化速度太快了。那么，我们的课程产品自然也要随之而变，以适应新的业务形态。

我们在这个过程中要不断自我迭代,很痛苦也很享受。因为我们发自内心地为学员好,学员也在为我们自传播。现在大家在网上还能查到很多的文章和视频是我们的达人学员自发为我们创造的,他们把学习的感受记录下来,同时为我们带货。还是那句话,做生态,要双赢,要多赢。

未来的生态业务发展一定会再次面临挑战,比如,达人的增量问题。因为早期的天使用户、初期容易受影响的客户总归是有限的,接下来就要打造从存量到增量的市场。我们发挥淘宝生态赋能团队(原淘宝大学)的优势进入艺术院校、高职院校,把我们的达人课程输出到院校,让大学生提前接触到内容生态的新玩法,让他们把内容营销更多地考虑为自己新的职业选择。同时,淘宝生态赋能团队(原淘宝大学)、淘宝内容生态团队、淘宝招商团队携手走进了很多产业带,如服装产业带、箱包产业带、珠宝产业带、家具产业带等,我们推出了产业带定制的内容营销课程,帮助内容营销在垂直产业带进一步落地、下沉,实现更精准的增量拓展。

随着几年的沉淀,我们推出了内容营销的系列图书,还推出了内容达人的人才标准、职业能力模型、认证等。今天,我们很欣喜地看到,带货主播这一职业已经成为得到人社部等部门认可的新职业,这其中有我们的一份小小的贡献,更重要的是,我们有幸一起见证了这个伟大的过程。

越来越多的企业会进入到转型的新领域,也就是我们说的"无人区型"的业务。没有直接可以借鉴参考的对象也没有成熟的方法,怎么办?用一套朴素但是基本的商业逻辑解构,扎到商业实践中,不断总结经验,不断自我赋能,就有机会获得新的成功。上面的案例,希望对你和你的企业,带来启发、带来力量,祝福大家成功!

附 录

支付宝数字化赋能的40条TIPS

支付宝生态赋能团队（原支付宝大学）成立于2020年初，它的初始团队由支付宝生态团队和淘宝生态赋能团队（原淘宝大学）团队组成，在发展中，我们既赋能他人，也在不断借他人之手赋能自己，不断总结自己的经验教训，可以说，我们形成了自己独特的赋能理念。借此书出版之际，我正好将其梳理出来，供各位致力于数字化赋能的管理者、从业者参考。

1. 大学之所以称为大学，是因为它的着眼点在社会、在未来，而不仅仅在当下。宽视角、长周期是大学的底色。

2. 大学要服务于商业生态，服务于企业业务，也要服务于大学自身的目标。大学的价值观：客户第一、业务第二、大学第三。

3. 大学的经营与企业的经营无异。大学要有自己的愿景、使命、价值观、战略、业务体系、组织能力、人才梯队。大学不是职能部门，不是业务的依附体，是独立的赋能经营主体。

4. 大学要有自己的独立判断，并敢于在实践中验证、修正自己的判断。

这个判断，不是转述别人之语，而是自己基于持续研究、赋能实践得出的。

5. 大学的成功标准是大学至于社会、企业的战略价值，而不是具体的指标。战略价值要体现在关键领域、关键战役，而不是常规例行的工作。

6. 大学要与业务目标强绑定，与业务指标弱绑定。大学与业务，各有分工，各有站位。

7. 大学要成为赋能的基础设施，要渗透到业务、组织、生态的方方面面。大学要敢于做补位，做业务能力的补位、组织能力的补位、生态能力的补位。大学的边界要宽、眼界要高。

8. 大学的成功不是大学团队的成功，而是生态、企业、业务、组织、团队、个人的成功。让每家企业成为更好的企业、每个员工成为更好的自己，这是大学必须坚守的信念。

9. 大学如企业，这里的大学必须只能是时代的大学、生态的大学、网络的大学。没有这种意识，闭门造车，大学的倒闭只是时间问题。

10. 把中国商业的草根智慧挖掘出来发扬光大，这就是我们的定位，也是客户之所以选择我们的理由。我们要明白我们的独特之处，不要用自己的短板和别人的长板PK，把长板做到足够长，我们就赢了。

11. 大学的赋能工作，一讲理性，二讲感性。理性是指赋能的前提是客观、数据化地分析问题，感性是指赋能不能离开对组织、人性的理解，要有温度、有情怀。大学是个理想主义者的团队，但是这个理想主义长在实践的土壤上。

12. 大学和大学之间也有不同，我们的大学要做出我们的独特价值。总结一下，两句话。第一句：商家帮助商家，实践者帮助实践者，基于实践总结规律方法。第二句：专注于商业经营赋能这个赛道，我们认为这个赛道已经足够大，接下来我们要重度垂直，垂直打穿。

13. 大学工作开展的基础是感知力。感知趋势、感知行业、感知客户、感知业务、感知组织。没有调研就没有发言权，对大学来说，感知力是一切工作的前提。

14. 大学要对宏观商业环境有研究、有洞察。宏观的东西指引着我们做正确的事情。微观的东西指引着我们把事情做正确。

15. 大学要像一个迷你版的咨询企业、投资企业一样，认真拆解、分析企业所处的行业。物种、关系链、演进是行业研究的三个关键要点。

16. 大学要走进客户，不是了解而是理解客户的痛点、爽点。要能用客户的语言与客户沟通，能用大白话讲出复杂的术语和道理。

17. 大学要对企业的业务核心模式、业务与竞争对手相比较的优劣势、业务的长短期目标、业务的组织阵型有清晰的认知。要敢于提出傻的问题。问问题不丢人，不懂装懂最害人。

18. 大学要有感知组织的能力。企业有没有战斗力，有没有温度，有没有创新土壤，有没有联动机制，有没有不断涌现的能人能将，有没有合适的机制设计，有没有人人认同的组织文化等，这些问题通常没人告诉你答案，但是大学要找到自己的答案。然后，朝着正确的方向做正确的动作。

19. 大学是个节点，要连接企业、生态的网络。连接力是一个核心的要求。从连接员工、连接各个部门开始，连接企业的合作伙伴、企业的客户，企业的消费者，连接生态中非直接的物种。大学要构建网络触角，要有智囊团、校董会等。开放的大学，从开放的网络触角开始。

20．大学的连接的工作，首先要理解对方，说对方能听懂的语言，用对方感到舒服的方式沟通，设身处地地思考对方的诉求，不断拉近双方的合作利益点，创造性地提出共赢方案。连接的深度是日积月累的过程，也是信任逐步累积的过程。

21．沟通、调研、访谈、共创，这些与沟通有关的工作是大学所有工作人员的基本功。这些工作要提前做好，了解对方、准备好提纲、准备好流程设计。有质量的沟通的背后都是有质量的细致准备。

22．大学的所有人员要有记录意识。与合作方的沟通信息我们常常会转瞬即忘，达成的共识也可能逐渐淡忘。所有的沟通，无论正式还是非正式，都要留有记录。一方面，发送双发提醒备忘，以示重视；另一方面，这是大学自我积累的一部分，是重要的隐形资产。

23．大学要在连接上下功夫，因为连接不是自然而然发生的，而是有意经营的结果。我们要连接谁，如何构建第一次的连接场景，接下来的连接加深策略是什么，是否能从一个连接点扩展到下一个连接点，这些都需要通盘计划和布局。

24．大学必须向外连接，这个事情的重要性不亚于对内连接。向外连接的本质是打破自己圈圈的束缚，让更多声音、观点照进大学。向外连接需要拿出一定比例的时间做，不是最好做，而是必须做。

25．大学的工作核心是赋能，赋能的载体不仅是培训，还是造场。培训是单一手段，而赋能是综合手段。所有服务于影响人、影响业务、影响组织的场都是大学应该充分利用的方式路径。

26. 大学造场的常见类型包括培训场、文化场、业务场、传播场等，但我们不要局限在这几个类型上。大学要做影响力的土壤、道场，要形散神聚。

27. 一方面，大学要思考造什么场，场的内容是什么；另一方面，大学要思考怎么运营这个场。比如，对象为什么来这个场？我们如何让这个场成为大家挤破头都想进来的场，成为有影响力的场？AIPL这类的营销方法论应该成为大学在运营场的时候思考的基本问题。

28. 造场需要细腻的体验设计感。参加人员、时间、地点、场地布置、引导人员、主持人、音乐、座位安排、议程、灯光、水、茶歇、餐饮、材料、物料等，所有的细节都构成了影响"场内人"的MOT（Moment of Truth，关键时刻）。"过电影"就是过所有细节。

29. 场的核心是人，组局者、参与者、支持者、行动者、拍板者、输入者、反对者等都是需要认真考虑的人员构成。不同的场要把不同的人聚在一起。人选错了，再好的场也达不到好的效果。

30. 每个场都要有至少一个"打卡点"，多则更好。什么叫"打卡点"？就是能让参与者感情迸发，感情有形化的场景。拍照发圈、发短视频只是其中一类。要让参与者帮我们做传播，口口相传。

31. 场的气场、氛围非常重要。所有的"大学小二"不单是策划者、执行者，更是氛围的营造者。每个人都是氛围的贡献者，每个人都是一个氛围组。从领掌、提问到洞察一切细节，每个"大学小二"都要成为真正的主人翁。

32. 大学最重要的资产是我们积累的商家故事、商家案例。没有人愿意听观点，观点不值钱。故事、案例背后的观点才值钱。不要和别人PK观点，故事、案例本身就是最好的教材。

33．商业世界是奔跑着发展和变化的，商家赋能也必须奔跑着迭代更新，而且我们还要比商家快那么一点点。不用多，一点点就够了，但是这个一点点需要我们的持之以恒。

34．没有人愿意分享自己的干货，除非他觉得安全；没有人愿意分享自己的干货，除非他能从其他人身上学到更多；没有人愿意分享自己的干货，除非他能从分享中获得新的启发。这就是我们研发理念的底层。

35．好的课程，形式有趣是第一位，内容有用是第二位。形式大于内容，没有形式就没有信息通道，没有信息通道，我们就没机会传递任何内容。

36．好的赋能来源于共情。内容的专业性不重要，因为永远有更专业的内容。但是，能走进学员一线，理解学员的喜怒哀乐、酸甜苦辣，才能得到学员长久的信任。专业要走得快，共情要走得远。

37．数据很重要，因为数据是指南针、是体检表、是报警器。没有数据做赋能，就是瞎子摸象，连摸石头过河都算不上。

38．大学需要什么样的人？一群有好奇心的人、一群有趣好玩的人、一群把搞定看得比专业重要的人。情绪是会传染别人的，我们要带着合作伙伴一起轻松有趣地玩起来。

39．大学是个能量场，我们汇集商业实践中的能量，又把汇集到的能量以更高压强释放出去，在这输入、输出的过程中，大学本身的能量场在不断加强。

40. 做大学最重要的是把自己做"没"，业务感受不到我们、商家感受不到我们、服务商感受不到我们，我们大概率就成功了。我们要成为基础设施，长在地底下，托起整个生态。

反侵权盗版声明

　　电子工业出版社依法对本作品享有专有出版权。任何未经权利人书面许可，复制、销售或通过信息网络传播本作品的行为；歪曲、篡改、剽窃本作品的行为，均违反《中华人民共和国著作权法》，其行为人应承担相应的民事责任和行政责任，构成犯罪的，将被依法追究刑事责任。

　　为了维护市场秩序，保护权利人的合法权益，我社将依法查处和打击侵权盗版的单位和个人。欢迎社会各界人士积极举报侵权盗版行为，本社将奖励举报有功人员，并保证举报人的信息不被泄露。

举报电话：（010）88254396；（010）88258888

传　　真：（010）88254397

E-mail:　dbqq@phei.com.cn

通信地址：北京市万寿路 173 信箱

　　　　　电子工业出版社总编办公室

邮　　编：100036